प्राथमिक स्तर पर शिक्षक के कार्य
(Teacher's Functions at Elementary Stage)

डॉ. रेनु गुप्ता
हिन्दू शिक्षण महाविद्यालय, सोनीपत

डॉ. उर्मिला गोयल
हिन्दू शिक्षण महाविद्यालय, सोनीपत

SHIPRA

ISBN: 978-81-7541-457-0

First Published in India in 2008

प्राथमिक स्तर पर शिक्षक के कार्य

Published by:
SHIPRA PUBLICATIONS
115-A, Vikas Marg, Shakarpur
Delhi - 110092 (India)
Ph.: 91-11-65277210, 22500954; Fax: 22458662
Email: info@shiprapublications.com
www.shiprapublications.com

प्राक्कथन
(Preface)

21वीं शताब्दी में शैक्षिक विचारों एवं प्रक्रियाओं में अत्यन्त महत्त्वपूर्ण परिवर्तन हो रहे हैं। विचार परिवर्तित हो चुके हैं, विषय-सामग्री विस्तृत हो चुकी है और तकनीक में आधुनिकता के प्रभाव से अध्यापक के कार्यों में भी परिवर्तन आ चुका है। आधुनिक समय में हमारे देश में ही नहीं अपितु सम्पूर्ण विश्व में अध्यापकों के कार्यों में आ रहे परिवर्तनों को प्रस्तुत करना ही इस पुस्तक का प्रमुख उद्देश्य है।

शिक्षा समितियों ने समय-समय पर अध्यापक के कार्यों पर अत्यधिक चिंतन किया है। वर्तमान समय में बाल-केन्द्रित शिक्षा होने के कारण अध्यापक की गुणवत्ता पर अधिक ध्यान दिया जा रहा है। हमारे अध्यापक अभी तक ऐसे नागरिकों का निर्माण करने में सफल नहीं हो पाए हैं जो प्रभावी ढंग से लोकतांत्रिक समाज में अपना स्थान ले सकें।

वैज्ञानिक एवं तकनीकी क्षेत्रों में तीव्र गति से हो रही आधुनिकता ने शैक्षिक क्षेत्र में नवीन अनुसंधानों का पदार्पण किया है। अब शिक्षण एक सरल कार्य नहीं रह गया है। यह तकनीक ही है जो अध्यापक की भूमिका में महत्त्वपूर्ण योगदान दे रही है। जन संचार के प्रयोग ने शिक्षण-अधिगम प्रक्रिया को रुचिकर बना दिया है और स्व-अधिगम के नवीन प्रत्ययों को प्रस्तावित किया है। ऐसी आशा की जाती है कि आने वाले भविष्य में अध्यापक को प्रभावी बनने के लिए विभिन्न शिक्षण विधियों, आधुनिक तकनीकों, प्रभावी संचार युक्त सामग्री का पूर्ण ज्ञान होना आवश्यक है, जिसका इस पुस्तक में विस्तारपूर्वक वर्णन किया गया है।

यह पुस्तक, विषय पर वर्षों के अध्ययन, शिक्षण एवं चिंतन का परिणाम है। यह प्राथमिक स्तर पर अध्यापक के कार्यों में समय-समय पर अध्यापक प्रशिक्षकों तथा प्रशिक्षण प्राप्त कर रहे अध्यापकों द्वारा अनुभव की गई कठिनाइयों को दूर करने का एक लघु प्रयास है। यह अनुभव किया गया है कि कुछ नवीन कार्यक्रमों को अपनाने में अध्यापकों को कठिनाई आ रही है क्योंकि वे प्राचीन कार्यक्रमों से बिल्कुल भिन्न हैं। इस पुस्तक की विचारधारा व प्रस्तुतीकरण अधिक वास्तविक तथा प्रायोगिक है। यह पुस्तक यह नहीं सुझाती कि जो तकनीकें, विधियां आज अध्यापक अपना रहे हैं, उनको बिल्कुल नकार दे अपितु यह पुराने कार्यक्रमों के साथ नवीन को अपनाने का सुझाव देती है। अन्य शब्दों में अध्यापकों को कुछ सहायक निर्देश देती है जो पुरातन व नवीन में कड़ी का काम करेंगे।

पुस्तक को मुख्य रूप से चार भागों में बांटा गया है। पहले भाग में प्राथमिक शिक्षा के उद्देश्य, पाठ्यक्रम के संप्रत्यय, पाठ्यक्रम नियोजन के सिद्धांत, राष्ट्रीय शिक्षा नीति के अनुसार मूल पाठ्यक्रम तथा विशिष्ट आवश्यकताओं के अनुसार पाठ्यक्रम समायोजन का वर्णन किया गया है। अध्यापकों से यह निवेदन किया गया है कि उद्देश्यों के अनुरूप वे पाठ्यक्रम का मूल्यांकन करें। दूसरे भाग में शिक्षण व्यूह रचनाओं तथा कौशलों का वर्णन किया गया है। तीसरा भाग शैक्षिक मूल्यांकन से सम्बन्धित है। आज केवल सैद्धांतिक ज्ञान के मूल्यांकन की ही नहीं अपितु निरन्तर तथा व्यापक मूल्यांकन की आवश्यकता है। इस भाग में मूल्यांकन की विभिन्न विधियों का वर्णन किया गया है। चौथे भाग में कम्प्यूटर साक्षरता का विस्तारपूर्वक उल्लेख किया गया है। आज का अध्यापक यदि कम्प्यूटर साक्षरता से वंचित है तो वह विद्यार्थियों को आधुनिक तकनीक तथा विश्वव्यापी ज्ञान प्रदान नहीं कर सकता।

प्रस्तुत पुस्तक के लेखन के समय विभिन्न विद्वानों से समय-समय पर आवश्यकतानुसार सहायता प्राप्त की गई तथा उनसे विचार-विमर्श किया गया जिसके लिए हम उन सबके हृदय से ऋणी हैं।

इस पुस्तक को शिक्षण संस्थाओं के अध्यापकों के लिए संदर्भ पुस्तक तथा विद्यार्थियों के लिए एक आदर्श पुस्तक बनाने का हर संभव प्रयत्न किया गया है। हम अपने कार्य में सफल नहीं हो पाएंगे, यदि हम अपनी पुस्तक के प्रकाशक के उत्साह सर्व सहयोग के लिए धन्यवाद नहीं देंगे।

आशा है कि यह पुस्तक शिक्षण संस्थाओं के अध्यापकों एवं विद्यार्थियों के लिए उपयोगी सिद्ध होगी। पुस्तक के विवेचन के बारे में अनेक मतभेद हो सकते हैं। यदि इस संबंध में कुछ विचार हमारे सम्मुख आए तो सहर्ष स्वीकृत होंगे तथा आगामी संस्करण में विद्वत व्यक्तियों की सम्मतियों को समावेश करने में हमें प्रसन्नता होगी।

लेखिका
रेनु गुप्ता
उर्मिला गोयल

अनुक्रम

अध्याय 1

प्राथमिक शिक्षा के उद्देश्य
(Objectives of Elementary Education)

''प्राथमिक शिक्षा माध्यमिक व उच्च माध्यमिक शिक्षा का आधार है।''

प्राथमिक शिक्षा की अवधारणा
(Concept of Elementary Education)

प्राथमिक शिक्षा, प्रारंभिक शिक्षा, प्राइमरी शिक्षा, बेसिक शिक्षा, बुनियादी शिक्षा, नई तालीम, आधारभूत शिक्षा—ये सभी पर्यायवाची शब्द है। यद्यपि लेखकों, समितियों एवं आयोगों ने विभिन्न शब्दावली का प्रयोग किया है, परन्तु सबका अर्थ एक ही है।

प्राथमिक शिक्षा नियमित शिक्षा का प्रथम सोपान है, जिसमें बालकों के लिए आवश्यक ज्ञान, कौशलों तथा अभिवृत्तियों का विकास किया जाता है। मनोवैज्ञानिक अनुसंधानों से पता चलता है कि 5 अथवा 6 वर्ष पूरे करने पर बालक की वाक्शक्ति, स्नायविक शक्ति, ध्यान केन्द्रित करने तथा स्थूल संबंधों को समझने की शक्ति का विकास होता है। अतएव यह शिक्षा पाँच अथवा छः वर्ष की आयु पूरी होने के बाद ही आरंभ होती है और आठ वर्षों तक अर्थात 14 साल की आयु तक दी जाती है। यह शिक्षा नर्सरी तथा माध्यमिक कक्षाओं के बीच की शिक्षा है।

प्राथमिक शिक्षा को अनिवार्य शिक्षा का प्रथम स्तर माना जाता है। औपचारिक रूप से दी जाने वाली शिक्षा से पहले दी जाने वाली शिक्षा को पूर्व प्राथमिक शिक्षा या नर्सरी शिक्षा कहा जाता है और प्राथमिक शिक्षा के बाद प्राप्त होने वाली शिक्षा को माध्यमिक शिक्षा कहा जाता है। उत्तरी अमेरिका में इस शिक्षा को प्रायः ऐलिमेंटरी शिक्षा (Elementary Education) कहा जाता है। अधिकतर देशों में प्राथमिक शिक्षा प्राप्त करना सभी बच्चों के लिए अनिवार्य माना जाता है, परन्तु कुछ क्षेत्रों में इसे अभिभावकों पर छोड़ दिया जाता है।

के.जी. सैयदेन (K.G. Saiydain) के शब्दों में, ''प्राथमिक शिक्षा का संबंध किसी एक जाति या वर्ग से नहीं, अपितु देश की समूची जनता के साथ है। यह प्रत्येक बिन्दु पर जीवन को स्पर्श करती है और राष्ट्रीय आदर्श एवं चरित्र-निर्माण में किसी अन्य क्रिया—सामाजिक, राजनैतिक एवं शैक्षणिक की अपेक्षा अधिक काम कर सकती है।''

प्राथमिक शिक्षा का वास्तविक अर्थ है–शिक्षा का प्रारम्भ। अत: प्राथमिक शिक्षा, शिक्षा का वह स्तर है जिसमें बालक विद्यालय में प्रवेश पाकर वास्तविक विधिवत् रूप से अध्ययन प्रारम्भ कर देता है। इस शिक्षा का व्यक्ति के जीवन में अत्यधिक महत्व है। इसी अवस्था पर बालक के विकास की नींव पड़ती है। इसी अवस्था पर यह प्रयास किया जाता है कि भारतीय संविधान में दिए गए मूल्यों अथवा आदर्शों की नींव मजबूत बने। इस प्रकार के गुणों का विकास किया जाए जिनसे बालक स्वस्थ मानसिक जीवन व्यतीत कर सके। सीखने के आधारभूत तत्त्वों की उचित जानकारी का प्रावधान किया जाता है। यही अवस्था है जब बालक की भौतिक, मानसिक, सामाजिक, भावात्मक, नैतिक तथा अन्य आवश्यकताओं की पूर्ति करके उनके व्यक्तित्व का समेकित विकास प्रारम्भ होता है। स्वस्थ नागरिकता के गुणों का विकास होता है। देश के प्रति प्रेम की भावना उत्पन्न होती है।

प्राथमिक शिक्षा के उद्देश्य
(Objectives of Primary Education)

स्वतंत्रता-प्राप्ति के पश्चात् हमारे संविधान निर्माताओं ने प्राथमिक शिक्षा को सर्वोच्च स्थान दिया तथा नि:शुल्क तथा अनिवार्य शिक्षा को राज्य ने एक नीति-निर्देशक सिद्धांत घोषित किया कि जब तक बालक 14 वर्ष तक की आयु पूरी नहीं कर लेते, उन्हें नि:शुल्क एवं अनिवार्य शिक्षा प्रदान की जाएगी। यह आवश्यक है कि प्राथमिक शिक्षा के उद्देश्य उससे आगे के उद्देश्यों से कुछ पृथक होने चाहिए क्योंकि यह उच्च शिक्षा का आधार है।

प्राथमिक शिक्षा के सामान्य उद्देश्य
(General Objectives of Primary Education)

शिक्षण प्रक्रियाओं को प्रभावी बनाने के लिए उद्देश्यों का निर्माण किया जाता है। ये उद्देश्य शिक्षण क्रियाओं को एक क्रमबद्ध रूप से संगठित करने में सहायक होते हैं। सी.वी. गुड (C.V. Good) के शब्दों में, ''उद्देश्य पूर्व निर्धारित साध्य होता है जो किसी कार्य या क्रिया का मार्गदर्शन करता है। प्राथमिक शिक्षा को प्रत्येक बालक को ज्ञान, कौशल, आदतें, अभिवृत्तियाँ तथा मूल्यों की प्राप्ति के योग्य बनाना होगा जिससे वे :

(*i*) एक उत्तरदायी नागरिक की भूमिका अदा कर सकें।
(*ii*) अन्त:निहित शक्तियों का विकास करके व सृजनात्मक योग्यता का विकास करके अच्छा जीवन व्यतीत कर सकें।
(*iii*) मानवीय समाज की आधारभूत एकता का ज्ञान प्राप्त कर सकें।
(*iv*) लोकतांत्रिक दृष्टिकोण का विकास कर सकें।
(*v*) मानसिक शक्तियों का विकास कर सकें।
(*vi*) पढ़ने, लिखने में रुचि जागृत कर सकें।
(*vii*) अपने दैनिक जीवन की आवश्यकताओं का ज्ञान प्राप्त कर सकें।

अभिवृत्तियों व मूल्यों से सम्बन्धित उद्देश्य
(Objectives related to Attitudes and Values)

यह हमारा विश्वास है कि शिक्षा के द्वारा अभिवृत्तियों व मूल्यों का विकास किया जाना चाहिए जिससे प्रत्येक बालक समाजवाद, धर्म निरपेक्षता तथा प्रजातंत्र के संप्रत्ययों को बढ़ावा दे सके तथा हमारे संविधान की प्रस्तावना में लिखित न्याय, स्वतंत्रता, समानता तथा भाईचारे के सिद्धांतों को अनुभव करने के लिए क्रियात्मक रूप से प्रयत्न कर सके। हम जानते हैं कि वर्तमान शिक्षा-प्रणाली शहरी-केन्द्रित है, दृष्टिकोण में पुस्तकीय है और अधिकतर मानवीय क्रियाओं से परे है। अवसर के क्षेत्र में यह गरीब तथा समाज के कमजोर वर्ग से विभेदीकरण प्रदर्शित करने वाला है। इसीलिए हम अनुभव करते हैं कि आज की शिक्षा-प्रणाली महात्मा गांधी द्वारा दिए गए बेसिक शिक्षा तथा कोठारी आयोग द्वारा स्वीकृत कार्य शिक्षा के सिद्धांतों पर आधारित होनी चाहिए।

प्राथमिक स्तर पर शिक्षा के द्वारा

1. हमारी सांस्कृतिक विरासत में ऐच्छिक परिवर्तनों के साथ-साथ अपनी संस्कृति के बारे में सूझ-बूझ तथा इसके प्रति प्रशंसात्मक दृष्टिकोण विकसित किया जाना चाहिए।
2. संविधान में प्रदर्शित नागरिक की कल्पना के अनुरूप बालक का निर्माण करना चाहिए।
3. किताबी अधिगम के स्थान पर बालक को देश की सामाजिक आर्थिक परिस्थितियों के अनुरूप बनाना चाहिए तथा उसे सामाजिक उत्पादक हाथ के कार्य से सम्बन्धित करना चाहिए।
4. तर्कशक्ति तथा वैज्ञानिक दृष्टिकोण को प्रोत्साहित करना चाहिए।
5. जीवन के सभी पक्षों में साधारणता, एकता, सहनशीलता तथा सहयोग के गुणों पर बल देना चाहिए।
6. जाति, रंग, लिंग, आयु, जन्मस्थान या आर्थिक परिस्थितियों से दूर प्रत्येक बालक के लिए शिक्षा का प्रावधान होना चाहिए तथा कार्य व अधिगम दोनों एक साथ चलने चाहिए।

प्राथमिक शिक्षा के विशिष्ट उद्देश्य
(Specific Objectives of Primary Education)

हम सभी जानते हैं कि शिक्षा एक मौलिक अधिकार है परन्तु प्राथमिक शिक्षा सार्वभौमिक होने के कारण इसके उद्देश्य भी विशिष्ट हैं :

1. औपचारिक अधिगम के यन्त्रों—साक्षरता, अंकन तथा हस्तकौशल, की प्राप्ति।
2. सामाजिक एवं प्राकृतिक विज्ञानों के क्षेत्र में निरीक्षण, अध्ययन तथा प्रयोगों के द्वारा ज्ञान की प्राप्ति।

3. खेलों के द्वारा शारीरिक शक्ति तथा समूह की भावना का विकास।
4. सामाजिक रूप से उपयोगी उत्पादक कार्य (Socially Useful Productive Work) की योजना बनाने तथा लागू करने के कौशल की प्राप्ति जिससे शिक्षा को कार्य-आधारित बनाया जा सके।
5. उद्देश्यपूर्ण निरीक्षण के कौशलों की प्राप्ति।
6. परिवार, स्कूल तथा समुदाय के बीच सहयोगपूर्ण व्यवहार की आदत की प्राप्ति।
7. सौन्दर्यात्मक दृष्टिकोण का विकास तथा कलात्मक क्रियाओं में योगदान से तथा प्रकृति के निरीक्षण से सृजनात्मकता का विकास करना।
8. अन्य धर्मों, क्षेत्रों तथा देशों के व्यक्तियों की जीवन शैली तथा संस्कृति के प्रति प्रंशसात्मक दृष्टिकोण का विकास करके उनमें सामाजिक उत्तरदायित्व की भावना का विकास करना और उन्हें कमजोर तथा उपेक्षित लोगों की सहायता के लिए तत्पर करना।
9. सामुदायिक जीवन की उत्पादक तथा अन्य प्रक्रियाओं में योगदान के लिए तथा समुदाय की सेवा करने की इच्छा का विकास करना।

कोठारी शिक्षा आयोग (1964-66) के अनुसार प्राथमिक शिक्षा के उद्देश्य (Objectives of Primary Education According to Kothari Education Commission)

कोठारी आयोग ने प्राथमिक शिक्षा को दो भागों में बाँटा—जूनियर व सीनियर और इसी आधार पर प्राथमिक शिक्षा के उद्देश्य निम्नलिखित हैं–

(क) जूनियर स्तर (Junior Level)

1. बच्चों में वैज्ञानिक दृष्टिकोण विकसित करना।
2. सामाजिक, भौतिक तथा सांस्कृतिक पर्यावरण की जानकारी प्रदान करना।
3. पढ़ने, लिखने व गणित के बारे में साधारण जानकारी प्रदान करना।
4. अच्छे स्वास्थ्य के बारे में जानकारी प्रदान करना।
5. श्रम की भावना विकसित करना।
6. ध्यानपूर्वक, सुनने, देखने तथा चिंतन आदि कौशलों का विकास करना।
7. बालकों का सामाजिक विकास करना।
8. विभिन्न धर्मों के प्रति आदर की भावना विकसित करना।
9. सृजनात्मक अभिव्यक्ति के गुणों का विकास करना।
10. राष्ट्रीय चिह्नों व राष्ट्रीय उत्सवों के माध्यम से राष्ट्रीयता की भावना उत्पन्न करना।

(ख) सीनियर/उच्च प्राथमिक स्तर (Senior/Higher Primary Level)

1. दैनिक जीवन की आवश्यकताओं की पूर्ति के लिए मौखिक तथा लिखित भाषा में विचारों को व्यक्त करने की योग्यता का विकास करना।

2. दैनिक जीवन में विज्ञान के लाभों को समझने की योग्यता विकसित करना।
3. पढ़ने-लिखने की उपयुक्त आदतों का निर्माण करना।
4. विभिन्न समस्याओं के संदर्भ में सूझ-बूझ से काम करने की क्षमता विकसित करना।
5. समाज के विकास हेतु सामाजिक कार्यों में सक्रिय रूप से भाग लेने के लिए प्रेरित करना।
6. हस्तकलाओं द्वारा विभिन्न कार्य अनुभवों में दक्षता प्राप्त करना।
7. देश की विभिन्नता में एकता के तत्त्वों को समझने की योग्यता का विकास करना।
8. विभिन्न विषयों के मूलभूत तथ्यों, सिद्धांतों, संप्रत्ययों को समझना।
9. भाषा, वर्ग, लिंग, जाति, वर्ण एवं अन्य विभिन्नताओं को चुनकर परस्पर सहयोग की भावना विकसित करना।
10. अपने धर्म के साथ-साथ दूसरे धर्मों के प्रति भी आदर की भावना रखने के लिए प्रेरित करना।

राष्ट्रीय शैक्षिक अनुसंधान और प्रशिक्षण परिषद के अनुसार प्राथमिक शिक्षा के उद्देश्य (Objectives of Primary Education According to NCERT)

NCERT के द्वारा प्राथमिक शिक्षा के उद्देश्यों को चार वर्गों में बाँटा गया है–

1. बालक का अधिगमकर्त्ता के रूप में विकास (Development of the Child as a Learner)

बालकों में–

(*i*) व्यवहारों तथा आदतों का विकास करना।
(*ii*) ज्ञान, बोध व कौशल की क्षमताओं का विकास करना।
(*iii*) अभिवृत्तियों, स्वास्थ्य एवं सृजनात्मक आलोचना की क्षमताओं का विकास करना।

2. बालक का एक व्यक्ति के रूप में विकास (Development of the Child as an Individual)

बालकों में–

(*i*) दैनिक जीवन में अनुशासन का महत्त्व समझाना।
(*ii*) आत्मविश्वास को बढ़ावा देना।
(*iii*) शक्तियों तथा कमजोरियों से परिचित कराना।
(*iv*) व्यक्तिगत ज्ञान, बोध, कौशल तथा स्वास्थ्य संबंधी नियमों की जानकारी देना।
(*v*) विभिन्न संबंधों को जानना तथा उनमें तालमेल स्थापित करना।
(*vi*) सौन्दर्यात्मक वस्तुओं को जाँचने तथा परखने की योग्यता का विकास करना।
(*vii*) सतत्, सुधार के लिए प्रयत्न करना।
(*viii*) लक्ष्य निर्धारण करना तथा उसे प्राप्त करने के लिए तैयार रहना।
(*ix*) आत्मनिर्भरता के दृष्टिकोण का विकास करना।
(*x*) युक्ति संगत व्यवहार करना।

3. बालक का नागरिक के रूप में विकास (Development of the Child as a Citizen)

(*i*) नागरिकता की भावना को समझना।
(*ii*) देश की स्वतंत्रता का महत्त्व जानना।
(*iii*) राष्ट्रीय ध्वज का सम्मान करना व महत्त्व जानना।
(*iv*) सभी वर्ग के लोगों को कानून की दृष्टि से समान समझना।
(*v*) असहायों की सहायता करना।
(*vi*) सार्वजनिक सम्पत्ति की सुरक्षा करना।
(*vii*) निष्ठा से कर्त्तव्य-पालन करना।
(*viii*) छोटे परिवार का महत्त्व समझना।
(*ix*) विभिन्न धर्मों व भाषाओं के प्रति आदर व प्रेम की भावना रखना।
(*x*) कमजोर वर्गों के प्रति संवेदनशील रहना।

4. बालक का एक कार्यकर्त्ता के रूप में विकास (Development of the Child as a Worker)

(*i*) अच्छे कार्यों की प्रशंसा करना।
(*ii*) श्रम के महत्त्व को समझना।
(*iii*) अपने हाथ से कार्य करके आनन्द का अनुभव करना।
(*iv*) दूसरों के कार्यों में सहयोग प्रदान करना।
(*v*) सृजनात्मक अभिव्यक्ति का सम्मान करना।
(*vi*) विभिन्न कार्यों की प्रक्रियाओं का सामान्य रूप से ज्ञान प्राप्त करना।
(*vii*) विभिन्न कार्यों में काम आने वाले आवश्यक औजारों तथा वस्तुओं का ज्ञान रखना।
(*viii*) योजनाबद्ध कार्य की उपयोगिता को समझना।
(*ix*) कलात्मक ढंग से कार्य सम्पादन करना।
(*x*) धैर्यपूर्वक कार्य करना।

अत: कहा जा सकता है कि प्राथमिक शिक्षा बालक के शैक्षिक जीवन का आधार होती है और इस स्तर की महत्ता होने के कारण ही समय-समय पर इसकी पाठ्यचर्या व उद्देश्यों में परिवर्तन होता रहता है। आज इसी स्तर पर तकनीकी ज्ञान प्रदान करना भी आवश्यक माना जा रहा है क्योंकि पहली शिक्षा माध्यमिक शिक्षा का आधार मानी जाती है और यदि इस स्तर पर बालक में पढ़ने-लिखने के प्रति रुचि उत्पन्न हो जाती है तो भारत में जो 100% साक्षरता का स्वप्न हम आजादी के समय से देख रहे हैं, उसे पूरा किया जा सकता है। यह तभी संभव है यदि प्राथमिक शिक्षा में बालक की अन्त:निहित योग्यताओं के विकास पर ध्यान दिया जाए, ताकि उनकी आवश्यकताओं की पूर्ति हो सके, वे समाज के प्रति अपने उत्तरदायित्व को समझ सकें तथा देश के विकास में अपना सक्रिय योगदान दे सकें।

अध्याय 2

पाठ्यक्रम-संप्रत्यय
(Curriculum-Concept)

''पाठ्यक्रम वह साधन है जिसके द्वारा हम बच्चों को शिक्षा के उद्देश्यों की प्राप्ति के योग्य बनाने की आशा करते हैं।''
—हैनरी जे. ओटो

आज से हजारों वर्ष पहले की अपेक्षा वर्तमान समय में जीवन अधिक जटिल बनता जा रहा है, कल के विद्यार्थी आज के विद्यार्थी की अपेक्षा अधिक जटिल तथा विस्तृत विश्व के विद्यार्थी होंगे। आज शिक्षा में एक विस्तृत तथा एकीकृत विषय सामग्री की आवश्यकता है और इसी आवश्यकता के प्रत्युत्तर में अध्यापक, पाठ्यक्रम कार्यकर्त्ता, शिक्षाविद्, प्रोफेसर सभी प्रचलित कार्यक्रम के विस्तार में, अन्वेषण में तथा विश्लेषण करने में लगे हुए हैं। इसी क्रिया के परिणामस्वरूप पाठ्यक्रम को एक नया दृष्टिकोण दिया जा रहा है जिसके अन्तर्गत शिक्षा के पाठ्यक्रम को विभिन्न अनुशासित विषयों के सम्मिश्रण के स्थान पर एकीकृत विषय के रूप में समझा जा सके।

सामान्य रूप से यह विचारधारा मुख्यतया सूझ-बूझ या सामान्यीकरण पर बल देती है जो विस्तृत रूप से व्यावहारिक है।

वर्तमान समाज की यह मांग है कि आज के विद्यालयों को दो ढंगों से सफल जीवन के लिए भविष्य के नागरिकों को तैयार करना चाहिए: प्रथम ज्ञान तथा द्वितीय दूसरों के साथ प्रभावी ढंग से कार्य करने का कौशल। इसके लिए क्रमबद्ध रूप से योजनाबद्ध अधिगम अनुभवों की आवश्यकता है जिसमें विद्यार्थी को, जो कुछ भी उसने ऐच्छिक मानव व्यवहार के बारे में सीखा है उसके प्रयोग करने के अवसर भी मिलें।

पाठ्यक्रम का अर्थ (Meaning of Curriculum)

पाठ्यक्रम शिक्षा प्रक्रिया की धुरी है। सभी शिक्षाशास्त्री ज्ञान को शिक्षा का एक महत्त्वपूर्ण साधन मानते हैं तथा यह चाहते हैं कि विद्यार्थियों को केवल ऐच्छिक तथा उपयोगी अनुभव ही प्रदान किए जाने चाहिए। पाठ्यक्रम शिक्षा का वह भाग है, जिसके अन्तर्गत वह विषय-सामग्री तथा क्रियाएँ सम्मिलित की जाती हैं, जो बालक को मानवीय सम्बन्धों की सूझ-बूझ, वातावरण का ज्ञान, समाज के मूल्यों तथा सिद्धान्तों के प्रति निष्ठा विकसित करने के

योग्य बनाती हैं तथा उन प्रक्रियाओं में भाग लेने के लिए प्रोत्साहित करती है, जिसके परिणामस्वरूप समाज को बनाए रखने में तथा उसमें सुधार लाने में सहयोग प्राप्त होता है। शिक्षा के तीन महत्त्वपूर्ण तत्त्व हैं—अध्यापक, पाठ्यक्रम तथा विद्यार्थी।

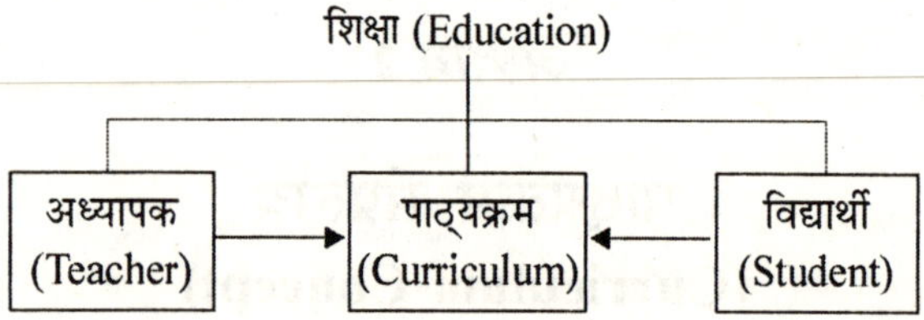

चित्र 2.1 शिक्षा के तत्त्व

इन तीनों तत्त्वों में से विद्यार्थी के सर्वांगीण विकास के लिए पाठ्यक्रम महत्त्वपूर्ण भूमिका निभाता है, क्योंकि वह अध्यापक तथा विद्यार्थी के बीच अन्त:क्रिया में एक साधन के रूप में कार्य करता है।

सामान्य रूप से विद्यार्थी पाठ्यक्रम का अर्थ उन विषयों के पाठ्यक्रमों (विषय-सूची) को मानते हैं जो विभिन्न विषयों के अन्तर्गत उन्हें पढ़ाया जाता है, किन्तु यह धारणा संकुचित तथा सीमित है। पाठ्यक्रम की धारणा बहुत व्यापक है क्योंकि इसमें वे सभी अनुभव सम्मिलित किए जाते हैं, जिन्हें विद्यार्थी स्कूल में विभिन्न क्रियाओं से प्राप्त करते हैं। पाठ्यक्रम के विस्तृत अर्थ पर प्रकाश डालते हुए माध्यमिक शिक्षा आयोग (Secondary Education Commission) ने अपनी रिपोर्ट में लिखा भी है, "पाठ्यक्रम का अर्थ केवल उन सैद्धान्तिक पाठ्य विषयों से नहीं है, जो विद्यालय में परम्परागत ढंग से पढ़ाए जाते हैं, परन्तु इसमें अनुभवों की वह सम्पूर्णता निहित है, जिसको विद्यार्थी विद्यालय, कक्षा-कक्ष, पुस्तकालय, कार्यशाला, प्रयोगशाला और खेल के मैदान तथा शिक्षकों एवं शिष्य के अगणित अनौपचारिक सम्पर्कों से प्राप्त करता है। इस प्रकार विद्यालय का सम्पूर्ण जीवन पाठ्यक्रम हो जाता है, जो विद्यार्थियों के जीवन के सभी पक्षों को प्रभावित कर सकता है और सन्तुलित व्यक्तित्व के विकास में सहायता देता है।"

कुछ शिक्षाशास्त्रियों का यह मानना है कि बालक के वर्तमान अनुभव, रुचियों तथा क्रियाओं के द्वारा यह निश्चित किया जाना चाहिए कि उसे क्या पढ़ाना चाहिए, बड़ों का हस्तक्षेप कम-से-कम होना चाहिए, विद्यार्थी को स्वतंत्र वातावरण में विकसित होने के अवसर प्रदान किए जाने चाहिए। जॉन ड्यूवी तथा उसके अनुयायियों के द्वारा स्कूल के अध्यापकों या स्कूल के बच्चों की अपेक्षा बालक को सबसे महत्त्वपूर्ण माना गया है। उनका यह मानना है कि बालक को यदि भविष्य के लिए अच्छे ढंग से तैयार करना है तो उसे स्कूल में जितना संभव हो सके उतने अनुभव तथा क्रियाएँ प्रदान की जानी चाहिए, जिसके परिणामस्वरूप वह विभिन्न कौशलों के अधिगम की आवश्यकता को अनुभव कर सके तथा विभिन्न प्रकार के अधिगम प्राप्त कर सके।

शाब्दिक रूप से 'Curriculum' शब्द लैटिन भाषा के 'Currere' शब्द से निकला है जिसका अर्थ है 'भागना' या 'दौड़ना'। अतः पाठ्यक्रम का अर्थ है एक रास्ता जिस पर भाग कर किसी को अपने लक्ष्य/मंजिल को प्राप्त करना है। आवश्यक रूप से पाठ्यक्रम विद्यार्थियों के लिए एक दौड़ का मैदान ही है। जिस प्रकार एक व्यक्ति रेस जीतने के लिए दौड़ता है उसी प्रकार एक विद्यार्थी (बालक) पाठ्यक्रम के द्वारा दौड़ कर विभिन्न अनुभव प्राप्त करता है जिससे वह शैक्षिक लक्ष्य को प्राप्त कर सके। अतः पाठ्यक्रम को स्कूल में, कक्षा-कक्ष में तथा कक्षा-कक्ष से बाहर प्रदान किए जाने वाले उन सभी अधिगम अनुभवों के रूप में परिभाषित किया जाता है। जब हम विकास के विभिन्न स्तरों पर बालकों के लिए अनुभवों का चयन करते हैं तो हमें उस समाज को जिसमें हम आज रह रहे हैं तथा कल के आने वाले समाज को ध्यान में रखना चाहिए। हमें यह पूछना चाहिए: क्या हमारा पाठ्यक्रम पारिवारिक जीवन में परिवर्तन, शहरीकरण, समाज के विकास, मूल्यों का हस्तांतरण, आर्थिक परिवर्तन, धार्मिक तथा नैतिक परिवर्तन, सांस्कृतिक परिवर्तन, लोकतांत्रिक नागरिकता, राजनैतिक व्यवस्था आदि को प्रतिबिम्बित करता है?

आधुनिक समय में पाठ्यक्रम की परिभाषा अति विस्तृत हो गई है। ये परिभाषाएँ स्वयं में केवल स्कूल विषयों को ही सम्मिलित नहीं करती अपितु अधिगमकर्त्ता के सभी क्रियाओं तथा अनुभवों को शामिल करती हैं।

पाठ्यक्रम की परिभाषा
(Definition of Curriculum)

पाठ्यक्रम के अर्थ को अधिक स्पष्ट तथा व्यापक बनाने के लिए कुछ महत्त्वपूर्ण परिभाषाएँ इस प्रकार हैं:

1. कनिंघम (Cunningham) के अनुसार, ''पाठ्यक्रम कलाकार (अध्यापक) के हाथ में एक यंत्र है जिसकी सहायता से वह अपनी सामग्री (विद्यार्थी) को अपने आदर्शों (उद्देश्यों) के अनुरूप अपने स्टूडियो (स्कूल) में ढालता है।'' ("Curriculum is a tool in the hands of an artist (The teacher) to mould his material (the pupil) according to his ideals (aim and objectives) in his studio (the school).")
2. मुनरो (Munroe) के शब्दों में, ''पाठ्यक्रम में वे सब अनुभव निहित हैं जिनको विद्यालय द्वारा शिक्षा के उद्देश्य की प्राप्ति के लिए प्रयोग में लाया जाता है।'' ("Curriculum embodies all the experiences which are utilized by the school to attain the aims of education.")
3. पॉल हिंस्ट (Paul Hirst) के अनुसार, ''उन सभी क्रियाओं के प्रारूप को जिनके द्वारा विद्यार्थी, जहाँ तक सम्भव हो, शैक्षिक लक्ष्यों या उद्देश्यों को प्राप्त कर लेंगे, पाठ्यक्रम की संज्ञा दी जाती है।''

("A programme of activities designed so that pupil will attain as far as possible, certain educational ends or objectives is known as curriculum.")

4. हॉर्ने (Horne) के शब्दों में, "पाठ्यक्रम वह है जो विद्यार्थियों को पढ़ाया जाता है। यह पढ़ने या लिखने से अधिक है। इसके अन्तर्गत उद्योग, व्यवसाय, ज्ञानोपार्जन, अभ्यास और क्रियाएँ सभी सम्मिलित की जाती हैं।"
   ("Curriculum is that which is taught to his students is more than reading and writing. It includes practice, activity, industry, vocation and acquiring knowledge.")
5. क्रो एवं क्रो (Crow and Crow) के शब्दों में, "पाठ्यक्रम में अधिगमकर्त्ता के वे सभी अनुभव सम्मिलित किए जाते हैं जो वह स्कूल या स्कूल से बाहर प्राप्त करता है, जिन्हें एक कार्यक्रम में शामिल किया जाता है, जिसे उसका मानसिक, शारीरिक, सामाजिक, भावात्मक, अध्यात्मिक तथा नैतिक विकास में सहायता करने के लिए निर्मित किया जाता है।"
   ("Curriculum includes all the learner's experiences, in or outside the school that are included in a programme which has been devised to keep him to develop mentally, physically, socially, emotionally, spiritually and morally.")

उपर्युक्त परिभाषाओं के आधार पर यह स्पष्ट होता है कि पाठ्यक्रम वह है जो अध्यापक, अधिगमकर्त्ता, परीक्षक आदि को उचित दिशा प्रदान करता है। यह विषय सामग्री तथा उन सभी क्रियाओं का कुल योग है जो स्कूल के द्वारा विद्यार्थियों को प्रशिक्षण देने के उद्देश्य से सम्पन्न की जाती है। इसमें स्कूल तथा स्कूल के बाहर के सभी अर्थपूर्ण तथा ऐच्छिक क्रियाएँ एवं अनुभव शामिल किए जाते हैं, परन्तु वे सभी नियोजित, संगठित तथा शैक्षिक उद्देश्य के लिए प्रयोग किए जाने वाले हों। यह व्यक्तिगत तथा सामाजिक जीवन के सभी पक्षों को शामिल करता है। यह जीवन्त तथा क्रियाशील होता है, जिसमें स्कूल के सभी अनुभव सम्मिलित होते हैं। पाठ्यक्रम की पाठ्य-वस्तु (विषय-सामग्री) कुछ प्रकरण या विषय नहीं हैं, अपितु विद्यार्थियों द्वारा किए गए वास्तविक अनुभव हैं। आधुनिक समय में पाठ्यक्रम के संप्रत्ययीकरण में परिवर्तन आया है। अतीत के समय में पाठ्य-वस्तु (Syllabus) में दी गई विषय-सामग्री या प्रकरणों को ही पाठ्यक्रम का नाम दिया जाता था। परन्तु अब बालक के अनुभवों तथा उसकी प्रकृति पर अधिक बल दिया जाता है और इसी कारण पाठ्यक्रम के संप्रत्यय में परिवर्तन किया गया है। अब इसे बालक के व्यापक अनुभवों के रूप में परिभाषित किया जाता है। यह अधिकतर दार्शनिक तथा मनोवैज्ञानिक पक्षों पर आधारित होता है। ओवन (Owen) के शब्दों में, "नवीन पाठ्यक्रम परम्पराओं पर नहीं अपितु विश्लेषण पर आधारित होगा।"

("The new curriculum will be based not on traditions, but on analysis.")

पाठ्यक्रम प्रायः दो प्रश्नों से सम्बन्धित होता है :

(i) हमें क्या पढ़ाना चाहिए? विषय-सामग्री क्या होनी चाहिए?

(ii) हमें इसे कैसे संगठित करना चाहिए तथा कैसे पढ़ाना चाहिए?

इस प्रकार अधिगम अनुभवों को एक नियोजित एवं क्रमबद्ध रूप में संगठित करना ही पाठ्यक्रम कहलाता है। यह लचीला, विभिन्न तथा प्रगतिशील होता है और यह परिवर्तनशील समाज की माँगों तथा विद्यार्थियों की आवश्यकताओं को पूरा करने की कोशिश करता है।

प्रभावी शिक्षण अधिगम में पाठ्यक्रम का महत्त्व (Importance of Curriculum in Effective Teaching Learning)

एक तरफ यदि पाठ्यक्रम का निर्माण सुनियोजित ढंग से किया जाए तो यह निश्चित रूप से अधिगम तथा शिक्षण क्रिया में सहायता करेगा तथा दूसरी ओर यदि अध्यापक को पाठ्यक्रम विकसित करने में एक भागीदार बना लिया जाए तो यह अधिक प्रभावी होगा क्योंकि अध्यापक प्रत्यक्ष रूप से इससे सम्बन्धित होता है। अध्यापक का शामिल होना एक और प्रकार से भी सहायता करेगा कि वह पाठ्यक्रम की आवश्यकता को समझेगा तथा उन उद्देश्यों को भी ध्यान में रखेगा, जिन्हें इसके द्वारा प्राप्त किया जाना है। यदि एक अध्यापक पाठ्यक्रम को इसके धरातल स्तर से परे, कसौटी जिसके अनुसार पाठ्य-सामग्री की चयन तथा गठन किया गया है, जानता है, तो वह इसको पढ़ाने में अधिक प्रभावी होगा। पाठ्यक्रम अध्यापक तथा विद्यार्थी दोनों के लिए निम्नलिखित प्रकार से महत्त्वपूर्ण है जैसे-

1. विद्यार्थी जानते हैं कि उन्हें क्या पढ़ना है और अध्यापक यह जानता है कि उसे क्या पढ़ाना है।
2. यह बालक के सर्वांगीण विकास के लिए साधन के रूप में कार्य करता है।
3. यह बालक के मानसिक चरित्र के विकास में साधन का कार्य करता है।
4. यह इसके द्वारा निर्मित उद्देश्य की प्राप्ति में साधन के रूप में कार्य करता है।
5. यह चिन्तन, तार्किक, अलोचनात्मक निर्णय शक्ति तथा अन्य मानसिक योग्यताओं का विकास करने में सहायता करता है।
6. लोकतांत्रिक भावनाओं का विकास करने में सहायक होता है।
7. यह अध्यापक की विभिन्न शिक्षण विधियों, व्यूह-रचनाओं तथा तकनीकों को अपनाने में सहायता करता है।
8. यह मनोवैज्ञानिक रूप से बच्चे के विकास तथा वृद्धि की अवस्थाओं (Stages) को ध्यान में रखता है।
9. इसके परिणामस्वरूप अपनाई गई मूल्यांकन विधियाँ तथा तकनीकें पाठ्यक्रम के लक्ष्यों तथा उद्देश्य के अनुरूप होगी।

10. अधिगम प्रणालियों जैसे व्यावहारिक प्रणाली और ज्ञानात्मक प्रणाली (Theory) पाठ्यक्रम योजना कार्य की विभिन्न विचारधाराओं को स्पष्ट करती है।
11. पाठ्यक्रम यह निश्चित करने में सहायता करता है कि कौन-सा ज्ञान उपयोगी है ? विचार प्रक्रिया की क्या प्रकृति है ? विभिन्न विचार प्रक्रियाएँ तथा ज्ञानात्मक प्रक्रिया कौशल किस प्रकार एक-दूसरे से सम्बन्धित हैं ?
12. पाठ्यक्रम विद्यार्थियों के विभिन्न अधिगम शैलियों के अनुसार अधिगम के लिए वैकल्पिक मार्ग प्रदान करता है।
13. पाठ्यक्रम समाज को आकार देने में सहायता करता है।
14. यह विभिन्न शिक्षण विषयों के ज्ञान को, विद्यार्थियों के भविष्य जीवन को ध्यान में रखते हुए एकीकृत करता है।

अतः पाठ्यक्रम बहुत महत्त्वपूर्ण है और इसलिए इसका नियोजन सावधानीपूर्वक किया जाना चाहिए। प्रत्येक पाठ्यक्रम के चार आधार होते हैं जैसे-**सामाजिक शक्तियाँ स्वीकृति सिद्धान्तों के द्वारा प्रदान किया गया मानव विकास का ज्ञान, अधिगम का स्वरूप तथा ज्ञान का स्वरूप**। पाठ्यक्रम एक विशिष्ट समाज में शिक्षा के लिए है तथा एक विशेष आयु वर्ग के बच्चों के लिए होता है। निर्मित पाठ्यक्रम तथा हस्तांतरित पाठ्यक्रम में अन्तर होने के कारण अध्यापक को चाहिए कि वह लोचशील कार्यक्रम ही प्रदान न करे अपितु अधिगम में अर्थपूर्ण विकल्प भी प्रदान करे।

पाठ्यक्रम का विकास
(Development of Curriculum)

शिक्षा-प्रणाली तथा संरचना के बीच पाठ्यक्रम निर्माण की महत्त्वपूर्ण भूमिका है। सामान्य रूप से यह स्वीकार किया जाता है कि शिक्षा में पाठ्यक्रम का नवीनीकरण तथा विकास एक अनवरत प्रक्रिया है और कोई भी राष्ट्र इस प्रक्रिया में धीमी गति को सहन नहीं कर सकता। पाठ्यक्रम के द्वारा अधिगमकर्त्ता की आवश्यकताओं, समाज की आशाओं, समुदाय की आकांक्षाओं तथा अन्तर्राष्ट्रीय तुलनाओं की पूर्ति की जानी चाहिए। पाठ्यक्रम का विकास निम्नलिखित चरणों में किया जाता है :

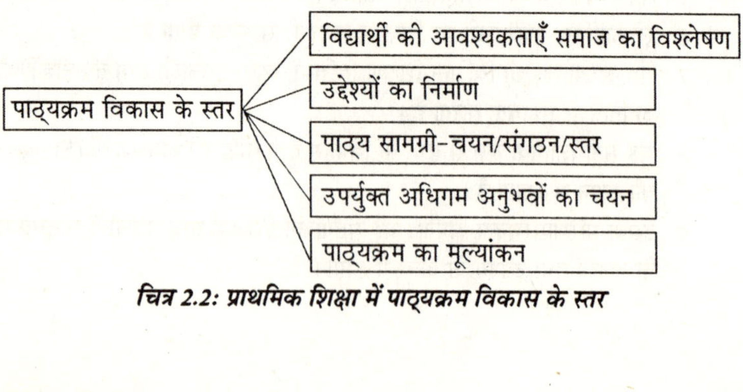

चित्र 2.2: प्राथमिक शिक्षा में पाठ्यक्रम विकास के स्तर

1. समाज का विश्लेषण (Analysis of Society) – शिक्षा समाज से सम्बन्धित है इसीलिए पाठ्यक्रम का विकास करते समय सबसे पहला चरण है समाज का विश्लेषण। यह विश्लेषण उन तत्त्वों की जानकारी प्रदान करेगा जिसके बारे में अध्यापक को ज्ञान होना चाहिए। विश्लेषण समाज की प्रमुख प्रवृत्तियों की ओर भी संकेत करता है। जैसे ही समाज में परिवर्तन होगा वैसे ही पाठ्यक्रम में परिवर्तन होगा। इन प्रवृत्तियों की दिशा सामाजिक उद्देश्यों की ओर संकेत करती है। नवयुवकों की आवश्यकताओं को भी ध्यान में रखना चाहिए। पाठ्यक्रम का निर्माण करते समय शिक्षाशास्त्रियों द्वारा समाज के विवादास्पद विश्वासों तथा महत्त्वपूर्ण मूल्यों का विश्लेषण भी किया जाना चाहिए।

2. उद्देश्यों का निर्माण (Formulation of Objectives) – प्राय: यह विश्वास किया जाता है कि विद्यार्थियों में उन क्रियाओं सम्बन्धी कौशलों तथा ज्ञान का विकास किया जाना चाहिए जो समाज की समस्याओं को सुलझाने में उनकी सहायता करें। पाठ्यक्रम को एक निश्चित स्तर पर शिक्षण के उद्देश्यों के अनुरूप महत्त्वपूर्ण विशिष्ट वर्गों में बाँटा जाना चाहिए जैसे-ज्ञान, कौशल, प्रयोग, अभिरुचि, प्रशंसा रुचि इत्यादि। इसके अतिरिक्त इन उद्देश्यों की विद्यार्थियों के व्यवहार में वांछित परिवर्तन के आधार पर जैसे-विचार, भावना तथा कार्य आदि की व्याख्या की जानी चाहिए। पाठ्यक्रम के द्वारा केवल प्रचलित सूचनाओं तथा कौशलों का ज्ञान ही प्राप्त नहीं होना चाहिए अपितु इसके द्वारा विद्यार्थियों को निरंतर स्व-अधिगमकर्त्ता के रूप में विकसित किया जाना चाहिए। शैक्षिक संस्थाएँ ही वे संगठित साधन हैं जिसके द्वारा समाज अपनी आधारभूत इच्छाओं तथा लक्ष्यों की पूर्ति करने का प्रयत्न करता है। यही समाज के उद्देश्य बन जाते हैं। शैक्षिक उद्देश्य समाज के उद्देश्यों से ही बनते हैं। उद्देश्य विशिष्ट रूप से कथित होने चाहिए जिससे कुछ उचित अधिगम क्रियाओं के बारे में निर्णय करना सम्भव हो सके।

3. पाठ्य-सामग्री (Curricular Content) – अतीत तथा वर्तमान के सभी अनुभवों को पाठ्यक्रम में शामिल नहीं किया जा सकता। केवल उन्हीं तत्त्वों को जो वांछनीय शैक्षिक उद्देश्यों की प्राप्ति में अत्यधिक प्रभावी हो सकते हैं, पाठ्यक्रम में शामिल करने के लिए चुना जा सकता है। इस प्रकार उपयुक्त सामग्री का चयन कुछ सीमा तक उद्देश्यों के निर्धारण पर निर्भर करता है। पाठ्यक्रम में अधिगम के मुख्य चार पक्षों को महत्त्वपूर्ण माना जाता है।

- संप्रत्यय या अर्थ (Concept or Meaning)
- सूझ-बूझ कौशल (Understanding Skill)
- समस्या समाधान (Problem solving)
- लोकतांत्रिक नागरिकता (Democratic Citizenship)

पाठ्य-सामग्री का चयन/संगठन/स्तर (Selection/Organisation/Grading of Curricular Content)

चयन (Selection) – पाठ्यक्रम का निर्माण करते समय सबसे पहले विभिन्न प्रत्ययों की जानकारी प्राप्त करना आवश्यक होता है क्योंकि इसी के आधार पर विद्यार्थियों में सूझ-बूझ, कौशल, लोकतांत्रिक नागरिकता आदि का विकास किया जा सकता है। विषय-सामग्री में वे सब तथ्य/बातें शामिल होनी चाहिए, जिनका मनुष्य अपने दैनिक जीवन में प्रयोग करते हैं और जो विभिन्न कौशलों के विकास में उनकी सहायता करते हैं, जो उनके भविष्य के लिए अत्यावश्यक हैं। पाठ्यक्रम का चयन करते समय निम्नलिखित सामग्री को ध्यान में रखना चाहिए, जिसमें से विद्यार्थियों की योग्यताओं तथा क्षमताओं के अनुसार उपयोगी प्रकरण चुने जा सकते हैं–

- पारिवारिक वातावरण से सम्बन्धित सामग्री
- बुनियादी आवश्यकताओं से सम्बन्धी सामग्री
- भौतिक वातावरण सम्बन्धी सामग्री
- सामाजिक वातावरण सम्बन्धी सामग्री
- आर्थिक वातावरण सम्बन्धी सामग्री
- नागरिक एवं राजनैतिक वातावरण सम्बन्धी सामग्री
- सांस्कृतिक वातावरण सम्बन्धी सामग्री
- विज्ञान तथा तकनीक
- सामाजिक विषय
- विविध क्रियाएँ।

संगठन (Organisation) – प्राथमिक स्तर पर शिक्षण को प्रभावशाली तथा उद्देश्यपूर्ण बनाने के लिए उसकी पाठ्य-सामग्री का केवल चयन करना ही पर्याप्त नहीं है, अपितु उसे उचित रूप से गठित करना भी जरूरी है। इसके लिए संगठन की विभिन्न विधियों का प्रयोग किया जा सकता है–

- संकेन्द्रित विधि (Concentric Method)
- प्रकरण विधि (Topical Method)
- इकाई विधि (Unit Method)
- कालक्रम विधि (Chronological Method)
- प्रगतिशील व प्रतीपगमन विधि (Progressive vs Regressive Method)
- कुण्डलीय विधि (Spiral Method)

स्तरीकरण (Grading) – पाठ्यक्रम के संगठन के पश्चात् प्रश्न यह उठता है कि इसे स्तर विशेष या कक्षा विशेष (निम्न प्राथमिक, उच्च प्राथमिक) के अनुरूप कैसे स्तरीय किया जाए–

प्रारंभिक स्तर (Elementary Level) – साधारणतः प्रारंभिक स्तर पर 6 से 14 वर्ष की आयु वर्ग के छात्र तथा छात्राओं को शिक्षा दी जाती है। इस आयु-वर्ग के आरम्भ में अपनी क्रियाओं को शीघ्रता से बदलने की, कहानी सुनने की उत्सुकता होती है तथा बालक में नई-नई बातें जानने की जिज्ञासा बनी रहती है। इस स्तर पर पहचान तथा प्रत्यास्मरण-सम्बन्धी मानसिक शक्तियों का विकास होता है। इसी कारण पाठ्यक्रम का स्तरीकरण विद्यार्थियों की मानसिक योग्यताओं के अनुरूप किया जाना चाहिए।

4. उपयुक्त अधिगम अनुभवों का चयन (Selection of Suitable Learning Experiences) – प्राथमिक शिक्षा के निर्धारित किए गए उद्देश्यों (Objectives), जिन्हें व्यावहारिक परिवर्तनों के रूप में स्पष्ट किया गया है, की उपलब्धि-उपयुक्त तथा सुसंगठित अधिगम अनुभवों पर निर्भर करती है जो विद्यार्थियों के प्रभावी अधिगम के लिए प्रदान किए जाते हैं। अधिगम अनुभवों का उचित संगठन विभिन्न कारकों पर निर्भर करता है जो इस प्रकार हैं-

- अधिगमकर्त्ता की आयु, आवश्यकताएँ तथा पूर्व अनुभव।
- एक विशिष्ट समुदाय की आवश्यकताएँ।
- बालकों की योग्यताएँ।
- स्कूल में प्राप्त सुविधाएँ।
- बालक की तत्परता, परिपक्वता तथा क्षमताएँ।
- अधिगमकर्त्ता की रुचि तथा ध्यान।
- अधिगमकर्त्ता की प्रवृत्तियाँ।

अधिगम अनुभव इस प्रकार के चुने जाने तथा संगठित किए जाने चाहिए कि विद्यार्थी उद्देश्यों, विषय-सामग्री तथा क्रियाओं को अपनी आवश्यकताओं के अनुरूप समायोजित कर सकें। किसी भी पाठ्यक्रम में चुने गए अधिगम अनुभवों की वैधता का निर्णय निम्नलिखित मानदण्डों के आधार पर तथा उन परिवर्तनों के आधार पर जो अध्यापक को अपनी आवश्यकताओं की पूर्ति के लिए लाने चाहिए, किया जाना चाहिए:

- अधिगम अनुभव ऐच्छिक व्यावहारिक परिवर्तनों के अनुरूप होने चाहिए।
- सम्बन्धित विषय-सामग्री क्षेत्र के अनुकूल होने चाहिए।
- वे व्यावहारिक होने चाहिए।
- पर्याप्त तथा प्रभावी होने चाहिए।

अधिगम अनुभवों की व्यावहारिकता, पर्याप्तता तथा प्रभावशीलता के बारे में निर्णय लेने के लिए विशिष्ट कसौटियों का निर्माण करना कठिन है, इसलिए इसका निर्णय अध्यापक पर ही छोड़ दिया जाता है जो इनका निर्माण करता है।

5. पाठ्यक्रम का मूल्यांकन (Evaluation of Curriculum) – किसी भी प्रणाली की प्रभावशीलता उसकी उपलब्धियों के आधार पर ही निश्चित की जा सकती है क्योंकि, उपलब्धि के द्वारा समाज की आवश्यकता की पूर्ति अवश्य होनी चाहिए। मूल्यांकन

प्रक्रिया का निर्धारण भी योजना स्तर पर किया जाता है जब उद्देश्यों का निर्धारण किया जाता है। पाठ्यक्रम के मूल्यांकन के लिए उपयुक्त सामग्री का चुनाव करते समय बालक की आवश्यकताओं, रुचियों, अभिवृत्तियों तथा योग्यताओं को ध्यान में रखा जाना चाहिए।

मूल्यांकन के अन्तर्गत कुछ प्रश्नों के उत्तर मिलने आवश्यक हैं। जैसे-प्राथमिक शिक्षा पाठ्यक्रम के उद्देश्यों की प्राप्ति में विद्यार्थी कहाँ तक सफल हुए हैं? अध्यापक के द्वारा अपनी अनुदेशन प्रक्रिया को प्रभावी बनाने में कहाँ तक सुधार किया गया है? मूल्यांकन प्रक्रिया में प्राथमिक शिक्षा से सम्बन्धित सभी उद्देश्यों—ज्ञानात्मक, मनोवैज्ञानिक तथा भावात्मक-स्पष्ट रूप से उल्लेख किया जाना चाहिए। अध्यापक की स्थिति ऐसी होनी चाहिए कि वह उचित ढंग से मूल्यांकन कर सके कि प्रस्तावित उद्देश्यों की प्राप्ति के लिए उसने विद्यार्थियों के साथ क्या किया है तथा विद्यार्थियों के द्वारा क्या किया गया है। राज्य स्तरीय ऐजेन्सी जैसे शिक्षा निदेशालय, स्टेट कौंसिल ऑफ एजूकेशन रिसर्च एण्ड ट्रेनिंग (SCERT), डाईट (DIET) तथा स्वैच्छिक संस्थाओं आदि के लिए उचित अनुदेशनात्मक सामग्री का चयन तथा विकास एवं शैक्षिक उद्देश्यों की प्राप्ति के लिए उचित व्यूह-रचनाओं का चयन तथा विकास करने में सहायता तथा निर्देश देने का उत्तरदायित्व उठाना होगा। इसके अतिरिक्त इनके द्वारा विभिन्न परीक्षण बनाने में सहयोग देना होगा, जिसके द्वारा उद्दश्यों की उपलब्धि का परीक्षण किया जा सके। इस प्रकार मूल्यांकन से सम्बन्धित सभी बिन्दुओं को भी पाठ्यक्रम के विकास के अन्तर्गत शामिल किया जाना चाहिए।

अत: पाठ्यक्रम विकास समाज में हो रहे परिवर्तन के परिणामस्वरूप शिक्षा में गुणात्मक सुधारों की खोज की अन्तिम प्रक्रिया है। यह एक गतिशील प्रक्रिया है। इसी कारण विभिन्न शिक्षा एजेन्सियों जैसे NCERT, SCERT आदि के द्वारा समय-समय पर पाठ्यक्रम की रूपरेखा का निर्माण करने के लिए प्रयत्न किए जाते रहे हैं तथा किए जाते रहेंगे।

पाठ्यक्रम के प्रकार (Types of Curriculum)

1. विषय-केन्द्रित पाठ्यक्रम (Subject-Centered Curriculum) – विषय-केन्द्रित पाठ्यक्रम बालक की अपेक्षा विषय-सामग्री पर अधिक बल देता है। इसे पुस्तक-केन्द्रित पाठ्यक्रम भी कहा जाता है क्योंकि यह पुस्तकीय ज्ञान तथा अधिगम पर अधिक बल देता है। यह शैक्षिक तथा सामाजिक विचाराधारा पर आधारित होता है। इसके द्वारा विभिन्न विषयों में सह-सम्बन्ध स्थापित किया जा सकता है। इसके अन्तर्गत परीक्षा लेना आसान होता है। परन्तु ऐसा पाठ्यक्रम अमनोवैज्ञानिक होता है क्योंकि यह बालक की आवश्यकताओं, रुचियों, अभिवृत्तियों, क्षमताओं तथा योग्यताओं की ओर कोई ध्यान नहीं देता है। इसकी विषय-सामग्री निश्चित तथा पूर्व निर्धारित होती है। इससे बालक के व्यक्तित्व का सर्वांगीण विकास नहीं हो पाता।

2. क्रिया-केन्द्रित पाठ्यक्रम (Activity-Centered Curriculum) – क्रिया-केन्द्रित पाठ्यक्रम में विभिन्न क्रियाओं पर विशेष प्रकार से बल दिया जाता है। जॉन ड्यूवी (John Dewey) का भी यही मत है कि क्रिया-केन्द्रित पाठ्क्रम द्वारा बालक की रुचि उपयोगी

तथा उद्देश्पूर्ण क्रियाओं में विकसित होगी जिससे उसका पूर्णतया विकास संभव होगा।

3. अनुभव-केन्द्रित पाठ्यक्रम (Experience-Centered Curriculum) – अनुभव केन्द्रित पाठ्यक्रम में बालक के विकास के लिए विषय-सामग्री तथा क्रियाओं की अपेक्षा अनुभवों को अधिक महत्त्वपूर्ण माना जाता है। इसके लिए बहुत योग्य तथा कुशल अध्यापकों की आवश्यकता होती है। यह मनोवैज्ञानिक है क्योंकि यह बालक की आवश्यकताओं, योग्यताओं, रुचियों, अभिवृत्तियों को ध्यान में रखता है। यह लचीला तथा प्रगतिशील होता है। इस पाठ्यक्रम का आधार लोकतांत्रिक होता है। यह समाज तथा विद्यालय के बीच गूढ़ सम्बन्ध स्थापित करने में सहायक हो सकता है। इसके द्वारा स्व-अनुशासन की भावना तथा नेतृत्व के गुणों का विकास किया जाता है। परन्तु सबसे बड़ी मुश्किल इसमें यह होती है कि इसका मूल्यांकन अन्य पाठ्यक्रमों की अपेक्षा कठिन होता है।

4. शिल्पकला-केन्द्रित पाठ्यक्रम (Craft-Centered Curriculum) – शिल्प-कला केन्द्रित पाठ्यक्रम में विभिन्न प्रकार की शिल्प-कलाओं जैसे कताई, बुनाई, चमड़े तथा लकड़ी के काम आदि को केन्द्र माना जाता है।

5. बाल-केन्द्रित पाठ्यक्रम (Child-Centered Curriculum) – बाल केन्द्रित पाठ्यक्रम की विषय सामग्री में अनुभवों तथा क्रियाओं की अपेक्षा बालक को महत्त्वपूर्ण स्थान प्रदान किया जाता है। इस प्रकार का पाठ्यक्रम बालक की आवश्यकताओं, क्षमताओं अभिवृत्तियों, रुचियों, आदतों आदि के अनुरूप तथा शारीरिक एवं मानसिक स्तर के अनुसार निर्मित किया जाता है। यह बालक के व्यक्तित्व के समरूप विकास में सहायक होता है। यह मनोवैज्ञानिक सिद्धान्तों पर आधारित होता है।

6. सहसम्बन्धित पाठ्यक्रम (Correlated Curriculum) – सहसम्बन्धित पाठ्यक्रम एक पाठ्यक्रम न होकर विधि अधिक है। इसमें विभिन्न विषयों के सहसम्बन्ध पर अधिक बल दिया जाता है। इसमें इस बात पर भी बल दिया जाता है कि ज्ञान को भिन्न-भिन्न भागों में प्रस्तुत न करके एकीकरण तथा सह-सम्बन्ध की सहायता से एकीकृत रूप में प्रस्तुत किया जाना चाहिए।

7. मूल पाठ्यक्रम (Core Curriculum)-मूल पाठ्यक्रम में कुछ विषयों को अनिवार्य रूप में तथा कुछ विषयों को ऐच्छिक रूप में इकट्ठा किया जाता है। अनिवार्य विषय, जिन्हें मूल पाठ्यक्रम भी कहा जाता है, का अध्ययन सभी बालकों के लिए आवश्यक होता है तथा ऐच्छिक विषयों में से बालक अपनी रुचियों तथा आवश्यकताओं के अनुरूप एक या एक से अधिक चुन सकता है। यह व्यक्ति तथा समाज दोनों के लिए सहायक होता है। यह बाल केन्द्रित होता है तथा सामाजिक समस्याओं को सुलझाने के लिए अनुभव तथा अभ्यास प्रदान करता है। इसके अन्तर्गत कई विषयों को एक साथ पढ़ाया जाता है तथा बालक गतिशील, प्रभावी, कुशल तथा सामाजिक रूप से उपयोगी बन जाता है।

इस प्रकार पाठ्यक्रम के विभिन्न प्रकार हैं तथा यह पाठ्यक्रम निर्माताओं पर निर्भर करता है कि वह ऐलिमेंटरी स्तर पर किस प्रकार के पाठ्यक्रम का निर्माण करें कि बालक का सर्वांगीण विकास संभव हो सके।

अध्याय 3

पाठ्यक्रम नियोजन के सिद्धान्त (Principles of Curriculum Planning)

'पाठ्यक्रम नियोजन पाठ्यक्रम निर्माण की प्रक्रिया को अधिक उत्तम बनाता है।'

पाठ्यक्रम की भांति पाठ्यक्रम नियोजन भी अत्यन्त महत्त्वपूर्ण है। पाठ्यक्रम नियोजन यदि उपयुक्त होगा तो पाठ्यक्रम के उद्देश्यों की प्राप्ति संभव है अन्यथा नहीं। किसी भी कार्य को करने से पहले उसका नियोजन किया जाना आवश्यक है। पाठ्यक्रम की भांति पाठ्यक्रम नियोजन को भी निम्नलिखित ढंग से परिभाषित किया गया है।

पाठ्यक्रम नियोजन का अर्थ (Meaning of Curriculum Planning)

जेम्स एच. टोलपफर (James H. Toelpfer) "पाठ्यक्रम नियोजन एक प्रक्रिया है जिसमें विभिन्न स्तरों पर भाग लेने वाले यह निर्णय लेते हैं कि अधिगम का क्या उद्देश्य होना चाहिए, इन उद्देश्यों को शिक्षण अधिगम परिस्थितियों में कैसे पूरा किया जा सकता है तथा क्या ये उद्देश्य व संसाधन उचित और प्रभावी हैं।"

("Curriculum planning is a process in which participants at many levels make decisions about what the principles of learning might to be, how these purposes might be carried out through teaching-learning situations and whether the purposes and means are both appropriate and effective.)"

हॉस जी. (Hoss G.)–"पाठ्यक्रम नियोजन विभिन्न स्त्रोतों से उचित सूचनाओं को एकत्रित करना, चयन करना, संतुलित करना व संश्लेषित करना है जिससे उन अनुभवों का निर्माण किया जा सके जो अधिगमकर्त्ता को पाठ्यक्रम के लक्ष्यों की प्राप्ति में सहायक होंगे।"

("Curriculum planning is the process of gathering, sorting, selecting, balancing and synthesizing relevant information from many sources in order is design those experiences that will assist learners in attaining the goals of the curriculum.")

पाठ्यक्रम नियोजन की विशेषताएँ

(Characteristics of Curriculum Planning)

1. पाठ्यक्रम नियोजन अन्ततः अधिगमकर्त्ता के अनुभवों से संबंधित होता है।
2. पाठ्यक्रम नियोजन में पाठ्यवस्तु व नियोजन दोनों से संबंधित निर्णय सम्मिलित होते हैं।
3. इसमें विभिन्न समूह शामिल होते हैं।
4. इसे विभिन्न स्तरों पर किया जाता है।
5. यह एक निरंतर प्रक्रिया है।
6. यह पाठ्यक्रम विकास की प्रारंभिक व्यवस्था है।

पाठ्यक्रम नियोजन के सिद्धांत

(Principles of Curriculum Planning)

पाठ्यक्रम नियोजक के रूप में, पाठ्यक्रम विकास तथा नियोजन के समय आपको विभिन्न सिद्धांत ध्यान में रखने पड़ते हैं। ये सिद्धांत सामूहिक रूप से आवश्यकता-निर्धारित पाठ्यक्रम के नियोजन के विकास संबंधी निर्णय लेने में सहायक होते हैं।

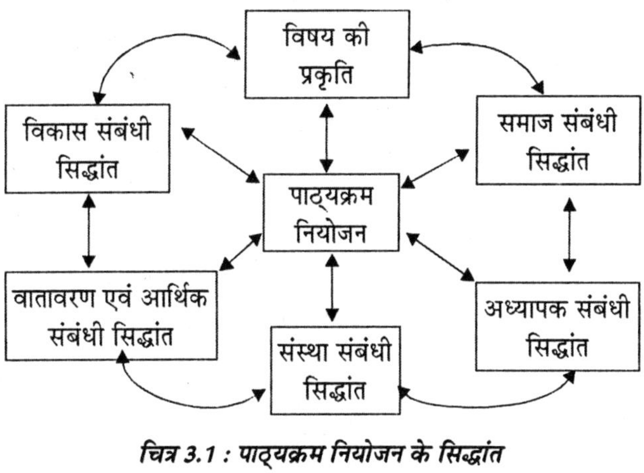

चित्र 3.1 : पाठ्यक्रम नियोजन के सिद्धांत

चित्र 3.1 यह दर्शा रहा है कि किस प्रकार पाठ्यक्रम नियोजन में विभिन्न सिद्धांत अपनी भूमिका अदा करते हैं। यह चित्र यह भी दर्शाता है कि प्रत्येक सिद्धांत पाठ्यक्रम नियोजन पर अपना प्रभाव डालता है। इसके अतिरिक्त यह सिद्धांत आपस में भी एक-दूसरे को प्रभावित करते हैं। इस पाठ का अध्ययन करते समय आपको अपनी कक्षा का पाठ्यक्रम ध्यान में रखना चाहिए और यह जाँचने का प्रयत्न करना चाहिए कि किस प्रकार इन सिद्धांतों ने आपकी कक्षा के पाठ्यक्रम को प्रभावित किया है और पाठ्यक्रम नियोजकों पर इनका क्या प्रभाव है तथा उन्होंने इन सिद्धांतों पर कितना ध्यान दिया है।

1. विकास सम्बन्धी सिद्धांत (Principles related to Development) – जब हमें यह निर्णय लेना होता है कि विभिन्न प्रकार के पाठ्यक्रमों में किन अनुभवों को शामिल किया जाए तो इसका अभिप्राय है शिक्षा के विभिन्न स्तरों पर हम शैशव अवस्था से लेकर युवा अवस्था तक बालकों के विकास तथा वृद्धि को ध्यान में रखते हैं। बालकों की मनोवैज्ञानिक आवश्यकताएँ, उनकी रुचि तथा उनकी समस्याएँ हमें उनके लिए एक उचित पाठ्यक्रम का निर्माण करने में दिशा प्रदान करती है। इस सिद्धांत के अन्तर्गत विद्यार्थी की विभिन्न विकास प्रक्रियाओं को ध्यान में रखा जाता है–

– शारीरिक विकास
– संवेगात्मक विकास
– सामाजिक विकास तथा
– बौद्धिक या ज्ञानात्मक विकास।

शारीरिक विकास में शरीर का विकास, यांत्रिक कौशलों का विकास, शारीरिक असमान्यता तथा विद्यार्थियों के स्वास्थ्य स्तर का ध्यान रखते हुए पाठ्यक्रम का नियोजन किया जाता है। इसी प्रकार संवेगात्मक विकास में हम उनकी चिंताओं, डर तथा उत्सुकता को ध्यान में रखते हैं। विभिन्न विकास स्तरों पर संवेगात्मक असमायोजन को भी ध्यान में रखा जाता है। सामाजिक विकास सम्बन्धी विशेषताएँ जैसे अन्त:सम्बन्ध, पारिवारिक सम्बन्ध, सामाजिक असमायोजन आदि भी पाठ्यक्रम नियोजन के निर्णयों को प्रभावित करती है। बौद्धिक विकास में हम भाषा विकास, अधिगम के विभिन्न प्रकारों के लिए तत्परता, चिन्तन की योग्यता तथा सीखने की क्षमता को ध्यान में रखते हैं। हमें इस बात पर भी बल देना चाहिए कि ये सभी स्तर आपस में एक-दूसरे से सम्बन्धित हैं–

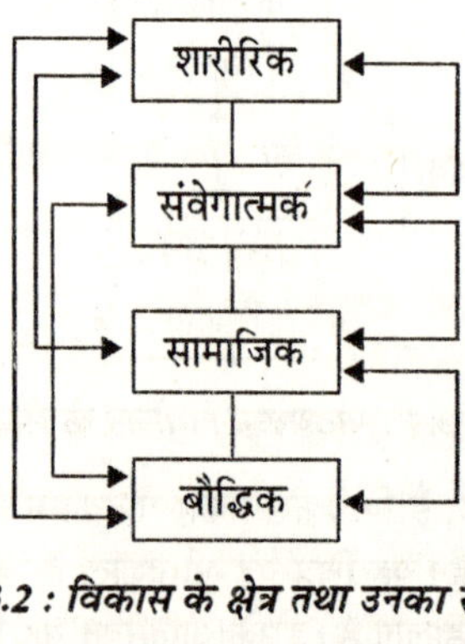

चित्र 3.2 : विकास के क्षेत्र तथा उनका सम्बन्ध

शैशवावस्था से युवा अवस्था तक विकास एवं वृद्धि निरंतर तथा क्रमबद्ध प्रक्रिया से होती है। इसी क्रमबद्ध विकास ने अधिगम के लिए तत्परता के प्रत्यय को जन्म दिया तथा इसी के आधार पर हम अधिगम अनुभवों को गति प्रदान करते हैं। तत्परता का सिद्धांत यह सुझाव देता है कि किसी एक इकाई का अधिगम प्राप्त करने के लिए एक विद्यार्थी को

परिपक्वता के निम्नतम स्तर तक पहुँचना आवश्यक होता है। इसी प्रकार सीखने की गति भी बालक के परिपक्वता के स्तर पर निर्भर करती है। अन्य शब्दों में अधिगम न तो बहुत जल्दी, और न ही अत्यधिक होना चाहिए। परन्तु एक बात का और ध्यान रखना चाहिए कि अधिगम की तत्परता केवल आयु तथा परिपक्वता पर ही नहीं अपितु पारिवारिक वातावरण, सामाजिक वातावरण, बालक की रुचि, मानसिक योग्यता आदि पर भी निर्भर करती है।

2. समाज सम्बन्धी सिद्धांत (Principles related to Society) – बालक की शिक्षा एक सामाजिक प्रक्रिया है और यह सदा ही सामाजिक परिस्थितियों पर निर्भर करती है। समाज की सामाजिक शक्तियाँ ही शिक्षा के उद्देश्यों को निर्धारित करती है। पाठ्यक्रम का नियोजन करते समय इन उद्देश्यों को ध्यान में रखना चाहिए। इसलिए यह आवश्यक है कि पाठ्यक्रम नियोजन करते समय उन सामाजिक शक्तियों का जिसका समाज की शिक्षा-प्रणाली पर प्रभाव पड़ता है उनका पूर्ण ज्ञान होना चाहिए।

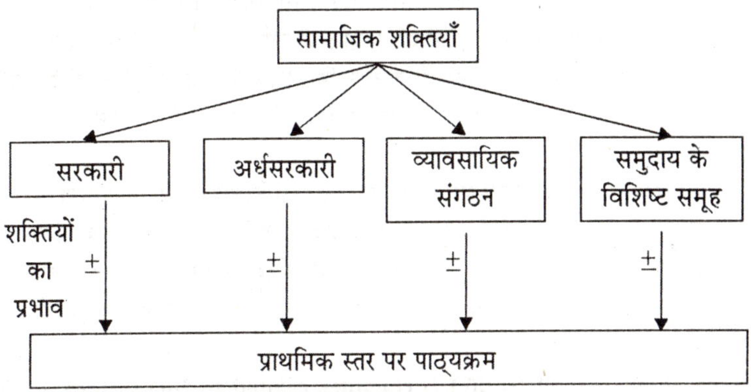

चित्र 3.3 : समाज की शक्तियों का सिद्धांत

सरकारी शक्तियाँ पाठ्यक्रम नियोजन में महत्त्वपूर्ण योगदान देती हैं तथा समय-समय पर सरकार द्वारा शिक्षा सम्बन्धी परिवर्तनों को ध्यान में रखकर ही पाठ्यक्रम नियोजन किया जाता है। भारत के संविधान में प्रदर्शित प्रजातंत्र, धर्मनिरपेक्षता, समाजवाद आदि की झलक पाठ्यक्रम में स्पष्ट दिखाई देती है। इसी प्रकार अर्द्ध-कानूनी शक्तियाँ कानून से सम्बन्धित न होकर स्वैच्छिक संगठनों, व्यावसायिक संगठनों तथा स्वतंत्र संस्थाओं से सम्बन्धित होती हैं जैसे-शिक्षा बोर्ड, अभिभावक शिक्षक संघ, प्रकाशक आदि। इन सबके अतिरिक्त सांस्कृतिक व धार्मिक संगठन भी पाठ्यक्रम नियोजन में अपना प्रभाव दर्शाते हैं। पाठ्यक्रम नियोजक समाज के इन सभी समूहो की आवश्यकताओं, विश्वासों, इच्छाओं, आकांक्षाओं तथा आशाओं को ध्यान में रखते हैं।

3. आर्थिक सिद्धांत (Principles related to Economy) – पाठ्यक्रम को लागू करने के लिए समाज की आर्थिक अवस्था को ध्यान में रखना अति आवश्यक है

क्योंकि इसके लिए विभिन्न संसाधनों जैसे भौतिक सुविधाएँ, अधिगम सामग्री का विकास अदि की आवश्यकता होती है। पाठ्यक्रम नियोजक पाठ्यक्रम का नियोजन करते समय इस बात का ध्यान रखते हैं कि क्या समाज इस पाठ्यक्रम को लागू करने का खर्च वहन करने के लिए तैयार है ? यद्यपि सरकार इसके लिए उत्तरदायी होती है, परन्तु इसके साथ-साथ समाज को भी कुछ खर्च वहन करने पड़ते हैं। यह समुदाय ही है जो अपने बच्चों को स्कूल में भेजता है और यदि समाज की आर्थिक अवस्था अच्छी नहीं है तो यह अपने समाज के लोगों की सेवा करने योग्य नहीं है।

4. वातावरण संबंधी सिद्धांत (Principles related to Environment) – वातावरण में किसी एक व्यक्ति, एक संस्था या एक समाज के भौतिक एवं सामाजिक परिस्थितियों को शामिल किया जाता है। यह प्राकृतिक तथा मानव-निर्मित दोनों प्रकार का हो सकता है। शिक्षा-प्रणाली के द्वारा पाठ्यक्रम की सहायता से ही मनुष्य की उपलब्धियों की जानकारी प्रदान की जानी चाहिए। परन्तु इसके साथ-साथ अधिगमकर्त्ता को इस तीव्र गति से विकास के कारण आई चुनौतियों के प्रति भी जागरूक होना चाहिए। पाठ्यक्रम नियोजकों को उन साधनों की जानकारी होनी चाहिए जिनकी सहायता से विद्यार्थियों को वातावरण संबंधी जानकारी प्रदान की जा सके तथा वे भविष्य में स्वयं के स्थान को निश्चित कर सकें।

इस संदर्भ मे पाठ्यक्रम का सबसे महत्त्वपूर्ण कार्य है विद्यार्थियों को वातावरण, मानव कल्याण तथा व्यक्तिगत नैतिकता की जानकारी प्रदान करना जिससे उन्हें उपलब्ध संसाधनों को मानवता की भलाई के लिए उपयोग करने के योग्य बनाया जा सके। पाठ्यक्रम नियोजकों को पाठ्यक्रम का नियोजन करते समय वातावरण सम्बन्धी आवश्यकताओं को ध्यान में रखना चाहिए।

5. संस्था सम्बन्धी सिद्धान्त (Principles related to Institution) – इन सिद्धांतों को तब ध्यान में रखा जाता है जब पाठ्यक्रम नियोजक किसी एक संस्था के लिए पाठ्यक्रम का नियोजन करते हैं। जैसा कि आप सभी जानते हैं कि एक संस्था विशिष्ट संस्थागत उद्देश्यों की प्राप्ति के लिए समाज की एक उपव्यवस्था होती है। पाठ्यक्रम नियोजकों को उस संस्था की आवश्यकताओं को ध्यान में रखना चाहिए। संस्थागत उद्देश्य पाठ्यवस्तु के उद्देश्यों, पाठ्य-वस्तु के संगठन आदि के निर्माण के लिए उचित प्रक्रिया के चयन में सहायता करते हैं।

6. अध्यापक सम्बन्धी सिद्धांत (Principles related to Teachers) – पाठ्यक्रम को विद्यार्थियों तक पहुँचाने में अध्यापक की महत्त्वपूर्ण भूमिका होती है। अध्यापक शिक्षा-प्रणाली की एक महत्त्वपूर्ण कड़ी होती है। इसलिए पाठ्यक्रम का नियोजन करते समय नियोजकों को अध्यापक सम्बन्धी तत्त्वों को ध्यान में रखना चाहिए। पाठ्यवस्तु का प्रकार व स्तर तथा पाठ्यक्रम में सम्मिलित क्रियाएँ ही अध्यापक के प्रकार, उनके शिक्षा के स्तर और उनसे वांछित शिक्षक व्यवहार का निर्माण करेगी। इसी प्रकार जैसे

अध्यापकों की हमें आवश्यकता है, ऐसे अध्यापक उपलब्ध हैं या उन्हें प्रशिक्षित करने की आवश्यकता है या उन्हें सेवाकालीन प्रशिक्षण की आवश्यकता है जिससे उन्हें पाठ्यक्रम के लिए तैयार किया जा सके, यही पाठ्यक्रम नियोजकों के निर्णय का आधार होना चाहिए। इसके अतिरिक्त यह भी ध्यान रखना चाहिए कि क्या अध्यापकों के लिए प्रशिक्षण जरूरी है, अगर जरूरी है तो किस प्रकार का तथा कितनी अवधि का होना चाहिए जिससे उन्हें पाठ्यक्रम लागू करने के योग्य बनाया जा सके। इस प्रकार पाठ्यक्रम नियोजकों के लिए प्रशिक्षण तथा योग्य अध्यापकों की आवश्यकता एक आधारभूत तत्त्व है।

इन सबके अतिरिक्त पाठ्यक्रम का नियोजन करते समय निम्नलिखित सिद्धांतों को ध्यान में रखना चाहिए।

1. बाल-केन्द्रित (Child Centredness) – जैसा कि हम सब जानते हैं कि शिक्षा बालक के लिए है न कि बालक शिक्षा के लिए। इसलिए पाठ्यक्रम के द्वारा बालक की आवश्यकताओं की पूर्ति की जानी चाहिए, जिसका अर्थ यह है कि यह बालक की रुचि, आयु, अभिवृत्ति, योग्यता और क्षमता के अनुरूप होना चाहिए। किस कक्षा के विद्यार्थी क्या सीख सकते हैं और उन्हें क्या सीखना चाहिए? इन दोनों बातों को ध्यान में रखकर प्राथमिक शिक्षा की पाठ्य-सामग्रियों का चयन करना चाहिए।

2. समुदाय केन्द्रित (Community Centredness) – शिक्षा समुदाय से सम्बन्धित होती है। यही कारण है कि इसका पाठ्यक्रम स्थानीय तथा समाज की आवश्यकताओं और उद्देश्यों के द्वारा निश्चित किया जाना चाहिए। प्रत्येक बालक रूप में एक व्यक्ति है, परन्तु प्रयोजनवादियों के अनुसार, व्यक्ति के विकास के लिए सामाजिक विकास की आवश्यकताएँ तथा इच्छाएँ उन व्यक्तियों की, जिनके साथ बालक को रहना है, आवश्यकताओं तथा इच्छाओं के अनुरूप होनी चाहिए। समाज का उद्देश्य स्कूल के उद्देश्य निश्चित करता है और स्कूल के उद्देश्य पाठ्यक्रम के उद्देश्य निश्चित करते हैं। अत: समुदाय की रीतियों, आवश्यकताओं, उसके मूल्यों एवं लक्ष्यों को ध्यान में रखकर पाठ्यक्रम का निर्माण होना चाहिए। इस प्रकार पाठ्यक्रम समुदाय केन्द्रित होना चाहिए।

3. लोचशीलता (Flexibility) – समाज स्थिर नहीं है। यह गतिशील तथा निरंतर परिवर्तनशील है। समाज शिक्षा के लक्ष्य निर्धारित करता है और शिक्षाशास्त्री उपयुक्त पाठ्यक्रम निर्माण के द्वारा उन लक्ष्यों की प्राप्ति में सहायता करते हैं। इसलिए जहाँ तक सम्भव हो पाठ्यक्रम लचीला तथा समाज की परिवर्तित आवश्यकताओं के अनुरूप होना चाहिए। इसी से पाठ्यक्रम सजीव, सार्थक तथा उद्देश्यपूर्ण बनता है। यह स्थिर नहीं रह सकता, इसमें प्रचलित सामाजिक व्यवस्था के अनुरूप पुन: समायोजन होना चाहिए।

4. एकीकरण (Integration) – सभी शिक्षाशास्त्रियों का यह मानना है कि बालक के व्यक्तित्व का विकास भिन्न-भिन्न वर्गों में नहीं किया जा सकता और न ही ज्ञान को पृथक्-पृथक् वर्गों में बाँटा जा सकता है। ज्ञान एक सम्पूर्ण इकाई है। सम्पूर्ण पाठ्यक्रम अन्त: सम्बन्धित होना चाहिए।

5. लक्ष्यों तथा उद्देश्यों को ध्यान में रखना (Keeping Aims and Objectives in View) – शिक्षा के लक्ष्य तथा उद्देश्य समाज के द्वारा निर्धारित किए जाते हैं और शिक्षा-प्रणाली विभिन्न विषयों के पाठ्यक्रम की सहायता से इन लक्ष्यों तथा उद्देश्यों को प्राप्त करने की कोशिश करती है। वैज्ले (Wesley) के अनुसार, ''यदि उद्देश्यों तथा विषय-सामग्री में कोई सम्बन्ध नहीं है तो एक या दूसरे को परिवर्तित किया जाना चाहिए। प्रत्येक विषय के चार स्तम्भ हैं-लक्ष्य तथा उद्देश्य, पाठ्यक्रम, शिक्षण-विधियाँ तथा मूल्यांकन।

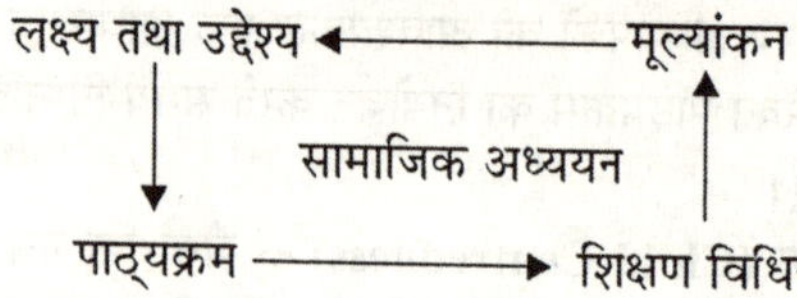

यह चारों स्तम्भ अन्तः सम्बन्धित हैं। अतः पाठ्यक्रम द्वारा उन कौशलों, दृष्टिकोणों, मूल्यों तथा ज्ञान की प्राप्ति होनी चाहिए जिनका उल्लेख 'प्राथमिक शिक्षा' के उद्देश्यों में किया गया है।

6. उपयोगिता (Utility) – वर्तमान समय में बहुत से विद्यार्थी केवल इसलिए शिक्षा प्राप्त करना नहीं चाहते क्योंकि उनका यह मानना है कि इसकी कोई उपयोगिता नहीं है, इसका कारण है कि सिद्धान्त तथा प्रक्रिया में कोई समन्वय नहीं है। पाठ्यक्रम ऐसा होना चाहिए जो उन्हें इस प्रकार का ज्ञान प्रदान कर सके जो उन्हें भविष्य के लिए तैयार करने में सहायक हो और वे भविष्य में जटिल-समस्याओं की विभिन्न चुनौतियों का सामना करने योग्य बन सके।

7. लोकतांत्रिक मूल्यों का विकास (Development of Democratic Values) – भारत एक लोकतांत्रिक देश है। भारतीय समाज का नागरिक होने के नाते उन्हें वर्तमान तथा अतीत के समाज का ज्ञान होना चाहिए तथा लोकतांत्रिक समाज की आशाओं के अनुरूप कार्य करने के लिए अपने अधिकारों तथा कर्त्तव्यों का भी ज्ञान आवश्यक है। ज्ञान तथा क्रिया में सम्बन्ध स्थापित होने से वे प्रभावी तथा जागरूक नागरिक के रूप में विकसित हो पाएंगे। स्कूल में भी प्रजातांत्रिक वातावरण प्रदान किया जाना चाहिए और बालकों को वास्तविक जीवन की परिस्थितियों में रखा जाना चाहिए। पाठ्यक्रम विद्यार्थियों में लोकतांत्रिक मूल्यों जैसे स्वतंत्रता, समानता, बंधुत्व, न्याय, व्यक्ति तथा सामूहिक जीवन के प्रति आदर की भावना के विकास में सहायक होना चाहिए।

8. सृजनात्मक का सिद्धांत (Principle of Creativity) – बालक प्रकृति से सृजनात्मक होते हैं और पाठ्यक्रम का निर्माण करते समय यह बात ध्यान में रखनी चाहिए। रेमण्ट ने ठीक ही कहा है, ''यदि पाठ्यक्रम को आज तथा भविष्य की आवश्यकताओं के अनुरूप बनाना है तो इसमें निश्चित रूप से सृजनात्मक विषय सामग्री को सम्मिलित किया जाना चाहिए।''

9. अंतिम की अपेक्षा अनन्तिम (Being Tentative rather than Final) – जीवन स्थिर नहीं है, यह प्रतिक्षण बदलता रहता है। शिक्षा समाज की परिस्थितियों व

कार्यप्रणाली का अध्ययन है और यह भी दिन-प्रतिदिन परिवर्तित होती रहती है। समाज में राजनीतिक, आर्थिक तथा सामाजिक परिवर्तन होने के कारण शिक्षा के पाठ्यक्रम में भी प्रति वर्ष परिवर्तन होना चाहिए। इसका अर्थ है कि एक बार निर्मित पाठ्यक्रम को हमेशा के लिए अंतिम नहीं मान लेना चाहिए बल्कि उसे निरंतर चलने वाली प्रक्रिया मानना चाहिए।

10. संस्कृति का संरक्षण (Conservation of Culture) – शिक्षा के प्रचलित उद्देश्यों में से एक उद्देश्य समाज की संस्कृति का संरक्षण तथा एक वंशज से दूसरे वंशज तक हस्तांतरण करना है। इस उद्देश्य की प्राप्ति के लिए प्रारंभिक शिक्षा के पाठ्यक्रम में उन उपविषयों को सम्मिलित किया जाना चाहिए जो संस्कृति के संरक्षण व हस्तांतरण के साथ-साथ विकास में भी सहायक हो।

11. दूरदर्शिता (Forward Looking) – पाठ्यक्रम द्वारा समाज की भविष्य की आवश्यकताओं को महत्त्वपूर्ण स्थान दिया जाना चाहिए। आज का बालक कल के भविष्य का उत्तरदायी नागरिक है। उन्हें इस प्रकार की शिक्षा दी जानी चाहिए, जो उन्हें प्रगतिशील व्यक्ति के रूप में विकसित करे। पाठ्यक्रम ऐसा होना चाहिए कि वह बालक को इस योग्य बना दे कि स्कूल छोड़ने के पश्चात् वह स्वयं को सांसारिक परिस्थितियों के अनुसार ढाल सके। उन्हें स्वयं को अतीत से बांध कर नहीं रखना है बल्कि जो अच्छा है उसका संरक्षण करना है।

12. सामयिक घटनाओं का अध्ययन (Study of Current Affairs) – आज के जीवन में एक व्यक्ति के विकास हेतु सामयिक मामलों के अध्ययन को नकारा नहीं जा सकता। विद्यार्थियों को सामयिक घटनाओं के बुद्धिमत्तापूर्ण अध्ययन तथा आलोचनात्मक प्रशंसा का प्रशिक्षण दिया जाना चाहिए जिसके परिणामस्वरूप वे सत्य तथा अफवाह में अंतर करना सीख जाएंगे। बालक तीन कालों से सम्बन्धित होता है-अतीत, वर्तमान तथा भविष्य। अतीत बीत चुका है, विद्यार्थी को केवल अतीत से अनुभव प्राप्त करने चाहिए। भविष्य आने वाला है, यह वर्तमान की क्रियाओं से सम्बन्धित है इसलिए बालक प्रमुख रूप से वर्तमान से ही सम्बन्धित है। पाठ्यक्रम में जब सामयिक घटनाओं को शामिल किया जाता है तो यह ध्यान रखना चाहिए कि वे वास्तविक जीवन की परिस्थितियों से सम्बन्धित हो।

13. आदर्शों तथा निष्ठावादिता का विकास (Development of Ideals and Loyalities) – पाठ्यक्रम का निर्माण इस ढंग से करना चाहिए कि वह बालक में परिवार के प्रति, स्कूल, समुदाय, नगर, राज्य, देश तथा विश्व के प्रति निष्ठावादिता विकसित करने में सहायक हो सके। यह विद्यार्थियों में ऐच्छिक आदर्शों के विकास में सहायक होना चाहिए। बालक में 'विभिन्नता में एकता' के सूत्र की सूझ-बूझ विकसित होनी चाहिए। यह सिद्धान्त भारतीय परिस्थितियों के अनुरूप है।

14. विद्यार्थियों के वास्तविक अनुभवों पर आधारित (Based on Actual Experiences of the Students) – प्रत्येक स्तर की शिक्षा का लक्ष्य केवल सूचनाएँ प्रदान करना ही नहीं है, अपितु अभिवृत्तियों तथा कौशलों का विकास करना है। प्राथमिक

शिक्षा के पाठ्यक्रम में विभिन्न प्रकार की क्रियाएँ भी शामिल की जानी चाहिए। जिनसे बालकों को वास्तविक अनुभव प्राप्त हो। ये अनुभव उनके व्यक्गित विकास के साथ-साथ व्यक्तिगत सामाजिक विकास में भी उपयोगी सिद्ध होंगे।

15. समन्वय का सिद्धान्त (Principle of Correlation) – हरबर्ट ने सर्वप्रथम यह बताया कि हमारा पाठ्यक्रम विभिन्न कणों में संगठित है। पाठ्यक्रम के तथ्य ऐसे होने चाहिए, जिनमें समन्वय स्थापित किया जा सके। इसके लिए पाठ्यक्रम बालकों के दैनिक जीवन से सम्बन्धित किया जाए और स्थानीय समाज की सामग्री को पाठ्यक्रम में रखा जाए।

16. सम्पूर्ण व्यावहारिक आदर्श की उपलब्धि (Achievement of Wholesome Behaviour Pattern) – शिक्षा का उद्देश्य है व्यक्तित्व का सर्वागीण विकास! पाठ्यक्रम ऐसा होना चाहिए जो सम्पूर्ण व्यावहारिक ढाँचे का विकास करे अर्थात् सामाजिक व्यवहार, आर्थिक व्यवहार, नैतिक व्यवहार तथा सांस्कृतिक व्यवहार का विकास होना चाहिए।

17. तत्परता का सिद्धान्त (Principle of Readiness) – पाठ्यक्रम को जैवकीय परिपक्वता के सिद्धान्त का अनुसरण करना चाहिए अर्थात् पाठ्यक्रम विद्यार्थियों के विकास के विभिन्न स्तरों को ध्यान में रखते हुए संगठित किया जाना चाहिए। यदि विद्यार्थी पढ़ने के लिए तत्पर नहीं है तो उस पर दबाव नहीं डाला जा सकता या उसे पढ़ने के लिए मजबूर नहीं किया जा सकता। इसका अर्थ यह है कि आवश्यक तथा पर्याप्त ज्ञान प्रदान किया जाना चाहिए।

प्रो. सी. पी. हिल ने पाठ्यक्रम के लिए अग्रलिखित सुझाव दिए हैं :

1. पाठ्यक्रम इस प्रकार नियोजित किया जाए कि वह विद्यालय की आवश्यकताओं की पूर्ति करे।
2. पाठ्यक्रम इस प्रकार बनाया जाए, कि सभी विषयों का एक दूसरे से सम्बन्ध स्थापित किया जा सके।
3. बालकों की रुचि, अवस्था आदि का ध्यान रखकर विभिन्न स्तरों के अनुकूल पाठ्यक्रम निर्धारित किया जा सके।
4. पाठ्यक्रम में लोचशीलता होनी चाहिए जिससे इसमें नवीन अनुभवों को स्थान दिया जा सके।
5. पाठ्यक्रम सदैव सामाजिक पुनर्जीवन के निर्माण के लिए एक साधन का कार्य करे।

माध्यमिक शिक्षा आयोग (1952-54) के द्वारा पाठ्यक्रम निर्माण के निम्नलिखित सिद्धान्त दिए गए हैं :

1. अनुभवों की सम्पूर्णता
2. विभिन्नता तथा लोचशीलता
3. समुदाय सम्बन्धित
4. अवकाश के समय का सदुपयोग

5. जीवन से सम्बन्धित
6. समाज की आवश्यकताओं के अनुरूप

इस प्रकार आधुनिक पाठ्यक्रम में ज्ञान, कौशल, अभिवृत्ति तथा मूल्यों के विकास को शामिल किया गया है, जो विभिन्न क्रियाओं—अध्ययन, लेखन, निरीक्षण, विचार-विमर्श, सृजनात्मकता, विशिष्टीकरण, खेल, समस्या समाधान, प्रदर्शन आदि के द्वारा सम्पन्न किया जाता है।

राष्ट्रीय पाठ्यचर्चा की रूपरेखा-2005
(National Curriculum Framework-2005)

राष्ट्रीय फोकस समूह ने संशोधित पाठ्यक्रम के लिए निम्नलिखित योजना बनाई है:

प्राथमिक स्तर पर प्राकृतिक और सामाजिक पर्यावरण को गणित और भाषा के अन्तरंग पाठ की भाँति बनाया जाए। बच्चों को इस प्रकार की गतिविधियों में लगाया जाना चाहिए कि उनको रेखांकनों के माध्यम से भौतिक, जैविक, सामाजिक व सांस्कृतिक वातावरण की समझ हो सके। कक्षा 3 से 5 के लिए पर्यावरण अध्ययन की शिक्षा दी जानी चाहिए। विषय-वस्तु में बच्चों के दैनिक जीवन के अनुभवों और उनके जीवन संसार को जगह दी जानी चाहिए।

उच्च प्राथमिक स्तर पर समाज विज्ञान में इतिहास, भूगोल, राजनीति विज्ञान के प्रत्ययों का समावेश होगा। इतिहास के पाठ में अलग-अलग भागों के विकास के बारे में बताया जाएगा। भूगोल में पर्यावरण, संसाधन तथा स्थानीय से वैश्विक स्तर पर विभिन्न स्तरों के विकास के बीच संतुलन रखा जाएगा। राजनीति विज्ञान में विद्यार्थियों का परिचय स्थानीय राज्य और केंद्रीय स्तर पर सरकार के गठन और उनके कार्यों और सहभागिता की प्रजातांत्रिक प्रक्रियाओं से कराया जाएगा।

अत: निष्कर्ष रूप में यह कहा जा सकता है कि प्राथमिक शिक्षा का प्रचलित पाठ्यक्रम भविष्य के लिए विद्यार्थियों को तैयार करने अर्थात् उन्हें उत्तरदायी नागरिक बनाने के पूर्व निश्चित लक्ष्यों तथा उद्देश्यों को प्राप्त करने में सफल नहीं हो पाया है। निसंदेह यह सत्य है कि आदर्शों तथा उनकी वास्तविक उपलब्धि में सदा अन्तर रहता है, परन्तु इसे प्रभावी मूल्यांकन तकनीकों तथा सम्बन्धित क्रियाओं के माध्यम से उद्देश्य केन्द्रित, लचीला, समुदाय केन्द्रित, जीवन केन्द्रित तथा क्रियात्मक एवं अनुभव केन्द्रित बनाने के प्रयास किए जाने चाहिए। इसमें अनुप्रस्थीय तथा शीर्षात्मक सह-सम्बन्ध होना चाहिए अर्थात् विभिन्न कक्षाओं का पाठ्यक्रम सह-सम्बन्धित होना चाहिए तथा साथ-ही-साथ इसका समुदाय तथा भविष्य जीवन से भी सम्बन्ध होना आवश्यक है। यह स्कूल तथा स्कूल के बाहर प्रयास किए जाने वाले अनुभवों का जोड़ होना चाहिए जिससे विद्यार्थियों को कुछ नवीन तथा सृजनात्मक विचारों को व्यावहारिक रूप देने के लिए प्रेरित किया जा सके। आज का युग वैश्वीकरण का युग है इसलिए इसे स्थानीय आधार पर ही नहीं विश्व स्तर पर उपयुक्त व सुदृढ़ बनाना चाहिए।

अध्याय 4

अधिगम का न्यूनतम स्तर
(Minimum Level of Learning)

'अधिगम का न्यूनतम स्तर एक ऐसा उपागम है जिसका उद्देश्य प्राथमिक शिक्षा से विद्यार्थियों से वांछनीय अधिगम का विकास करना है।'

राष्ट्रीय शिक्षा नीति के अनुसार 21वीं शताब्दी के प्रारम्भ होने से पूर्व 14 वर्ष तक के सभी बच्चों को नि:शुल्क, अनिवार्य तथा गुणात्मक शिक्षा प्रदान किए जाने का लक्ष्य बनाया गया। प्राथमिक शिक्षा के स्तर को ऊँचा उठाने के लिए स्वतंत्रता के पश्चात से प्रयत्न आरम्भ किए गए। 1950-51 से प्राथमिक स्कूलों की संख्या 2.2 लाख से बढ़कर 6.32 लाख हो गई है। इसके अतिरिक्त आज लगभग 3 लाख अनौपचारिक शिक्षा केन्द्र 9-14 वर्ष तक के स्कूल के बाहर के बच्चों को शिक्षा प्रदान कर रहे हैं। यह विस्तार प्राथमिक शिक्षा को जनसंख्या के एक विशाल क्षेत्र तक पहुँचाने में सहायता कर रहा है। NCERT के द्वारा 1956 में एक शैक्षिक सर्वेक्षण किया गया और यह पाया गया कि जनसंख्या का 95% भाग 1 कि.मी. की दूरी पर स्थापित प्राथमिक स्कूलों में शिक्षा प्राप्त कर रहा है। परन्तु बड़े पैमाने पर इस विस्तार ने शैक्षिक सुविधाओं, संस्थागत सुविधाओं तथा शिक्षण अधिगम प्रक्रियाओं की गुणवत्ता में अन्तर स्थापित कर दिया। शहरी तथा ग्रामीण क्षेत्रों, सरकारी तथा गैर-सरकारी संस्थाओं में गुणात्मकता के अन्तर के परिमाणस्वरूप राष्ट्रीय शिक्षा नीति 1986 ने निम्नलिखित बिन्दुओं पर ध्यान देने की आवश्यकता अनुभव की :

(*i*) अनाकर्षित स्कूल वातावरण, भवनों की असन्तोषजनक व्यवस्था तथा शैक्षिक सामग्री की अपर्याप्तता में सुधार।

(*ii*) अधिगम के न्यूनतम स्तर की स्थापना जिसे बालक को शिक्षा के विभिन्न स्तरों की पूर्णता पर प्राप्त करना चाहिए।

प्राथमिक स्तर पर अधिगम का न्यूनतम स्तर
(Minimum Level of Learning at Primary Stage)

अधिगम के न्यूनतम स्तरों के विशिष्टीकरण की दिशा में राष्ट्रीय शैक्षिक अनुसंधान व प्रशिक्षण परिषद (NCERT) ने यूनिसेफ (UNICEF) की सहायता से प्राथमिक शिक्षा

नवीनीकरण और सामुदायिक शिक्षा में विकास-क्रियाएँ एवं सहभागिता (Development Activities in Community Education and Participation) नामक परियोजनाओं के अन्तर्गत 1978 में महत्त्वपूर्ण कार्य किए। प्राथमिक शिक्षा पाठ्यक्रम नवीनीकरण परियोजना के अन्तर्गत 1984 में निष्पत्ति परीक्षणों का विकास किया गया। इन योजनाओं के फलस्वरूप कक्षा II, III, IV तथा V पास करने वाले छात्रों के लिए न्यूनतम अधिगम स्तर निर्धारित किया गया। NCERT ने 1986 में प्राथमिक स्तर पर अधिगम के न्यूनतम स्तर विषयक दस्तावेज (Document) तैयार किया। आठवीं पंचवर्षीय योजना के कार्यदल ने अपनी रिपोर्ट में कहा कि 'अधिगम स्तरों की उपलब्धि को सुनिश्चित करने के लिए एक उपयुक्त मूल्यांकन प्रणाली का सृजन किया जाना चाहिए'।

भारत ने 1991 में अधिगम के न्यूनतम स्तरों को प्राथमिक स्तर पर निर्धारित किया। यह नवीन उपागम पाठ्यक्रम, कक्षा-कक्षा अनुवाद, मूल्यांकन तथा शिक्षण-अधिविन्यास (Teacher orientation) नामक तत्त्वों को समाप्त करता है। प्रथम चरण में इस क्षेत्र में 18 स्वैच्छिक ऐजन्सियों, अनुसंधान संस्थाओं, राज्य शैक्षिक अनुसंधान एवं प्रशिक्षण परिषदों आदि ने अपनी भूमिकाओं का निर्वहन किया। इन परियोजनाओं के परिमाणस्वरूप स्कूली बालकों की अधिगम उपलब्धियों में प्रगति हुई है।

अधिगम के न्यूनतम स्तर पर विशिष्टता
(Specification of Minimum Level of Learning)

शिक्षा के प्रत्येक स्तर के पश्चात् विद्यार्थियों का अधिगम कम-से-कम कितना होना चाहिए यह मुख्य रूप से तीन तत्त्वों पर आधारित है–

(*i*) प्राय: इस बात के संकेत मिलते हैं कि न तो अध्यापक, न ही बालक, न ही अभिभावकों तथा न ही शिक्षा नियोजकों को यह ज्ञात होता है कि वे कहाँ हैं और उन्हें कहाँ जाना चाहिए। विद्यार्थियों की उपलब्धि को मापने का एक निश्चित यंत्र /मापक नहीं है और इसी कारण अध्यापकों को अपने उद्देश्यों का ज्ञान नहीं होता और प्राय: यही भ्रम रहता है कि विद्यार्थियों की स्कूल में नियमित उपस्थिति तथा पाठ्यक्रम की पूर्ति ही उद्देश्यों की उपलब्धि का मापक है। इसी के परिणामस्वरूप विद्यार्थियों को शिक्षा की अभिप्रेरणा प्राप्त नहीं होती तथा अभिभावक भी बच्चों को स्कूल भेजने के स्थान पर अन्यत्र किसी काम पर भेजना अधिक पसन्द करते हैं। इसी कारण प्रत्येक स्तर पर अधिगम के न्यूनतम स्तर को निर्धारित करना आवश्यक हो गया जिससे अध्यापकों व बालकों की उपलब्धि का पता लगाया जा सके और जिससे शिक्षा-प्रणाली को एक दिशा मिल सके।

(*ii*) दूसरा कारण यह सोचा गया कि MLL स्कूल सुधार के लिए प्रोग्राम तैयार करने में प्रभावी औजार के रूप में कार्य करेगा। किसी भी स्कूल या शिक्षा-प्रणाली की गुणवत्ता को वास्तव में उसकी उपलब्धता के द्वारा अर्थात् विद्यार्थियों की निष्पत्ति के आधार पर ही मापा जाना चाहिए। यद्यपि, शिक्षा प्रक्रिया में सामान्य तौर पर शिक्षण प्रक्रिया की अदा

(Input) का मापन अधिक अज्ञान है न कि शिक्षा के द्वारा बहुआयातीत प्रदा (Multi-faceted output)। परन्तु वर्तमान समय में स्कूल की गुणवत्ता को मापने के लिए आवश्यक है कि विद्यार्थियों के अधिगम का मापन किया जाए। ऐसा क्या है जो स्कूल को अच्छा बनाता है ? क्या अच्छा भवन, अच्छी सामग्री या अच्छे प्रशिक्षित अध्यापक ? विद्यार्थियों की उपलब्धि के रूप में प्रदा को बढ़ाने के लिए हम किस सीमा तक अदा को बढ़ा सकते है ? किस प्रकार की अदा अच्छी प्रदा में सहायक होगी ? इन प्रश्नों के उचित उत्तर की प्राप्ति के लिए हमें सबसे पहले यह परिभाषित करना होगा कि व्यावहारिक रूप से सभी बच्चों की उपलब्धि का वांछनीय स्तर क्या होना चाहिए।

(*iii*) तीसरा तथा मूलभूत तत्त्व यह है कि प्रायः यही अवमानना है कि सरकारी स्कूलों में पाँच सालों तक पढ़ने के पश्चात् भी बालक अपनी पाठ्य-पुस्तक को मुश्किल से ही पढ़ने के योग्य बन पाता है। इसीलिए यह सोचा गया कि बालक किसी भी प्रकार के स्कूल में पढ़े, उसके लिए उपलब्धि का स्तर निश्चित किया जाना चाहिए जिससे उसे यह अनुभव न हो कि उसने स्कूल में आकर अपना समय बर्बाद किया है। प्राथमिक शिक्षा से वह इतना सीख जाए कि वह अपने संसार को समझने योग्य बन जाए तथा वह स्थायी रूप से पढ़ा-लिखा बन सके, सामाजिक रूप से उपयोगी तथा वयस्क रूप से योगदान देने योग्य बन सके।

राष्ट्रीय शिक्षा नीति 1986 में यह संस्तुति की गई कि स्कूली शिक्षा के प्रत्येक स्तर के लिए न्यूनतम अधिगम स्तर निर्धारित किए जाएं और यह निश्चित किया जाए कि ये दक्षताएँ सभी बालक प्राप्त कर सकें। इस संस्तुति के क्रियान्वयन की प्रक्रिया में प्राथमिक स्तर पर न्यूनतम अधिगम स्तर निर्धारित करने के लिए एक राष्ट्रीय समिति गठित की गई। इस समिति द्वारा, भाषा गणित तथा पर्यावरण अध्ययन में न्यूनतम अधिगम स्तर निर्धारित किए गए।

अधिगम के न्यूनतम स्तर की आधारभूत विशेषताएँ (Basic Features of MLL)

न्यूनतम अधिगम स्तर के आधार पर अधिगम उपलब्धियों को बढ़ावा दिया जाना चाहिए तथा अध्यापकों के लिए लक्ष्य निर्धारित किए जाने चाहिए, इसी आधार पर MLL की आधारभूत विशेषताएँ निम्नलिखित हैं—

1. उपलब्धता (Achievability) – न्यूनतम अधिगम स्तर की प्रमुख विशेषता उपलब्धता है। इसमें निर्धारित अधिगम उद्देश्यों को सभी बालकों द्वारा प्राप्त किया जाता है तथा उनमें अधिगम स्तर वास्तविक होते हैं। इन अधिगम उद्देश्यों की निश्चितता के पीछे निम्नलिखित कारण हैं—

(*i*) पाठ्यक्रम का उद्देश्य विद्यार्थियों के वास्तविक जीवन तथा कक्षा में उपलब्धि के वास्तविक स्तर से इतने पीछे है कि बहुत कम अध्यापक ऐसे हैं कि वे यह आश्वासन दिला

सकें कि वे विद्यार्थियों की इन उद्देश्यों की प्राप्ति में सहायता कर सकते हैं। इसी कारण वे अपने ही उद्देश्यों का निर्माण करते हैं तथा पाठ्य-पुस्तक के पाठों का अध्ययन करके या कुछ शब्दों को स्मरण करके ही इस उद्देश्यों की प्राप्ति का प्रयत्न करते हैं। इसी कारण यह अनुभव किया गया कि अध्यापक को पाठ्यक्रम के उद्देश्यों को समझना चाहिए और उन्हें अपना लक्ष्य तभी बनाना चाहिए यदि वह विश्वस्त हों कि वह इन्हें वास्तव में प्राप्त कर सकता है।

(*ii*) कक्षा में प्रत्येक बालक के द्वारा परिपक्वता/स्वामित्व स्तर के अधिगम की निश्चितता। वर्तमान समय में उपलब्धि परीक्षणों के आधार पर केवल कुछ ही बालक स्वामित्व प्राप्त करते हैं। अधिकतर बालक विषयवस्तु को अपर्याप्त या अपूर्ण रूप से समझते हैं तथा शीघ्र ही भूल जाते हैं। इसी कारण प्रत्येक अध्यापक का यह लक्ष्य होना चाहिए कि कम-से-कम 80% बालक 80% विषयवस्तु का अधिगम प्राप्त करें।

(*iii*) भारत जैसे देश में जहाँ क्षेत्र, जिला, स्कूल-परिस्थितियाँ, सामाजिक-आर्थिक स्थिति तथा अन्य तत्त्वों के आधार पर अत्यधिक विभिन्नता पाई जाती है वहाँ वास्तविक एवं प्राप्य न्यूनतम स्तर को लागू करने में लचीलेपन की आवश्यकता है। उदाहरण के लिए वर्तमान समय में जो मुम्बई के नगर निगम के स्कूल में स्वामित्व अधिगम प्राप्त करना आसान है वही राजस्थान राज्य के पंचायती स्कूलों में प्राप्त करना अत्यधिक कठिन है। इसलिए यह आवश्यक है कि प्रत्येक क्षेत्र, विशेष रूप से प्रत्येक जिले में वहां की परिस्थितियों के अनुरूप ही न्यूनतम अधिगम स्तर निर्धारित किया जाए।

2. संचारण (Communicability) – MLL का वास्तविक एवं प्राप्य होना ही काफी नहीं है, अपितु यह भी आवश्यक है कि वह सभी अध्यापकों के लिए, चाहे वे कैसे भी क्षेत्र में रहते हों, जहाँ उन्हें बाह्य रूप से किसी प्रकार का निर्देशन या सहायता प्राप्त न हो, संचार योग्य तथा अर्थपूर्ण हो। प्राथमिक स्कूली अध्यापकों के साथ-साथ MLL अनौपचारिक शिक्षा संबंधी निर्देशकों, अभिभावकों तथा समुदाय के लिए भी अर्थपूर्ण होने चाहिए। इसीलिए यह प्रयत्न किया गया है कि समिति का दस्तावेज इतना साधारण, सरल व सहज भाषा में हो कि वह सभी को समझ में आ सके। यह पाठ्यक्रम विकास कर्त्तव्यों, पाठ्य-पुस्तक, लेखकों तथा शैक्षिक प्रशासकों के लिए उपयोगी होना चाहिए।

3. मूल्यांकन (Evaluability) – MLL के कथन ऐसे होने चाहिए कि वे अधिगमकर्त्ता की निरंतर व सतत मूल्यांकन के लिए प्रभावी रूपरेखा का काम कर सके। वर्तमान समय में स्कूलों में प्राथमिक स्तर पर कोई ऐसी मूल्यांकन तकनीक का प्रयोग नहीं किया जाता। अधिकतर राज्यों में किसी भी विद्यार्थी को उसी कक्षा में नहीं रखा जाता अपितु बिना किसी परीक्षा के अगली कक्षा में पदोन्नति दे दी जाती है और यही कारण है कि प्राथमिक स्तर पूर्ण किए बिना विद्यार्थी स्कूल बीच में ही छोड़ देते हैं। इसी परिस्थिति को ध्यान में रखते हुए आठवीं पंचवर्षीय योजना की कार्य समिति (1989) ने व्यापक मूल्यांकन प्रणाली के सुझाव की सिफारिश की थी।

4. अधिगम निरन्तरता (Learning Continuum) – यह माना जाता है कि न्यूनतम अधिगम स्तरों को क्रमिक रूप से सीखा जा सकता है, क्योंकि ये दक्षताओं या क्षमताओं के संदर्भ में व्याख्यातित (Explained) होते हैं। निश्चित रूप से यह विश्वास किया जाता है कि यदि विद्यार्थी निरन्तरता से क्रमबद्ध रूप से प्रगति करे, संबंधित विन्यास (Set) पर स्वामित्व प्राप्त करे या प्रत्येक इकाई में निपुणता प्राप्त कर ले और फिर उसके पश्चात् अगली इकाई पर जाए तो वे अगली इकाई को अर्थपूर्ण ढंग से समझ पाएंगे तथा न्यूनतम अधिगम स्तर प्राप्त हो जाएगा।

इस प्रकार न्यूनतम अधिगम स्तर के अनुरूप विकास एवं शिक्षा के प्रत्येक स्तर पर तीनों प्रकार के अधिगम स्तरों स्मृति, बोध व मनन की दृष्टि से ऐसा न्यूनतम स्तर निर्धारित किया जाए जिस तक पहुँचना प्रत्येक बालक के लिए आवश्यक हो। बालक की जानकारी, समझ व चिंतन क्षमता उतनी अवश्य हो जितनी उससे अपेक्षा की जाती है। उदाहरण के लिए प्राथमिक स्तर पर प्रथम भाषा शिक्षक के अन्तर्गत 5000 शब्दों की संख्या को अधिगम का न्यूनतम स्तर निर्धारित किया गया। इस स्तर में ज्ञानात्मक एवं संज्ञानेतर (Non-cognitive) अधिगम को सम्मिलित किया गया है।

न्यूनतम अधिगम स्तर–दवे समिति
(Minimum Level of Learning–Dave Committee)

मानव संसाधन विकास मंत्रालय के शिक्षा-विभाग द्वारा डॉ. आर.एच. दवे (R.H. Dave) निर्देशक, यूनेस्को इंस्टीट्यूट आफ एजूकेशन, हैम्बर्ग, जर्मनी की अध्यक्षता में 5 जनवरी, 1990 को एक समिति नियुक्त की गई। इस समिति के विचारणीय निम्नलिखित विषय थे–

1. कक्षा III तथा V के लिए अधिगम के न्यूनतम स्तर निर्धारित करना।
2. बच्चों के व्यापक मूल्यांकन एवं मापन के लिए प्रक्रिया की सिफारिश करना।
3. संज्ञानेत्तर अधिगम क्षेत्रों पर विचार करना तथा उनमें शिक्षण के सुधार के लिए मूर्त उपायों का सुझाव देना।

दवे समिति ने विभिन्न स्तरों पर विचार-विमर्श के पश्चात् सात राज्यों-आंध्र प्रदेश, बिहार, गुजरात, मध्य प्रदेश, महाराष्ट्र, राजस्थान तथा तमिलनाडु में शिक्षकों के साथ इन राज्यों में अनौपचारिक शिक्षा कार्यक्रमों से सम्बन्धित कुछ ऐच्छिक एजेंसियों व राज्य शैक्षिक अनुसंधान एवं प्रशिक्षण परिषदों (SCERT) की सहायता से विचार-विमर्श किया। प्रत्येक सभा 5 दिन तक चली जिनमें 30 से 35 भागीदारों ने हिस्सा लिया। कुल मिलाकर 227 प्राथमिक शिक्षा अध्यापकों तथा अनौपचारिक शिक्षा से सम्बन्धित शिक्षकों ने इसमें भाग लिया। भागीदारों के सुझावों के आधार पर समिति के दस्तावेज को तैयार किया गया। दवे समिति ने न्यूनतम अधिगम स्तर को दक्षताओं की अपेक्षित प्राप्ति के रूप में परिभाषित किया–

– श्रवण

- वाचन
- पठन
- लेखन
- विचारों का बोध
- कार्यात्मक व्याकरण
- भाषा-प्रयोग
- शब्दावली नियन्त्रण
- स्व-अधिगम

न्यूनतम अधिगम स्तर–कार्य योजना 1992
(MLL and Action Plan 1992)

न्यूनतम अधिगम स्तर की आवश्यकता इसलिए अनुभव की गई क्योंकि बालकों को गुणात्मक शिक्षा प्रदान नहीं की जा रही थी और यह विचार किया गया कि जाति, धर्म, स्थान अथवा लिंग का विचार किए बिना सभी बालकों की एक निश्चित गुणवत्ता की शिक्षा तक पहुँच हो जानी चाहिए। कार्य योजना के अनुसार स्कूलों में न्यूनतम अधिगम स्तर के लिए प्रमुख कदम निम्नलिखित होंगे–

1. मौजूदा स्तरों को जानने के लिए शिक्षण उपलब्धियों का प्रारंभिक मूल्यांकन किया जायेगा।
2. यदि आवश्यक होगा, तो स्थानीय उपलब्धियों के अनुकूल बनाने के लिए न्यूनतम अधिगम स्तरों में संशोधन किया जाएगा।
3. क्षमता आधारित शिक्षण के लिए शिक्षकों का प्रारंभिक और पुनरावर्तन अनुस्थापन किया जाएगा।
4. न्यूनतम आधारित स्तरों पर आधारित शिक्षण के लिए शिक्षक प्रशिक्षण पुस्तिकाएं तैयार कराई जाएंगी।
5. विद्यार्थियों का सतत् एवं बोधगम्य मूल्यांकन किया जाएगा तथा मूल्यांकन परिणामों को उपचारी कार्यवाही के लिए प्रयोग में लाया जाएगा।
6. मूल्यांकन सामग्री तैयार कराई जाएगी।
7. न्यूनतम अधिगम स्तरों के मानदण्डों के आधार पर पाठ्य-पुस्तकों व पाठ्य-चर्या में संशोधन किया जाएगा।
8. शैक्षणिक प्रक्रिया को क्रियाकलाप आधारित व रुचिकर बनाया जाएगा।

आज देश इक्कीसवीं सदी में पहुँच चुका है। वैश्वीकरण का युग चल रहा है और ऐसे समय में सभी बच्चों का शिक्षित होना आवश्यक है। इस शताब्दी के अंत तक अपनी प्राथमिक शिक्षा पूरी कर लेने वाले बालक ऐसी दुनिया में प्रवेश करेंगे जहाँ उन्हें अनेक चुनौतियों का सामना करना पड़ेगा। राष्ट्रीय उद्देश्यों की पूर्ति के लिए आवश्यक है कि देश

का हर बालक शैक्षिक उपलब्धि के न्यूनतम स्तर को पार कर ले। राष्ट्रीय शिक्षा-नीति (1986) में स्पष्ट कहा गया है कि, "आज की दुनिया की चुनौतियों का सामना करने, व्यक्तित्व का विकास करने, अपने परिवेश की सीमाओं व संभावनाओं को समझने, मूल्य व्यवस्था को स्वीकारने, सामाजिक उत्तरदायित्व के प्रति जागरूकता पैदा करने तथा जीवन से जूझने के लिए विशिष्ट योग्यताओं को प्राप्त करने के लिए न्यूनतम स्तर तक शिक्षा का होना आवश्यक है। आगामी वर्षों में जीवित रहने के लिए भी शिक्षा के इस स्तर का प्रसार आवश्यक है।"

देश के सभी राज्यों में शिक्षा के स्तर में समानता लाने के लिए यह अनुभव किया गया कि स्कूली शिक्षा के प्रत्येक स्तर पर न्यूनतम अधिगम स्तर के मानदण्ड को लागू किया जाए। यह एक ऐसी योजना है जिसका लाभ न केवल विद्यार्थियों को ही होगा अपितु अध्यापकों का भी विकास होगा तथा शिक्षा में गुणवत्ता लाने में भी इससे मदद मिलेगी। परन्तु एक बात सत्य है कि केवल स्तर निर्धारित करना ही पर्याप्त नहीं है, बल्कि उन्हें प्राप्त करने के लिए रचनात्मक एवं सार्थक कदम उठाने होंगे जिसके परिणामस्वरूप इसका समुचित लाभ प्राप्त किया जा सके।

अध्याय 5

मूल पाठ्यक्रम
(Core Curriculum)

"मूल पाठ्यक्रम विद्यार्थियों के सामान्य विकास पर केन्द्रित है।" —स्पीयर्स (Speres)

पाठ्यक्रम एक महत्त्वपूर्ण भूमिका अदा करती है। अध्यापक तथा विद्यार्थी के मध्य सम्बन्ध स्थापित करने तथा अन्त:क्रिया करने में विभिन्न स्तरों पर विभिन्न प्रकार के पाठ्यक्रम बनाए जाते हैं। माध्यमिक शिक्षा आयोग (1952-53) ने विभिन्न भाषाओं, सामाजिक अध्ययन तथा गणित विषयों को कोर पाठ्यक्रम के अन्तर्गत चयनित कर समस्त बालकों को अनिवार्य रूप से पढ़ाने की बात कही थी एवं शेष तीन वैकल्पिक विषय रखे जो सात विषय-समूहों में से किसी भी एक को चुनकर लिये जा सकते थे। राष्ट्रीय शिक्षा नीति ने पाठ्यक्रम को अधिक विस्तृत बना दिया परन्तु सभी विषयों को अनिवार्य रखा गया। कोर पाठ्यक्रम में पूर्व निश्चित कौशल, ज्ञान एवं योग्यताओं को सभी विद्यार्थियों को सिखाया जाता है। इस पाठ्यक्रम की यह मान्यता है कि ज्ञान का एक एकीकृत रूप है जिसे सभी विद्यार्थियों को जानना चाहिए। यह माना जाता है कि इस प्रकार का पाठ्यक्रम समुदाय के लिए शिक्षित एवं उत्तरदायी नागरिक तैयार करेगा। वास्तव में हमेशा से यह बात विवादित रही है कि कोर पाठ्यक्रम में किस प्रकार के विषयों को सम्मिलित किया जाए। कुछ शिक्षाशास्त्री इसे कुछ विषय जैसे अंग्रेजी, गणित, विज्ञान तथा सरकार तक ही सीमित करते हैं जबकि अन्य इसमें सामान्य अधिगम उपलब्धियाँ जैसे समस्या समाधान, आलोचनात्मक चिन्तन, समूह कार्य तथा समुदाय सेवा आदि को शामिल करते हैं।

इस प्रकार का पाठ्यक्रम ऐच्छिक कोर पर निर्भर करता है जिसे कक्षा-कक्ष से बाहर बैठकर तैयार किया जता है। सभी विद्यार्थी सामान्य प्रकार का ज्ञान, कौशल तथा योग्यताएँ सीखते हैं। यद्यपि कोर पाठ्यक्रम का प्रमुख केन्द्र विषय सामग्री रहता है परन्तु कुछ कोर शिक्षण उस विषय-सामग्री की व्यावहारिकता तथा समस्या समाधान पर आधारित होते हैं। इस प्रकार के पाठ्यक्रम का निर्देशन भी कोर विषय-सामग्री पर आधारित होता है। खोज पर केन्द्रित होने की अपेक्षा शिक्षण पूर्व निश्चित ज्ञान पर केन्द्रित होता है। यद्यपि इसका शिक्षण आलोचनात्मक चिंतन, समस्या-समाधान, सामूहिक अधिगम पर आधारित न होकर 'सही' उत्तर पर आधारित होता है। इसमें अनिवार्य विषय, जिन्हें मूल पाठ्यक्रम भी

कहा जाता है, का अध्ययन सभी बालकों के लिए आवश्यक होता है तथा ऐच्छिक विषयों में से बालक अपनी रुचियों तथा आवश्यकताओं के अनुरूप एक या एक से अधिक चुन सकता है। यह बाल-केन्द्रित होता है तथा सामाजिक समस्याओं को सुलझाने के लिए अनुभव तथा अभ्यास प्रदान करता है। इसके अन्तर्गत, कई विषयों को एक साथ पढ़ाया जाता है तथा बालक गतिशील, प्रभावी, कुशल तथा सामाजिक रूप से उपयोगी बन जाता है।

माथुर (Mathur) के शब्दों में "मूल पाठ्यक्रम का अर्थ ऐसे पाठ्यक्रम से है जिसमें कुछ विषय तो अनिवार्य हों, कुछ विषय ऐसे हों जिनमें कुछ को विद्यार्थी अपनी रुचि के अनुसार कर सके।"

मूल पाठ्यक्रम के तत्त्व
(Elements of Core Curriculum)

राष्ट्रीय शिक्षा नीति 1986 के अनुसार विद्यालय में पढ़ाए जाने वाले विभिन्न विषयों के साथ-साथ मूल पाठ्यक्रम की भी व्यवस्था की गई है। विद्यालय में विभिन्न स्तरों पर पढ़ाए जाने वाले किसी भी विषय के अन्तर्गत इन तत्त्वों से विद्यार्थियों व अभिभावकों को अवगत कराया जाता है तथा सभी बालकों को अनिवार्य रूप से इनकी जानकारी प्रदान करने की व्यवस्था की गई है। इस पाठ्यक्रम के अन्तर्गत निम्नलिखित तत्त्वों को समाहित करने की व्यवस्था की गई है :

1. मूल पाठ्यक्रम के अन्तर्गत बालकों को विभिन्न विषयों का ज्ञान इस प्रकार कराया जाता है जिससे उनमें राष्ट्रीयता की भावना का विकास किया जा सके।
2. विद्यार्थियों को सांस्कृतिक विरासत में मिले मूल्यों से परिचित कराना जिससे उनमें प्रेम, स्नेह, सम्मान एवं श्रद्धा जैसी भावनाएँ विकसित हो सकें।
3. बालकों को देश के उत्तम नागरिक बनाना शिक्षा का प्रमुख कर्त्तव्य माना जाता है इसीलिए मूल पाठ्यक्रम के अन्तर्गत उन्हें संवैधानिक दायित्वों से परिचित करवाया जाता है।
4. मूल पाठ्यक्रम के माध्यम से बालकों को समता, प्रजातन्त्र, धर्म निरपेक्षता जैसे तत्त्वों के सम्बन्धों में महत्त्वपूर्ण जानकारी दी जाती है।
5. विद्यार्थियों को स्वंतत्रता-प्राप्ति के लिए किए गए प्रयासों, त्यागों एवं बलिदानों की जानकारी देकर उनके प्रति उनमें श्रद्धा व सम्मान की भावना उत्पन्न की जा सकती है।
6. बालकों को स्त्री-पुरुष के समान अधिकारों से परिचित कराया जाता है।
7. बालकों को जनसंख्या वृद्धि के परिणामों से अवगत कराकर छोटे परिवारों का महत्त्व समझाया जाता है।
8. बालकों को पर्यावरण निम्नीकरण के कारणों की जानकारी देते हुए पर्यावरण संरक्षण के उपायों के लिए जागरूक बनाया जा सकता है।

9. विज्ञान विषय को अनिवार्य विषय के रूप में पढ़ाया जाता है जिससे उनमें वैज्ञानिक दृष्टिकोण का विकास किया जा सके।
10. मूल पाठ्यक्रम के माध्यम से आधुनिक समाज के विकास के मार्ग में आने वाली विभिन्न प्रकार की बाधाओं से बालकों को परिचित कराकर उन्हें उनको सुलझाने में योगदान के लिए तैयार किया जा सकता है।

राष्ट्रीय शिक्षा नीति 1986 के अन्तर्गत मूल पाठ्यक्रम में निम्नलिखित विषयों को सम्मिलित किया गया है :

1. भाषा
2. गणित
3. स्वास्थ्य एवं शारीरिक शिक्षा
4. सामाजिक अध्ययन
5. सामान्य विज्ञान
6. कला-कौशल
7. बागवानी।

राष्ट्रीय शिक्षा नीति एवं मूल पाठ्यक्रम
(National Policy of Education and Core Curriculum)

भारत सरकार ने 1985 में एक दस्तावेज 'शिक्षा की चुनौती : नीति सम्बन्धी परिप्रेक्ष्य' प्रकाशित किया। इस पर अध्यापकों, शिक्षाविदों, लेखकों, पत्रकारों आदि ने विचार-विमर्श किया तथा मई 1986 में भारत सरकार ने 'नई शिक्षा नीति' को स्वीकृति प्रदान की। इसके अन्तर्गत एन.सी.ई.आर.टी. द्वारा राष्ट्रीय मूल पाठ्यक्रम की रूपरेखा तैयार की गई। इस पाठ्यक्रम में बालक के सर्वांगीण विकास पर बल दिया गया है। इस शिक्षा नीति के बारे में स्व. प्रधानमंत्री राजीव गांधी ने कहा है—"नई शिक्षा नीति सभी के लिए समान रूप से लाभकारी होगी। प्रतिभाशाली विद्यार्थियों को, चाहे वे समाज के किसी भी वर्ग से सम्बन्धित हों, उत्तम शिक्षा प्रदान करने के सर्वोत्तम प्रयास किए जाएंगे।" राष्ट्रीय शिक्षा नीति ने एक समान शिक्षा-प्रणाली पर बल दिया। आज पूरे भारत वर्ष में 10 + 2 + 3 की शिक्षा-प्रणाली लागू है। पहले दस सालों की शिक्षा को दो भागों में बाँटा गया है जिसके अनुसार पहले 5 वर्ष प्राथमिक शिक्षा, अगले 3 वर्ष उच्च प्राथमिक शिक्षा तथा 2 वर्षों की माध्यमिक शिक्षा का प्रावधान रखा गया। +2 स्तर की शिक्षा को भी स्कूल में ही रखने की सिफारिश की गई थी, जो पहले महाविद्यालयों का भाग माना जाता था।

राष्ट्रीय शिक्षा नीति राष्ट्रीय पाठ्यक्रम की रूपरेखा पर आधारित होगी जिसमें मूल पाठ्यक्रम के साथ-साथ कुछ ऐसे विषय भी रखे गए जिनका चयन विद्यार्थी पर निर्भर करता है। मूल पाठ्यक्रम में भारत स्वतन्त्रता संग्राम का इतिहास, संवैधानिक आधार तथा अन्य विषय सामग्री जो राष्ट्रीय प्रतीकों से सम्बन्धित हों, को रखा गया। इन तत्त्वों को

विभिन्न विषय सामग्रियों में इस प्रकार बाँटा गया तथा निर्मित किया गया जिससे विद्यार्थियों में सांस्कृतिक विरासत, लोकतंत्र तथा समाजवाद, लिंग समानता, वातावरण संरक्षण, सामाजिक बाधाओं का निराकरण, छोटे परिवारों के मानदण्ड तथा वैज्ञानिक दृष्टिकोण संबंधी मूल्यों को विकसित किया जा सके। सभी शैक्षिक कार्यक्रमों को धर्म निरपेक्ष मूल्यों से जोड़ा जाएगा। राष्ट्रीय शिक्षा नीति के भाग III, V, एवं VIII में पाठ्यक्रम से सम्बन्धित मार्ग निर्देश निर्धारित किए गए हैं, जो इस प्रकार हैं :

1. समान मूल पाठ्यक्रम (Common Core Curriculum) – NPE के अनुसार राष्ट्रीय शिक्षा व्यवस्था राष्ट्रीय पाठ्यक्रम की रूपरेखा पर आधारित होनी चाहिए, जिसका एक बड़ा भाग **सामान्य विषयवस्तु** से युक्त होगा तथा शेष भाग में आवश्यकतानुसार लचीलापन होगा।

2. अन्तर्राष्ट्रीय सद्भाव के लिए शिक्षा (Education for International Understanding) – भारत ने सदैव शांति एवं अन्तर्राष्ट्रीय सूझ-बूझ के विकास हेतु प्रयास किए हैं। सम्पूर्ण विश्व को एक परिवार माना है। इसी विरासत को कायम रखते हुए शिक्षा के माध्यम से नई पीढ़ी में भी अन्तर्राष्ट्रीय सहयोग एवं शांतिपूर्ण सह-अस्तित्व के दृष्टिकोण को विकसित किया जाना चाहिए। इस तत्त्व की अवहेलना नहीं की जा सकती।

3. समानता को बढ़ावा (Promotion of Equality) – समानता को बढ़ावा देने के लिए आवश्यक है कि सभी को समान अवसर प्रदान किए जाएं। इसके अतिरिक्त मूल पाठ्यक्रम की सहायता से सभी की आन्तरिक शक्तियों व गुणों को बढ़ावा दिया जाए। इसके पीछे एक ही कारण था कि सामाजिक वातावरण में आई जटिलताओं तथा पक्षपात की भावना को दूर किया जाए तथा जन्म के कारण किसी के साथ किसी प्रकार का भेदभाव न किया जाए।

4. न्यूनतम अधिगम स्तर (Minimum Level of Learning) – राष्ट्रीय शिक्षा नीति के अन्तर्गत शिक्षा के प्रत्येक स्तर पर न्यूनतम अधिगम स्तर सुनिश्चित किया जाएगा। देश के विभिन्न भागों के नागरिकों की सामाजिक व्यवस्था एवं सांस्कृतिक विविधता को बालकों द्वारा ठीक ढंग से समझने के लिए उपयुक्त प्रयास किए जाएंगे। इसके अतिरिक्त भाषा के माध्यम से लोगों को जोड़ने के लिए पुस्तकों का विभिन्न भाषाओं में अनुवाद किया जाएगा तथा बहु-भाषायी शब्दकोष प्रकाशित किए जाएंगे। नवयुवकों को अपनी कल्पना तथा विचारों से भारत की पुनर्खोज के लिए प्रोत्साहित किया जाएगा।

5. सामाजिक-सांस्कृतिक दृष्टिकोण (Social-Cultural Perspective) – राष्ट्रीय शिक्षा नीति के अनुसार वर्तमान औपचारिक शिक्षा तथा भारत की समृद्ध एवं विविध संस्कृतियों के बीच बढ़ती जा रही दूरी को शीघ्र ही समाप्त करने की नितान्त आवश्यकता है। आधुनिक तकनीकी का प्रयोग भारतीय संस्कृति को खत्म करने के लिए नहीं बल्कि उसका विकास करने के लिए किया जाना चाहिए। अमानवीयकरण, अलगाववाद तथा परसंस्कृतिकरण आदि से बचने की आवश्यकता है। शिक्षा के माध्यम से आधुनिक

तकनीकी एवं देश की सांस्कृतिक विरासत के बीच उत्तम सामंजस्य स्थापित किया जा सकता है।

6. मूल्य शिक्षा (Value Education) – वर्तमान समाज में सामाजिक व नैतिक मूल्यों का निरन्तर पतन होता जा रहा है। इस पतन को बचाने के लिए शिक्षा एक शक्तिशाली साधन के रूप में कार्य कर सकती है। इसके साथ-साथ देश में विविध संस्कृति वाले समाज में एकता की स्थापना हेतु शिक्षा सार्वभौमिक एवं आंतरिक मूल्यों के विकास में भी सहायक हो सकती है। इस प्रकार शिक्षा के माध्यम से विभिन्न मूल्यों का विकास करते हुए अन्धविश्वास, हिंसा धार्मिक उन्माद जैसी सामाजिक बुराइयों को समाप्त करने का प्रयास किया जाएगा।

7. विज्ञान शिक्षा (Science Education) – राष्ट्रीय शिक्षा नीति के अनुसार आज का युग विज्ञान का युग है और बालकों में वैज्ञानिक दृष्टिकोण के विकास की अत्यन्त आवश्यकता है। इसलिए विज्ञान शिक्षा को इस प्रकार सुदृढ़ किया जाएगा जिससे बालकों में अन्वेषणात्मक, सृजनात्मक, विश्लेषणात्मक, संश्लेषणात्मक एवं सौन्दर्यात्मक मूल्यों को विकसित किया जा सके। विज्ञान शिक्षा की सहायता से बालकों में समस्या-समाधान योग्यता का विकास किया जाएगा। उनमें निर्णय लेने की शक्ति का विकास होगा।

8. कार्य-अनुभव (Work Experience) – राष्ट्रीय शिक्षा नीति के अनुसार कार्य-अनुभव अधिगम प्रक्रिया का एक महत्त्वपूर्ण अंग है तथा इसका उद्देश्य समुदाय के लिए उपयोगी वस्तुएँ एवं सेवाएँ प्रदान करना है। अत: इसे शिक्षा के सभी स्तरों पर सुव्यवस्थित एवं क्रमबद्ध रूप से प्रदान किया जाना चाहिए। इसमें बालकों की रुचियों, योग्यताओं एवं आवश्यकताओं के अनुरूप विभिन्न क्रियाओं को सम्मिलित किया जाना चाहिए तथा शिक्षा के स्तर के साथ-साथ कौशल एवं ज्ञान के स्तर को भी ऊँचा किया जाना चाहिए।

9. गणित शिक्षण (Mathematics Teaching) – गणित की शिक्षा का मुख्य उद्देश्य बच्चों को केवल गणित का ज्ञान देना ही नहीं है अपितु बच्चे की गणितीय क्षमताओं का विकास करना भी है। स्कूली गणित का सीमित लक्ष्य है 'लाभप्रद' क्षमताओं का विकास करना, विशेषकर संख्या-संख्या संक्रिया, माप, दशमलव व प्रतिशत। इसका उच्च लक्ष्य है बच्चे के साधनों को विकसित करना ताकि वह गणितीय ढंग से सोच सके व तर्क कर सके, मान्यताओं से तार्किक परिणाम निकाल सके तथा अमूर्त को संभाल सके। इसके अंतर्गत समस्याओं को सूत्रबद्ध करने व उनका हल ढूंढने की क्षमता का विकास करना है। इसके लिए ऐसा पाठ्यक्रम होना चाहिए जो महत्त्वाकांक्षी व सुसंगत हो।

10. भाषा अध्ययन (Study of Language) – भारत की भाषा विविधता एक जटिल चुनौती तो पेश करती ही है, लेकिन वह कई प्रकार के अवसर भी प्रदान करती है। बच्चों की घरेलू भाषा स्कूल में शिक्षण का माध्यम होनी चाहिए। हमारे संविधान की धारा 350A के अनुसार, 'यह हर राज्य और स्थानीय प्रशासन का प्रयास होगा कि वह भाषिक

रूप से अल्पसंख्यकों के लिए उनकी मातृभाषा में प्राथमिक स्तर पर शिक्षा का पर्याप्त प्रबंध करे। त्रिभाषा फामूर्ले को उसके मूलभाव के साथ लागू करने की आवश्यकता है।'

11. पर्यावरण शिक्षा (Environmental Education) – वर्तमान समय में पर्यावरण निम्नीकरण के प्रति चेतना विकसित करना अत्यन्त आवश्यक है। यदि ऐसा नहीं किया गया तो आने वाले समय में यह पर्यावरण बालकों के रहने लायक नहीं रह जाएगा तथा बीमारियाँ दिन-प्रतिदिन बढ़ती जाएंगी। इस चेतना का उदय सभी वर्गों के लिए आवश्यक है। राष्ट्रीय शिक्षा नीति के अनुसार इस पक्ष को सम्पूर्ण शिक्षा प्रक्रिया में शामिल किया जाना चाहिए।

12. कला शिक्षा (Art Education) – दशकों से शिक्षा-व्यवस्था में कला के महत्त्व की चर्चा चलती रही है और बार-बार इसकी अनुशंसा की जाती रही है, लेकिन इस दिशा में कुछ खास प्रगति नहीं हुई है। राष्ट्रीय शिक्षा नीति के अनुसार अगर हमें अपनी अनूठी सांस्कृतिक पहचान को उसकी सामाजिकता और तमाम विलक्षणताओं सहित बचाए रखना है तो स्कूल की शिक्षा में कला की शिक्षा को शामिल किया जाना चाहिए।

13. स्वास्थ्य और शारीरिक शिक्षा (Health and Physical Education) – यह मानी हुई बात है कि स्वास्थ्य बहुआयामी सिद्धांत है और यह जैविक, आर्थिक, सांस्कृतिक तथा राजनीतिक तत्त्वों से निर्धारित होता है। बुनियादी आवश्यकताओं जैसे भोजन, साफ पानी, घर, सफाई और स्वास्थ्य सेवाएँ जनता के स्वास्थ्य को प्रभावित करती हैं। स्वास्थ्य बालक के समस्त विकास का सूचक है। राष्ट्रीय शिक्षा नीति के अनुसार स्वास्थ्य एवं शारीरिक शिक्षा को पाठ्यचर्या का अवयव बनाया जाना चाहिए और स्वास्थ्य संबंधी शिक्षा भी दी जाए जो विकास के अलग-अलग चरणों में स्वास्थ्य संबंधी समस्या के बारे में बताएगी।

14. पूर्व प्राथमिक स्तर पर पाठ्यक्रम (Curriculum at Pre-primary Stage) – पूर्व प्राथमिक स्तर पर बालकों के सर्वांगीण विकास अर्थात पोषण, स्वास्थ्य, सामाजिक, मानसिक, शारीरिक, नैतिक तथा संवेगात्मक विकास के संप्रत्यय को स्वीकार करते हुए राष्ट्रीय शिक्षा नीति के अनुसार 'प्रारंभिक बाल सुरक्षा एवं शिक्षा' (Early Childern Care and Education–ECCE) के कार्यक्रमों को उच्च प्राथमिकता प्रदान की जाएगी तथा इन्हें समुचित ढंग से समन्वित किया जाएगा। यह कार्यक्रम बाल-केन्द्रित होगा जो खेल तथा बालक की वैयक्तिता पर केन्द्रित होगा। इस स्तर पर औपचारिक शिक्षा पर बल नहीं दिया जाएगा।

15. प्राथमिक स्तर पर पाठ्यक्रम (Curriculum at Primary Stage) – प्राथमिक स्तर को दो भागों में बाँटा गया–निम्न प्राथमिक व उच्च प्राथमिक स्तर। प्राथमिक स्तर पर अधिगम की बाल-केन्द्रित एवं कार्य-केन्द्रित प्रक्रिया को अपनाया जाएगा। सभी के लिए समान शिक्षा के अवसर प्रदान किए जाएँगे। विद्यार्थियों को अपनी स्व-गति से आगे बढ़ने के अवसर प्रदान किए जाएँगे। कमजोर विद्यार्थियों के लिए उपचारात्मक शिक्षण का भी प्रबन्ध किया जाएगा।

इस प्रकार राष्ट्रीय शिक्षा नीति ने प्राथमिक शिक्षा के लिए मूल पाठ्यक्रम के साथ-साथ ऐच्छिक विषय पर भी बल दिया।

राष्ट्रीय पाठ्यचर्या की रूपरेखा–2000 (National Curriculum Framework–2000)

राष्ट्रीय शिक्षा नीति की विभिन्न सिफारिशों के बावजूद कि क्षमताओं की पहचान की जाए व मूल्यों को विभिन्न अवस्थाओं में पोषित व विकसित किया जाए, स्कूली शिक्षा उन परीक्षाओं द्वारा और अधिक चालित होती चली गई जो केवल जानकारी से भरी पाठ्य-पुस्तकों पर आधारित थी। 1984 में पाठ्यचर्या की रूपरेखा तैयार करने का उद्देश्य था पूरे देश में गुणवत्ता के स्तर पर स्कूली शिक्षा को तुलनीय अर्थात लगभग समान बनाना तथा देश की विविधता पर समझौता न करते हुए शिक्षा को राष्ट्रीय एकता का माध्यम बनाना। ऐसे ही अनुभव पर आधारित परिषद के कार्य की अंततः परिणति हुई स्कूली शिक्षा के लिए राष्ट्रीय पाठ्यचर्या रूपरेखा, 1988 के रूप में। परिणामस्वरूप, एक तेजी से बदलते विकासशील संदर्भ के अध्ययन के विषयों व पाठ्य-पुस्तकों के द्वारा इस रूपरेखा का परिणाम यह हुआ कि **'पाठ्यचर्या का बोझ'** बढ़ गया और स्कूली पढ़ाई बाल्यावस्था व किशोरावस्था के निर्माणात्मक वर्षों में उनके शरीरों व मस्तिष्क पर तनाव का स्रोत बन गई। प्रो. यशपाल की अध्यक्षता में गठित समिति की रिपोर्ट जिसका शीर्षक था **'लर्निंग विदाउट बर्डन'** (शिक्षा बिना बोझ के), 1993 में इस पहलू को स्पष्ट व सुसंगत रूप से रखा गया। एन.पी.ई. एवं पी.ओ.ए. ने सार्वभौमिक नामांकन तथा सार्वभौमिक रूप से 14 वर्ष की आयु तक सभी बच्चों को स्कूलों में टिकाए रखने और स्कूली शिक्षा की गुणवत्ता में आशापूर्ण सुधार के लिए बाल-केन्द्रित उपागम का विचार किया गया। इन दोनों दस्तावेजों ने राष्ट्रीय पाठ्यचर्या रूपरेखा की परिकल्पना शिक्षा-व्यवस्था को आधुनिक बनाने के साधन के रूप में की।

राष्ट्रीय शिक्षा नीति व प्रोग्राम ऑफ एक्शन के दिशा-निर्देशों के अनुरूप राष्ट्रीय शैक्षिक अनुसंधान एवं प्रशिक्षक परिषद (NCERT) द्वारा नवम्बर 2000, में प्राथमिक शिक्षा के लिए एक राष्ट्रीय पाठ्यक्रम का निर्माण किया गया। इस पाठ्यक्रम की रूपरेखा में सम्मिलित कुछ नवीन विचार निम्नलिखित थे :

1. 'वसुधैव कुटुम्बकम' की भावना से युक्त देशभक्ति तथा राष्ट्रीयता की भावना का विकास किया जाए जिससे सभी को स्वयं के भारतीय होने पर गर्व अनुभव हो सके।
2. स्कूली शिक्षा के सभी स्तरों पर मूल्यों का विकास।
3. पाठ्यचर्या के भार को कम करना।
4. बालक को ज्ञान का निर्माता समझना।
5. ज्ञान, संवेग तथा क्रिया के मध्य सह-सम्बन्ध स्थापित करना।

6. सूचना, संचरण तकनीक तथा वैश्वीकरण की चुनौतियों को पूरा करना।
7. प्राथमिक शिक्षा का सार्वभौमिकरण करना तथा शिक्षा को जीवन-कौशलों से सम्बन्धित करना।
8. अध्यापकों को पाठ्यक्रम विकास तथा उसे लागू करने के लिए सशक्त बनाना।

प्राथमिक शिक्षा में गुणात्मक सुधार लाने के लिए कुछ प्रमुख सिफारिशें दी गई थीं–

1. देश भर में सभी बच्चों को पूर्व स्कूली शिक्षा उपलब्ध कराना तथा इस स्तर पर औपचारिक शिक्षण तथा परीक्षण की मनाही।
2. प्राथमिक शिक्षा के पहले दो वर्षों में भाषा, गणित तथा अन्य क्रियाओं के साथ पर्यावरण शिक्षा को शामिल करना।
3. प्राथमिक स्तर पर 'स्वास्थ्य व उत्पादक जीवन की कला' में कला शिक्षा, स्वास्थ्य शिक्षा तथा कार्य शिक्षा का एकीकरण।
4. स्कूली शिक्षा के सभी स्तरों पर सभी धर्मों से सम्बन्धित मूल्यों के बारे में शिक्षा।

अध्ययन योजना (Scheme of Studies)

विभिन्न विषय क्षेत्रों से सम्बन्धित विषय सामग्री तथा अधिगम अनुभवों की सहायता से शिक्षा के सामान्य उद्देश्यों की प्राप्ति की जाएगी। परन्तु सैद्धांतिक ज्ञान के स्थान पर सूझ-बूझ, चिन्तन तथा मनन की प्रक्रिया पर अधिक बल दिया जाएगा। स्कूली पाठ्यक्रम में व्यक्तित्व के सर्वांगीण विकास, मूल्य शिक्षा, स्वास्थ्य एवं शारीरिक शिक्षा, कला शिक्षा तथा कार्य शिक्षा को अधिक महत्त्व दिया जाएगा। विभिन्न विषयों के बीच अन्त:सम्बन्ध स्थापित किया जाएगा। इसीलिए कक्षा I से X तक एक सामान्य अध्ययन योजना की सिफारिश की गई।

शिक्षा के विभिन्न स्तरों पर मूल तत्त्व तथा मूल्य पाठ्यक्रम का प्रमुख भाग होंगे तथा उन्हें उपयुक्तता से विभिन्न विषय क्षेत्रों में एकीकृत किया जाएगा। पाठ्य-सामग्री के चयन तथा अधिगम अनुभवों के संगठन में लोचशीलता का प्रावधान रखा गया।

प्राथमिक बाल्यकाल शिक्षा-प्राथमिक शिक्षा के लिए तैयारी (2 वर्ष) Early Childhood Education–Preparation for Primary Education (2 years)

शिक्षा का यह स्तर बालकों को स्कूल के लिए तैयार करने में सहायता करता है और प्रारंभिक बाल सुरक्षा एवं शिक्षा (ECCE) का एक महत्त्वपूर्ण भाग होता है। यह 'आंगनबाड़ी' के रूप में एकीकृत बाल विकास योजना (Integrated Child Development Scheme–CDS) के अन्तर्गत पूर्व-स्कूली शिक्षा के रूप में उपलब्ध होती है। यह कुछ अन्य रूपों जैसे–तैयारी स्कूल (Preparatary Schools), नर्सरी व किंडर गार्टन स्कूल आदि में भी उपलब्ध होती है जिन्हें सरकार तथा निजी संस्थाओं द्वारा संचालित किया जाता है।

इस स्तर पर किसी प्रकार का औपचारिक शिक्षण व परीक्षण नहीं किया जाता। इसमें भाषा के मौखिक रूप का अधिक-से-अधिक प्रयोग किया जाता है तथा अन्त:क्रिया के रूप में विद्यार्थी केवल सुनते हैं। बच्चों को पहचानने, तुलना करने, मिलान करने, नाम देने, इन्द्रियानुभव करना, ड्राइंग करने तथा बिना किसी औपचारिक शिक्षण के गिनती करने सम्बंधी कौशलों का विकास करने के पर्याप्त अवसर प्रदान किए जाते हैं। बालक आपस में अन्त:क्रिया करते हुए मिलजुल कर काम करना सीखते हैं। बालकों को कुछ पक्षियों, जानवरों, पौधों, यातायात के साधनों तथा कुछ आकाशीय पिंड जैसे सूर्य, चन्द्रमा व सितारे आदि के बारे में जानने के लिए प्रोत्साहित किया जाना चाहिए,परन्तु वह भी खेल विधि के द्वारा।

ऐलिमेंटरी शिक्षा (8 वर्ष) (Elementary Education—8 years)

I. प्राथमिक स्तर (5 वर्ष) (Primary Stage—5 years)

प्राथमिक शिक्षा को दो भागों में बाँटा जाता है लेकिन यह निरन्तरता से चलता है। पहले भाग में दो कक्षाएँ-कक्षा I व II जहाँ बालकों को केवल औपचारिक शिक्षा की भूमिका प्रदान की जाती है क्योंकि यह स्तर अनौपचारिक व निरौपचारिक वातावरण से औपचारिक वातावरण में हस्तांतरण से संबंधित होता है। द्वितीय भाग में कक्षा III–V सम्मिलित होती है जहाँ बच्चों को वातावरण को समझने के लिए तैयार किया जाता है तथा वे क्रमबद्ध रूप से सीखते हैं। इन दोनों स्तरों पर अध्ययन योजना निम्न प्रकार की होती है :

(क) कक्षा I व II

(*i*) एक भाषा–मातृभाषा। क्षेत्रीय भाषा
(*ii*) गणित
(*iii*) स्वास्थ्यपूर्ण तथा उत्पादक जीवन की कला।

(ख) कक्षा III से V

(*i*) एक भाषा–मातृभाषा। क्षेत्रीय भाषा
(*ii*) गणित
(*iii*) पर्यावरण अध्ययन
(*iv*) स्वास्थ्यपूर्ण तथा उत्पादक जीवन की कला।

II. उच्च प्राथमिक शिक्षा (3 वर्ष)
(Upper Primary Education—3 years)

(*i*) तीन भाषाएँ–मातृभाषा/क्षेत्रीय भाषा, आधुनिक भारतीय भाषा, अंग्रेजी।
(*ii*) गणित
(*iii*) विज्ञान एवं तकनीकी
(*iv*) सामाजिक विज्ञान
(*v*) कार्य शिक्षा

(*vi*) कला शिक्षा

(*vii*) स्वास्थ्य एवं शारीरिक शिक्षा (खेल, योग, एन.सी.सी., स्काउटिंग व गाइडिंग सहित)

इस प्रकार प्राथमिक स्तर पर बच्चे की व्यस्तता अपने चारों ओर की दुनिया की नई-नई चीजें खोजने में, आनंद उठाने और उनके साथ सामंजस्य करने में होनी चाहिए। इस अवस्था में उद्देश्य होना चाहिए—बच्चे में चारों ओर की दुनिया के प्रति उत्सुकता जगाना; उसे ऐसी गतिविधियों में व्यस्त रखना जिससे वह सूक्ष्म अवलोकन, वर्गीकरण व हस्तक्षेप इत्यादि से मूल ज्ञानात्मक कौशल प्राप्त कर सके; योजना व निर्माण, अनुमान व माप पर जोर देना चाहिए ताकि बाद की अवस्थाओं में वह तकनीकी एवं परिमाणक कौशल प्राप्त कर सके; और मूल भाषिक दक्षता विकसित करना; बोलना, पढ़ना और लिखना; विज्ञान के लिए नहीं अपितु विज्ञान के माध्यम से भी ज्ञान प्राप्त कर सके। विज्ञान व सामाजिक विज्ञान को 'पर्यावरण अध्ययन' में समाहित करना चाहिए जिसमें स्वास्थ्य एक महत्त्वपूर्ण अंग हो। प्राथमिक स्तर पर नियमित रूप से कोई परीक्षा नहीं होनी चाहिए, न ही अंक अथवा श्रेणी मिलनी चाहिए और न ही किसी को फेल करना चाहिए।

उच्च प्राथमिक स्तर पर बच्चे के प्रमुख कार्य होने चाहिए–परिचित अनुभवों द्वारा विज्ञान के सिद्धांत सीखना, हाथों से सरल तकनीकी इकाईयाँ या प्रतिरूप बनाना और पर्यावरण व स्वास्थ्य जिसके अन्तर्गत प्रजनन एवं यौन स्वास्थ्य भी आता है, के बारे में और अधिक जानकारी प्राप्त करना। वैज्ञानिक अवधारणाओं को मुख्यत: गतिविधियों व प्रयोगों द्वारा ही समझाना चाहिए। सामूहिक कार्यकलाप, दोस्तों व अध्यापकों के साथ विचार-विमर्श, सर्वेक्षण, आंकड़ों का नियोजन और स्कूल तथा आस-पड़ोस के क्षेत्र में प्रदर्शनियों द्वारा इसका प्रदर्शन शिक्षण-प्रणाली के महत्त्वपूर्ण अंग होने चाहिए। निरंतर व नियमित टेस्ट होने चाहिए (यूनिट टेस्ट व सत्र अंत की परीक्षा)। प्रत्यक्ष 'ग्रेड्स' की व्यवस्था का पालन करना चाहिए। फेल नहीं करना चाहिए। प्रत्येक बच्चा जो स्कूल में 8 वर्ष व्यतीत करता है उसे नवीं कक्षा में प्रवेश पाने में समर्थ होना चाहिए।

अत: प्राथमिक स्तर पर, प्राकृतिक व सामाजिक पर्यावरण को गणित व भाषा का अंतरंग पाठ बनाया जाए। बच्चों को इस प्रकार की गतिविधियों में लगाया जाना चाहिए कि उनको रेखाकनों के माध्यम से भौतिक, जैविक, सामाजिक और सांस्कृतिक वातावरण की समझ हो सके। भाषा इस प्रकार की हो जिसमें लिंग के प्रति संवेदनशीलता हो। शिक्षण की विधि सहभागिता व विचार-विमर्श पर आधारित हो। कक्षा 3 से 5 के लिए पर्यावरण अध्ययन के विषय की शिक्षा दी जानी चाहिए। प्राकृतिक वातावरण के अध्ययन में, उसके संरक्षण और क्षरण से बचाने की आवश्यकता पर जोर होना चाहिए। ग्रामीण एवं शहरी क्षेत्रों में बच्चे गरीबी, बालश्रम, अशिक्षा, जाति और वर्ग असमानता के प्रति संवेदनशील हो सकें। विषय-वस्तु में बच्चों के दैनिक अनुभवों तथा उनके जीवन संसार को जगह दी जानी चाहिए।

उच्च प्राथमिक स्तर पर, सामाजिक विज्ञान में इतिहास, भूगोल, राजनीति विज्ञान के प्रत्ययों का समावेश होगा। इतिहास के पाठ में भारत के अलग–अलग हिस्सों में विकास के बारे में बताया जाएगा, जिसमें विश्व के अन्य भागों में हो रहे विकास के भी खंड होंगे। भूगोल में पर्यावरण, संसाधन तथा स्थानीय से वैश्विक स्तर पर विभिन्न स्तरों के विकास के बीच संतुलन करने का प्रयास किया जा सकता है। राजनीतिक विज्ञान में विद्यार्थियों का परिचय स्थानीय, राज्य और केन्द्रीय स्तर पर सरकार के गठन और उनके कार्यों तथा सहभागिता की प्रजातांत्रिक प्रक्रियाओं से कराया जाएगा। इस खंड में विषयों के अंत: अनुशासनिक पाठ पर बल होगा।

राष्ट्रीय पाठ्यचर्या की रूपरेखा, 2000 का पुनरावलोकन विशेष रूप से बच्चे पर पाठ्यचर्या के बढ़ते बोझ की समस्या को सम्बोधित करने के उद्देश्य से आरम्भ किया गया था। 2005 में इस रूपरेखा का नया दस्तावेज तैयार किया गया जो नवाचार एवं स्थानीय परिवेश पर आधारित कार्यक्रम विकसित करने तथा उन्हें लागू करने में सहायता देगा। समकालीन सामाजिक यथार्थ में पाठ्यचर्या के नवीनीकरण की प्रक्रिया में आने वाली चुनौतियों को संदर्भ में रखकर यह दस्तावेज उन विशेष समस्याओं की ओर ध्यान आकर्षित करता है जिनके लिए कल्पनाशील प्रतिक्रियाओं की आवश्यकता है।

अध्याय 6

दृष्टि, श्रवण, अस्थि बाधित बालक, शैक्षिक रूप से मन्द बुद्धि बच्चों की आवश्यकताओं के सन्दर्भ में पाठ्यक्रम समायोजन एवं निर्माण (Curriculum Adjustment and Adoption to Special Needs with Reference to Visual, Hearing, Orthopaedically Impaired & Educable Mentally Retarded Children)

"विशिष्ट पद किसी गुण या उन गुणों से युक्त व्यक्ति पर लागू होता है जिसके कारण वह व्यक्ति साथियों का ध्यान अपनी ओर विशिष्ट रूप से आकृष्ट करता है तथा इससे उसके व्यवहार की अनुक्रियाएँ भी प्रभावित होती हैं।"

—क्रो एवं क्रो

भारत एक प्रजातांत्रिक देश है। प्रजातंत्र देश की विचार धारा के अनुसार सभी बालकों को शिक्षा प्राप्त करने के समान अधिकार हैं चाहे वह प्रतिभाशाली हों अथवा बाधित हों। किसी भी रूप में जैसे शारीरिक बाधित, मानसिक मन्दित, दृष्टि बाधित, श्रवण बाधित, शारीरिक अंग के अस्थि दोषों से बाधित हो, सभी को शिक्षा प्राप्त करने का समान अधिकार है। सभी प्रकार के बालकों को स्कूल शिक्षा प्राप्त करने व विकास का पूर्ण अधिकार है।

यह एक सर्वमान्य तथ्य है कि सभी व्यक्ति शारीरिक, मानसिक, सामाजिक एवं शैक्षिक रूप में किसी-न-किसी सीमा तक एक-दूसरे से भिन्न होते हैं। कभी-कभी यह भिन्नताएँ इस सीमा तक पाई जाती हैं कि इन बालकों को विशिष्ट वर्गों में रखकर शिक्षा देना आवश्यक हो जाता है। सरकार, समाज तथा शिक्षा संस्थाओं का यह कर्त्तव्य होना चाहिए कि वे इन बालकों को पहचान कर उनकी आवश्यकताओं के अनुकूल शिक्षा एवं निर्देशन प्रदान करें।

विशिष्ट बच्चों में प्रतिभाशाली बच्चे, मानसिक या शारीरिक रूप से विकलांग बच्चे, अपराधी तथा समस्यात्मक बच्चे आते हैं। यहाँ हम केवल दृष्टिदोष, श्रवणदोष, अंग दोष और शिक्षा पाने योग्य मन्द बुद्धि बालकों के बारे में चर्चा करेंगे।

बच्चों की शारीरिक क्षमता, स्वास्थ्य एवं मानसिक क्षमता का उनकी शैक्षिक उपलब्धि पर काफी प्रभाव पड़ता है। लेकिन शारीरिक विकलांगता कोई अभिशाप नहीं है। यह किसी भी कारण जैसे आनुवांशिकी, माता-पिता की अज्ञानता, दुर्घटनाओं तथा कभी-कभी प्राकृतिक आपदाओं के कारण हो सकती है। विकलांग व्यक्ति में भी कुछ योग्यताएँ एवं विशेषताएँ होती हैं जिन्हें शिक्षण एवं प्रशिक्षण द्वारा विकसित कर उन्हें समाज का उपयोगी एवं कुशल नागरिक बनाया जा सकता है। कुछ समय पूर्व शारीरिक रूप से बाधितों के बारे में ऐसा कहा जाता था कि अपंग स्वयं कुछ भी करने में असमर्थ हैं। ये ऐसे जीव हैं जो कृपा के पात्र हैं तथा इनकी जिन्दगी भर देखभाल करनी होगी।

"The disabled are useless, inseparable of doing anything of their own, a species to be pitied and looked after as long as they are alive."

विकलांग बच्चे सामान्य स्कूल में सामान्य कक्षाओं में लाभ नहीं उठा पाते। इन्हें विशेष शिक्षण-विधियों, पाठ्यक्रमों एवं शिक्षकों की आवश्यकता होती है। विशिष्ट शिक्षा ही ऐसे बच्चों में आत्मविश्वास जागृत कर आत्मनिर्भर बनने में मदद करती है। बाधित बच्चों को विशिष्ट शिक्षा का कार्यक्रम तैयार करने से पहले इन बच्चों की पहचान करना बहुत जरूरी है। पहचान करने के बाद यह जानना जरूरी है कि बच्चों में विकलांगता का स्तर कितना है। यदि बच्चा कम विकलांग है तो उसे सामान्य बच्चों के साथ सामान्य कक्षा में थोड़ा परिवर्तन कर शिक्षा दी जा सकती है। यदि बच्चे में विकलांगता बहुत ज्यादा है तो उसे या तो अलग कक्षा में या अलग स्कूल में शिक्षा प्रदान की जाती है।

I. दृष्टि दोष बालक
(Visually Impaired Child)

ईश्वर ने मानव को पाँच इन्द्रियों से विभूषित किया है। यदि उसकी कोई एक इन्द्री भी सही ढंग से कार्य न करे तो उसका प्रभाव बालक के मानसिक, शारीरिक, शैक्षिक, संवेगात्मक तथा व्यावसायिक विकास पर पड़ता है। विश्व के बारे में ज्ञान मनुष्य इन्द्रियों द्वारा ही प्राप्त करता है। आँख मानव की अमूल्य निधि है। अधिकतर सूचनाएँ आँखों द्वारा ही मस्तिष्क तक पहुँचती हैं। अन्य इन्द्रियों की अपेक्षा चक्षु इन्द्रियों द्वारा देखी गई वस्तु को हम अधिक समय तक याद रख सकते हैं। चक्षु विकलांग बालकों को दो मुख्य वर्गों में रखा जाता है।

(*i*) नेत्रहीन बालक

(*ii*) आंशिक दृष्टि बालक

नेत्रहीन बालक वे बालक हैं जो सामान्य विद्यालयों में सामान्य बालकों के साथ दृश्य सामग्री की सहायता से शिक्षा ग्रहण नहीं कर सकते। इन्हें शिक्षा देने के लिए अलग विद्यालयों की आवश्यकता होती है। इन्हें शिक्षा देने के लिए ब्रैले प्रणाली, श्रव्य सामँग्री व अन्य सामग्री

का प्रयोग करना पड़ता है। आंशिक दृष्टि दोष बालक वह है जिसमें कुछ दृष्टि होती है और उन्हें दृश्य सामग्री व लिखित सामग्री की सहायता से शिक्षा दी जा सकती है।

नेत्रहीन बालकों की पहचान आसानी से कर सकते हैं लेकिन आंशिक दृष्टि दोष बालकों की पहचान करना मुश्किल है। इन बच्चों के व्यवहार में हमें कुछ ऐसी बातें देखने को मिलती हैं जिसके आधार पर इन बच्चों की पहचान की जा सकती है–

(*i*) आँखों को जल्दी-जल्दी रगड़ता है।
(*ii*) आँखों को जल्दी-जल्दी झपकाता है।
(*iii*) किताब को अपनी आँखों के बहुत निकट रखता है।
(*iv*) श्यामपट्ट से नोट्स उतारते समय दूसरे बच्चों की सहायता लेता है।
(*v*) आँखें हर समय गीली रहती हैं।
(*vi*) अक्सर सिर दर्द की शिकायत करते हैं।
(*vii*) आँखों में दर्द व जलन का अहसास होना।
(*viii*) एक आँख को बन्द रखता है और सिर को आगे झुकाकर रखता है।

इन बालकों की पहचान करने के बाद हम इनके लिए सही शिक्षा का प्रबन्ध कर सकते हैं।

नेत्रहीन बालकों को समाज का उपयोगी सदस्य बनाने के लिए उचित शिक्षण एवं प्रशिक्षण प्रदान करना चाहिए। इन बालकों की शिक्षा का मुख्य उद्देश्य यह होना चाहिए कि वे समाज में समायोजन स्थापित कर सकें। इसके लिए विशिष्ट रूप से प्रशिक्षित शिक्षकों की आवश्यकता है। इनके पाठ्यक्रम के निम्नलिखित क्षेत्र होने चाहिए :

1. ब्रेल लिपि प्रणाली (Braille System) – चक्षुहीनों को शिक्षा देने के लिए ब्रेल-लिपि का प्रयोग किया जाता है। यह विधि पढ़ने और लिखने के लिए प्रयोग की जाती है। कागज पर उभरे हुए बिन्दु बने होते हैं। हर अक्षर में बिन्दुओं की संख्या 1 से 6 तक होती है। बच्चा इन बिन्दुओं पर बाएं से दाएं अंगली घुमाकर पढ़ने की कोशिश करता है। यह कार्य विशेष शिक्षा संस्थानों द्वारा किया जाता है।

2. विभिन्न शिक्षण सामग्री का प्रयोग (Use of Different Teaching Equipments) – विशेष प्रकार के उपकरणों की सहायता से चक्षु-विकलांगों को लिखना-पढ़ना, सामान्य गणित, भूगोल और अन्य स्कूली विषयों की शिक्षा दी जा सकती है। बोलने वाली किताबें (Talking Books) यानी टेप पर किताबें (Books on tape) का प्रयोग करना चाहिए। कुछ अन्य उपकरण जैसे ऑप्टाकोन (Optacon), कुर्जवेल अध्ययन मशीन (Kurzweil Reading Machine) लघु ब्रेल रिकार्डर (Portable Braille Recorder) का प्रयोग करना चाहिए।

ऑप्टाकोन की सहायता से चक्षुहीन समाचारपत्र, पत्रिकाओं आदि का अध्ययन कर सकते हैं। इसमें एक कैमरा होता है जो प्रतिबिम्बों को अक्षरों में रूपान्तरित करता है और

उन्हें अंगुलियों के स्पर्श से अध्ययन किया जा सकता है। कुर्जवेल अध्ययन मशीन कप्यूटर की तरह होती है जो छपे अंश को ध्वनि के रूप में रूपान्तरित करती है। लघु-ब्रेल रिकार्डर में श्रवण कैसेट का अनुप्रयोग किया जाता है। रेडियो द्वारा समाचार सुनाने चाहिए ताकि सामान्य बच्चों की तरह उन्हें भी देश-विदेश का ज्ञान हो।

3. सामाजिक कौशलों का विकास (Development of Social Skills) – इनमें सामाजिक कौशलों का अभाव होता है। सामाजिक कौशलों का विकास करने के लिए तथा आत्म-विश्वास जाग्रत करने के लिए विभिन्न पाठ्य-सहगामी क्रियाओं जैसे खेलकूद, व्यायाम, ड्रिल, योगासन, संगीत आदि का आयोजन करना चाहिए।

4. चलने-फिरने का प्रशिक्षण देना (Mobility Training) – इन्हें गतिशील प्रशिक्षण देकर स्वतन्त्र रूप से सड़कों और अन्य स्थानों पर चलने-फिरने योग्य बनाना चाहिए। इनके लिए विशेष तरह की छड़ियों जैसे लेसर केन (Laser Cane) एवं टोपी जैसे सोनिक गाइड (Sonic-guide) तैयार की गई है जिनकी सहायता से नेत्रहीन बालक स्वतन्त्र रूप से सड़क पर घूम सकते हैं। यह छड़ी एवं टोपी यह बताने में मदद करती हैं कि आगे कोई वस्तु, सीढ़ियाँ, गड्ढा व नुकीली चीज तो नहीं है। नेत्रहीन बालकों को छड़ी एवं टोपी के प्रयोग का प्रशिक्षण देना चाहिए।

5. व्यावसायिक प्रशिक्षण (Vocational Training) – नेत्रहीन व्यक्ति आर्थिक व व्यावसायिक रूप से सम्पन्न नहीं हो सकता। इन्हें विभिन्न व्यवसायों में प्रशिक्षण देना चाहिए। राष्ट्रीय दृष्टिहीन विकलांग संस्थान, देहरादून (National Institute of Visually Handicapped, 1971, Dehradun) नेत्रहीन बालकों के सर्वांगीण विकास के लिए कार्यरत हैं। इस संस्थान में टेलीफोन आपरेटर, बिजली की वाइण्डिंग, धातु कला, कुर्सी बुनना, बुक बाइण्डिग आदि में प्रशिक्षित करके व्यवसाय की सुविधा प्रदान की जाती है।

नेत्रहीनों की शिक्षा से सम्बन्धित क्षेत्र में शोध एवं शिक्षकों के प्रशिक्षण के लिए भी यह संस्था कार्य कर रही है। यह संस्था नेत्रहीनों को व्यावसायिक प्रशिक्षण प्रदान कर रोजगार प्रदान करती है तथा स्वतंत्र रूप से घूमने का प्रशिक्षण भी प्रदान करती है। इस संस्थान में चार इकाईयाँ हैं–

(*i*) प्रशिक्षण विभाग (Training Department)
(*ii*) ब्रेल विभाग (Braille Department)
(*iii*) गतिशीलता विभाग (Mobility Department)
(*iv*) रोजगार विभाग (Employment Department)

आंशिक दृष्टि दोष बालकों की शिक्षा
(Education of Partially Sighted Children)

आंशिक दृष्टि दोष बालकों की शिक्षा की व्यवस्था सामान्य स्कूलों में की जा सकती है। एक शिक्षक सामान्य स्कूलों में ही इस प्रकार के बालकों को विशेष सुविधा देकर पढ़ने-

लिखने में सहायता कर सकता है। कम देखने वाले और सामान्य बालकों का पाठ्यक्रम एक जैसा होना चाहिए। अध्यापक को इस बात का ध्यान रखना चाहिए कि इन बच्चों को कोई ऐसा कार्य न दे जिससे आँखों पर अधिक जोर पड़े। इनकी कक्षाओं में विशेष उपकरण व सामग्री होनी चाहिए। जिससे इनकी शिक्षण अधिगम प्रक्रिया को आसान बनाया जा सके।

(*i*) इन बच्चों के लिए किताबें 18 या 24 अंक के टंकन में होती हैं जबकि सामान्य बालक के लिए किताब 10 यो 12 अंक के टंकन में होती हैं। प्रिन्ट साफ होना चाहिए। मानचित्र, बड़े ग्राफ व उभरे तल के ग्लोब आदि प्रयोग में लाने चाहिए। क्रीम रंग का खुरदुरा कागज एवं नर्म और मोटे सिक्के की पेंसिल का प्रयोग करना चाहिए।

(*ii*) प्रोजेक्टर (Projector), जिसके द्वारा चार्ट, नक्शे तथा पठन-सामग्री को बड़ा करके दिखाया जा सके, की आवश्यकता होती है। ये बच्चे सुनकर जल्दी सीखते हैं। इसलिए इनके लिए कैसेट सुनाने एवं रेडियो पर विभिन्न कार्यक्रमों को आयोजित करने का प्रबन्ध करना चाहिए।

(*iii*) फर्नीचर ऐसा होना चाहिए जिसको बच्चे किसी भी ऊँचाई व दिशा में समायोजित कर सकें। क्योंकि विभिन्न कार्यों को करने के लिए भिन्न-भिन्न स्थिति की आवश्यकता होती है। डेस्क खिड़की से 30° के कोण पर रखने चाहिए ताकि प्रकाश सीधा उनके डेस्क पर पड़े।

(*iv*) आंशिक दृष्टि दोष बालकों में उत्पन्न हीन भावना को दूर करने के लिए विभिन्न पाठ्यसहगामी क्रियाओं जैसे—खेलकूद, व्यायाम, ड्रिल, योगासन, संगीत आदि का आयोजन करना चाहिए।

(*v*) शिक्षक ऐसे बालकों को कक्षा में पहली पंक्ति में बिठाए जिससे वे श्यामपट्ट पर लिखे हुए शब्दों को आसानी से पढ़ सकेंगे। श्यामपट्ट पर साफ-साफ और बड़े अक्षरों में लिखना चाहिए। लिखते समय यदि अध्यापक ऊँचे और स्पष्ट शब्दों में बोले तो शिक्षण अधिक प्रभावशाली और सार्थक बन जाता है।

(*vi*) इन बालकों को शैक्षिक निर्देशन के साथ-साथ व्यावसायिक निर्देशन भी देना चाहिए। एक सफल निर्देशन के लिए माता-पिता, अध्यापक, मनोवैज्ञानिक, मनोचिकित्सक एवं निर्देशक का सहयोग अनिवार्य है।

(*vii*) ऐसे बालकों का कमरा पूर्णरूप से रोशनीयुक्त होना चाहिए। दीवारे हल्की रंग की होनी चाहिए।

(*viii*) हरे रंग के बोर्ड का प्रयोग करना चाहिए क्योंकि इसमें परावर्तन अधिक होता है।

अंत में हम यह कह सकते हैं कि चक्षु विकलांग बालकों को शिक्षा देने के लिए शिक्षण-विधि, शिक्षण-सामग्री और उपकरण में परिवर्तन करने की आवश्यकता है जिससे वे अपनी सुनने, सूंघने, स्पर्श, स्वाद आदि ज्ञानेन्द्रियों का प्रयोग शिक्षण के लिए कर सकें।

II. श्रवण विकलांग बालक
(Hearing Impaired Child)

कान मौखिक संदेश वाहकता और भाषा विकास का मुख्य ज्ञानेन्द्रीय मार्ग है। सुनना अधिगम तथा मानसिक परिपक्वता के विभिन्न पक्षों को प्रभावित करता है। बालक अपने आस-पास के वातावरण का ज्ञान श्रवण शक्ति द्वारा ही प्राप्त करता है। कान में दोष होने पर बालक की शाब्दिक अभिव्यक्ति का विकास ठीक प्रकार से नहीं हो पाता।

श्रवण बाधित बालक वे बालक हैं जिनकी सुनने की क्षमता नष्ट हो जाती है तथा बोलने में भी परेशानी होती है। ऐसे बालकों को किसी अन्य बालकों की भाषा सुनने तथा समझने में परेशानी होती है। सभी बालकों की श्रवण-बाधिता समान नहीं होती। जो बालक सुनने की क्षमता पूर्ण रूप से खो देते हैं वे अन्य बालकों की अपेक्षा गम्भीर रूप से कठिनाइयों का सामना करते हैं। इस तरह श्रवण-बाधित बालक या तो बहुत कम सुन पाते हैं या पूर्ण रूप से बहरे होते हैं।

कम सुनने वाले बालक वे हैं जिनमें श्रवण-क्षमता की क्षति कुछ सीमा तक होती है। ऐसे बालक बोली गई आवाज को श्रवण यंत्र की सहायता से अच्छी प्रकार सुन सकते हैं। इन्हें सामान्य स्कूलों में सामान्य बालकों के साथ शिक्षा देने में कठिनाई नहीं आती। पूर्ण श्रवण-बाधित वे बालक हैं जो बोली गई आवाज को सुनने में असमर्थ होते हैं। इन बच्चों को शिक्षा देने के लिए विशेष उपकरण, शिक्षण-विधियों, अध्यापकों व स्कूलों की आवश्यकता होती है। ध्वनि को मापने की इकाई डैसीबल है।

इन बच्चों को सही शिक्षा देने के लिए इनकी पहचान बहुत जरूरी है। श्रवण क्षति युक्त बालकों की पहचान श्रवण यन्त्रों, विकासात्मक मापनी तथा अन्य तकनीकों से करनी चाहिए। ऐसे बच्चों की पहचान करने के लिए समय-समय पर डॉक्टरी परीक्षण करवाना चाहिए। इन बच्चों के व्यवहार में कुछ ऐसे लक्षण दिखाई देते हैं जिनके आधार पर इन बालकों की पहचान आसानी से की जा सकती है–

1. इनकी दृष्टि बोलने वाले के होठों की तरफ अधिक रहती है।
2. सिर को एक तरफ मुड़कर बात सुनने का प्रयत्न करता है।
3. शिक्षक से पाठ्यवस्तु को दोहराने को कहते हैं।
4. वाद-विवाद में भाग लेने में संकोच करते हैं।
5. अनुदेशनों का अनुसरण करने में असमर्थ रहते हैं।
6. कान दर्द की शिकायत करना।
7. रेडियो व टेपरिकार्डर को सामान्य से ऊँची आवाज में सुनना।
8. सीमित शब्दावली का प्रयोग।
9. भाषा का सही विकास न होना।
10. चिड़चिड़ा तथा अधीर होना।

श्रवण विकलांग बालकों की शिक्षा
(Education of Hearing Impaired Children)

इन बालकों को शिक्षित करने के लिए विशेष संप्रेषण तकनीकों को अपनाना आवश्यक होता है। कुछ तकनीकें इस प्रकार हैं–

1. ओष्ठ पठन (Lip Reading) – ओष्ठ पठन में बालकों को ओष्ठ के हिलने और गति के आधार पर वर्णों और शब्दों को पढ़ने की शिक्षा दी जाती है। इसके लिए उन्हें कठिन परिश्रम करना पड़ता है। क्योंकि सभी शब्दों को ओष्ठ गति द्वारा आसानी से नहीं पढ़ा जा सकता।

2. चिह्न भाषा (Sign Language) – श्रवण बाधित बालकों में सम्प्रेषण कौशल का विकास करने के लिए चिह्न भाषा का प्रयोग किया जाता है। कई तरह की चिह्न भाषा जैसे चिह्नित अंग्रेजी, अमेरिकन चिह्नित भाषा, अंगुली वर्णमाला आदि का प्रयोग किया जाता है। अंगुलियों और हाथों के प्रयोग द्वारा उन्हें वर्ण और गिनती सिखाई जाती है।

3. श्रवण यन्त्रों का प्रयोग (Use of Hearing Aids) – श्रवण यन्त्रों का प्रयोग केवल उन्हीं बच्चों के लिए उपयोगी है जो सामान्य से थोड़ा ऊँचा सुनते हैं। बधिर बालकों के लिए इनका कोई लाभ नहीं है। श्रवण यन्त्रों की क्षमता अलग-अलग होती है। यह बालक की श्रवण शक्ति पर निर्भर करता है कि उसे किस क्षमता वाला श्रवण यन्त्र प्रदान करना है।

4. शिक्षण तकनीकी का प्रयोग (Use of Teaching Techniques) – विषय-वस्तु को दृश्य सामग्री की सहायता से पढ़ाना चाहिए। जैसे चार्ट, मॉडल, आकृति, चित्र, फिल्म, वीडियो टेप आदि। पढ़ाते हुए बीच-बीच में प्रश्न पूछना चाहिए ताकि यह पता लग सके कि बालक पढ़ाई गयी बात को कितना समझ रहा है। ओवर-हैड प्रोजेक्टर (Overhead Projector) का प्रयोग करना चाहिए। इन्हें शैक्षिक भ्रमण पर ले जाकर ऐतिहासिक स्थान, प्रसिद्ध स्थान, अजायबघर तथा अन्य सूचनाप्रद स्थान दिखाने चाहिए। इनकी अधिगम कमियों की तरफ खास ध्यान रखना चाहिए कि वे शब्दों को ठीक ढंग से बोलते और लिखते हैं या नहीं। इनकी कमियों को साथ-साथ ठीक करना चाहिए। इनके शिक्षण के लिए कम्प्यूटर सह-अनुदेशन तकनीक का प्रयोग करना चाहिए।

5. शैक्षिक एवं व्यावसायिक निर्देशन (Educational & Vocational Guidance) – श्रवण-बाधित बालकों की अभिरुचि क्षमताओं एवं योग्यताओं को ध्यान में रखकर उन्हें शैक्षिक निर्देशन देना चाहिए। इन्हें कम शाब्दिक संप्रेषण वाले व्यवसायों का प्रशिक्षण देना चाहिए जैसे प्रिंटिंग, लकड़ी का कार्य, बिजली सम्बन्धी कार्य, कलात्मक कार्य, हिसाब-किताब का कार्य आदि। इस प्रकार इन बच्चों को शिक्षित करके एवं व्यावसायिक प्रशिक्षण देकर आत्मनिर्भर बनाया जा सकता है। इससे इनके संतुलित व्यक्तित्व का विकास होगा।

6. भाषीय विकास (Language Development) – श्रवण-बाधित बालकों में भाषा कौशल का विकास करना चाहिए। संप्रेषण कौशल एवं भाषा की गतिवृद्धि के लिए

नियमित रूप से अभ्यास कराना चाहिए। प्रशिक्षण हेतु चित्र कार्ड, अभ्यास पुस्तिका, किट्स आदि का प्रयोग करना चाहिए।

अभिव्यक्ति तथा लिखित बोधगम्यता के लिए सरल वाक्यों को लिखने का अभ्यास कराना चाहिए। क्या, कब, कहाँ तथा कैसे प्रश्नों का अभ्यास कराना चाहिए। सीखने के लिए अभिप्रेरित करने के लिए पुनर्बलन विधि का प्रयोग करना चाहिए।

भारत सरकार द्वारा श्रवण-बाधित बालकों की शिक्षा के क्षेत्र में शोध, प्रशिक्षण, मार्गदर्शन एवं अन्य सुविधाएँ प्रदान करने के लिए राष्ट्रीय स्तर पर राष्ट्रीय श्रवणहीन विकलांग संस्थान, मुम्बई, 1962 (National Institute of Hearing Handicapped, Mumbai, 1962) की स्थापना की।

शैक्षिक मानसिक मन्दित बालक
(Educable Mentally Retarded)

प्रत्येक समाज में लगभग 3% बालकों को मन्दिता की श्रेणी में रखा जाता है। मन्द बुद्धि बालकों की बुद्धि-लब्धि, साधारण बालकों की बुद्धि-लब्धि से कम होती है। इनमें मानसिक शक्तियों का विकास कम होता है। मानसिक मन्दिता से ग्रस्त व्यक्ति में प्रायः तीनों क्षेत्रों, अधिगम क्षमता, परिपक्वता एवं सामाजिक समायोजन में कमी पाई जाती है।

मानसिक मन्दित से तात्पर्य उस असामान्य साधारण बौद्धिक कार्यक्षमता से है जो व्यक्ति की विकासात्मक अवस्थाओं में प्रकट होती है तथा उसके अनुकूलित व्यवहार में ह्रास से सम्बन्धित होती है।

क्रो एवं क्रो के शब्दों में जिन बालकों की बुद्धि-लब्धि 70 से कम होती है उन्हें मानसिक मन्दित बालक कहते हैं। इन्हें हम तीन श्रेणियों में विभाजित करते हैं–

(*i*) देखभाल योग्य (Careable) – इस श्रेणी के बालकों को जड़ बुद्धि कहा जाता है। इनकी बुद्धि-लब्धि 0 से 25 तक होती है। इन्हें किसी भी प्रकार की शिक्षा एवं प्रशिक्षण नहीं दिया जा सकता।

(*ii*) प्रशिक्षण योग्य (Trainable) – इन बालकों को हीन बुद्धि की श्रेणी में लिया जाता है। इनकी बुद्धि-लब्धि 25 से 50 तक होती है।

(*iii*) शिक्षण योग्य (Educable) – ये बालक मूढ़ बुद्धि की श्रेणी में आते हैं इनकी बुद्धि-लब्धि 50 से 75 तक होती है।

मन्द बुद्धि बच्चों को शिक्षण एवं प्रशिक्षण देने से पहले इनकी पहचान करना अनिवार्य है। पहचानने के बाद तथा उनकी बुद्धि-लब्धि जानने के बाद ही हम पता लगा सकते हैं कि बच्चा किस श्रेणी में आता है। मन्द बुद्धि बालकों की पहचान निम्न बातों को ध्यान में रख कर की जा सकती है–

1. अध्यापक शैक्षिक निष्पत्ति के आधार पर इनकी पहचान कर सकता है।
2. प्रायः ऐसे बालक शारीरिक रूप से अयोग्य होते हैं।
3. संवेगात्मक रूप से अस्थिर होते हैं।

4. बुद्धि परीक्षणों द्वारा बुद्धि-लब्धि जानकर इनकी पहचान सही ढंग से की जा सकती है।
5. शैक्षिक एवं शारीरिक आलेख पत्र भी सहायक होते हैं।
6. सीखने की क्षमता बहुत कम होती है।
7. इनमें एकाग्रता, कल्पना शक्ति एवं सूक्ष्म चिन्तन का अभाव होता है।
8. इनमें व्यवहार कुशलता नहीं होती।
9. शैक्षिक दृष्टि से सामान्य बालकों से कम-से-कम दो या तीन वर्ष पिछड़े होते हैं।
10. ये बालक बौद्धिक अक्षमताओं के कारण उच्च कौशल के कार्यों को करने में असमर्थ होते हैं।

जब मानसिक रूप से मन्दित बालकों का पता चल जाता है तब उन्हें एक योग्य मनोवैज्ञानिक द्वारा परीक्षण दिया जाना चाहिए। इससे यह पता चल सकता है कि बालक शिक्षा देने योग्य है या नहीं।

शैक्षिक मन्दित बालकों के लिए शिक्षा की सुविधाएँ (Provisions of Education for Educable Mentally Retarded Children)

इन बच्चों का I.Q. 50/55 से 70/75 के बीच होता है। इनके मस्तिष्क की विकास दर सामान्य बच्चों की तुलना में 1/2 से 3/4 होती है, इनमें पढ़ने, लिखने तथा गिनती करने की योग्यता होती है। इनको शिक्षा देने से पहले कुछ उद्देश्य ध्यान में रखने चाहिए :

(*i*) बालकों में सामाजिक कौशल तथा व्यावसायिक कौशल का विकास करना।
(*ii*) पढ़ना, लिखना तथा सरल गणित का विकास करना।
(*iii*) परिवार तथा समाज में अपने उत्तरदायित्व का निर्वाह करने की योग्यता का विकास करना।
(*iv*) स्वास्थ्य कार्यक्रमों द्वारा स्वास्थ्य एवं आरोग्यता की आदतों का विकास करना।
(*v*) खाली समय में मनोरंजन एवं अन्य क्रिया-कलापों में व्यस्त रखने की समर्थता का विकास।
(*vi*) समुदाय का एक क्रियाशील सदस्य बनाना।

शिक्षण उद्देश्यों की प्राप्ति के लिए विशिष्ट शिक्षण-विधि, प्रविधि तथा पाठयक्रमों की व्यवस्था की जानी चाहिए।

1. **व्यक्तिगत शिक्षा (Individual Education)** – शैक्षिक मन्दित बालकों के लिए आवश्यक है कि उन्हें अपनी क्षमता के अनुसार सीखने का मौका दिया जाए। क्योंकि इनके सीखने की गति अलग-अलग होती है।

2. **पाठ्यक्रम (Curriculum)** – इन बच्चों का पाठ्यक्रम लचीला, सरल एवं रुचिपूर्ण होना चाहिए। पाठ्यक्रम व्यावहारिक होना चाहिए। उपयोगी एवं लाभदायक विषय पढ़ाने चाहिए जो उनकी समझ में आसानी से आ जाए। पाठ्य सहगामी क्रियाओं को उचित स्थान देना चाहिए।

3. **कालांश की अवधि (Duration of Period)** – मानसिक रूप से मन्दित बालकों में एकाग्र चिन्तन की शक्ति सीमित होती है। ये शीघ्र ही थकान अनुभव करने लगते हैं। इसलिए कालांश अवधि अपेक्षाकृत कम होनी चाहिए। पाठ्यवस्तु को भी छोटे-छोटे पदों में प्रस्तुत करना चाहिए।

4. **पुनरावृत्ति तथा अभ्यास (Repetition or Practice)** – मानसिक विकलांग बच्चों की स्मरण शक्ति सामान्य बच्चों से कम होती है। इन्हें अधिक अभ्यास तथा दोहराने की आवश्यकता होती है। पढ़ाते समय दोहराने पर अधिक ध्यान देना चाहिए। जब वे सीख रहे हों तब उन्हें अभिप्रेरणा देनी चाहिए तथा प्रोत्साहित करना चाहिए।

5. **हस्तकला शिक्षा (Craft Education)** – कला शिक्षा कम बुद्धि वाले बच्चों के लिए अधिक उपयोगी है। चित्रकारी, कलाकारी, बागवानी, चमड़े का कार्य, कृषि, बुनाई आदि कुछ ऐसी कलाएं हैं जो मानसिक रूप से पिछड़े बच्चों को सिखानी चाहिए, ताकि वे अपनी आजीविका कमाने योग्य हो जाएं। इस प्रकार इन बच्चों को किसी सीमा तक आत्मनिर्भर बनाकर समाज का उपयोगी सदस्य बनाया जा सकता है।

6. **कार्य करके सीखना (Learning by Doing)** – शिक्षा का आधारभूत सिद्धांत है कि बच्चे स्वयं कार्य करके सीखें क्योंकि जिस काम को बालक करता है उसे आसानी से सीख लेता है। इससे बालक को सीखने में कठिनाई का अनुभव भी नहीं होता।

7. **अधिगम तैयारी का सिद्धांत (Need for Learning Readiness)** – इस सिद्धांत के अनुसार जब बच्चा सीखने के लिए तैयार हो तभी वह सीख सकता है। इसके लिए बालक को मनोवैज्ञानिक ढंग से सीखने के लिए तैयार करना चाहिए।

8. **योजना विधि (Project Method)** – मानसिक रूप से मन्दबुद्धि बालकों के लिए योजना विधि का भी प्रयोग किया जा सकता है। जीवन से सम्बन्धित कुछ कार्यों को योजना के रूप में देना चाहिए ताकि वे समूह में रहकर उसे पूरा करें। इससे बच्चे में सामाजिक कौशलों का विकास होगा।

9. **विशेष विद्यालय (Special Schools)** – इन बच्चों को विशेष स्कूलों में पढ़ाना चाहिए क्योंकि विशेष स्कूलों में सभी बच्चे एक ही तरह के होते हैं। इसलिए वह आसानी से आपस में समायोजित कर लेते हैं।

10. **उपयुक्त स्कूल कार्य (Appropriate School Work)** – मन्द बुद्धि बच्चों को मानसिक स्तर के अनुसार सरल तथा आसान कार्य देना चाहिए। क्योंकि जब इन कार्यों को करने के बाद इन्हें सफलता मिलती है तो इनके अन्दर और अधिक कार्य करने की लगन उत्पन्न होती है।

इनके अतिरिक्त विद्यालय में परामर्श एवं निर्देशन की सुविधा होनी चाहिए ताकि उनकी समस्याओं को मनोवैज्ञानिक ढंग से हल किया जा सके। अध्यापक योग्य एवं प्रशिक्षित होने चाहिए। शिक्षक का व्यवहार मैत्रीपूर्ण एवं सहानुभूतिपूर्ण होना चाहिए ताकि बच्चों में भय, उत्सुकता तथा निराशा के भाव उत्पन्न न हों। माता-पिता का व्यवहार भी सकारात्मक होना चाहिए। इस तरह शिक्षा पाने योग्य मन्द बुद्धि बच्चों को शिक्षण एवं

व्यावसायिक प्रशिक्षण देकर समाज का उपयोगी सदस्य बनाया जा सकता है। मन्दित बालकों की शिक्षा हेतु विशिष्ट पाठ्यक्रम, विशिष्ट अध्ययन सामग्री, विशिष्ट अनुदेशन विधि एवं विशिष्ट संगठनात्मक व्यवस्था सर्वथा अपेक्षित है।

भारत सरकार द्वारा 1984 में हैदराबाद में राष्ट्रीय मानसिक विकलांग संस्थान (National Institute of Mentally Handicapped) की स्थापना की गई। यह संस्थान मानसिक रूप से कमजोर बच्चों की शिक्षा के क्षेत्र में शोध प्रशिक्षण, मार्गदर्शन एवं अन्य सेवाएं प्रदान करने के लिए राष्ट्रीय स्तर पर कार्य करती है।

III. अस्थि बाधित बालक (Orthopaedically Impaired Children)

मानव के लिए सबसे बड़ा सुख उसके शरीर का स्वस्थ होना है क्योंकि जीवन में सफलता प्राप्त करने के लिए शरीर का स्वस्थ होना अत्यन्त अनिवार्य है। स्वस्थ शरीर में ही स्वस्थ मस्तिष्क निवास करता है। मनुष्य अगर शारीरिक रूप से स्वस्थ नहीं होगा तब वह सामान्य रूप से कार्य नहीं कर सकता। अस्थि बाधित बालक शारीरिक रूप से विकलांग होते हैं। इन बच्चों की शारीरिक आवश्यकताओं की पूर्ति हेतु परिवर्धित एवं संशोधित विधियों को प्रयुक्त किया जाता है।

अस्थि बाधित बालक वे बालक होते हैं जिनकी हड्डियां, हड्डियों के जोड़ अथवा शरीर में विभिन्न मांसपेशियाँ सुचारु रूप से कार्य नहीं कर पातीं।

कुछ बच्चे जन्म से ही विरूपित होते हैं लेकिन कुछ बच्चों में यह समस्या जन्म के बाद किसी दुर्घटना या लम्बी बीमारी के कारण उत्पन्न हो जाती है। इनके बारे में K.G. Saiyadan ने कहा भी है "हमारे देश में लाखों बच्चे विरूपित हैं। इनकी ओर विशेष ध्यान देने की आवश्यकता है क्योंकि इनके शरीर के किसी-न-किसी भाग में कमी होने के कारण इनको चलने-फिरने या उठने-बैठने में कठिनाई होती है।"

अस्थि बाधित बच्चों को सही शिक्षा प्रदान करने के लिए तथा सही इलाज कराने के लिए इनकी पहचान करना अनिवार्य है। इनकी पहचान करने के लिए निम्नांकित व्यवहार अनुसूची प्रयोग में लाई जा सकती है–

(*i*) चलते-चलते गिर जाना।
(*ii*) शारीरिक अंगों पर समुचित नियन्त्रण न होना।
(*iii*) लडखड़ाकर चलना।
(*iv*) शारीरिक कार्य करते समय दर्द का अनुभव करना।
(*v*) जोड़ों में दर्द रहना।
(*vi*) चलने में कठिनाई अनुभव करना या अधिक नहीं चल सकना।
(*vii*) चलने, उठने तथा बैठने में कठिनाई का अनुभव करना।
(*viii*) नकली अंगों का प्रयोग करना।
(*ix*) वस्तुओं को उठाने तथा रखने में कठिनाई होना।

(*x*) अंगों का असामान्य होना।

उपर्युक्त लक्ष्णों के आधार पर इन बच्चों की पहचान आसानी से की जा सकती है।

अस्थि बाधित बालकों हेतु शैक्षिक प्रावधान (Educational Provisions for Orthopaedic Handicapped)

शिक्षा के क्षेत्र में इनकी उपलब्धि सामान्य बालकों से कम होती है। इसलिए इनको शिक्षित करने के लिए विशेष सुविधाएँ देना अनिवार्य है। ये प्रावधान एवं सुविधाएँ बालकों के अनुसार भिन्न-भिन्न होती हैं। कुछ विशेष प्रावधान निम्नलिखित हैं–

1. **विशिष्ट पाठ्यक्रम (Special Curriculum)** – विरुपित बच्चों का पाठ्यक्रम उनकी विकलांगता के अनुसार विशेष रूप से तैयार होना चाहिए। जैसे यदि किसी बच्चे का हाथ कटा हुआ है और जिस बच्चे के दोनों पैर कटे हुए हैं, उनके लिए समान शैक्षिक कार्यक्रम की रचना करना गलत होगा। प्राथमिक स्तर पर पाठ्यक्रम के साथ-साथ हस्त कार्य भी सिखाने चाहिए ताकि मांसपेशियों की कार्यक्षमता में सुधार लाया जा सके। माध्यमिक स्तर पर व्यावसायिक शिक्षा भी प्रदान करनी चाहिए। पाठ्यक्रम ऐसा होना चाहिए जो बालक को स्वावलम्बी एवं आत्मनिर्भर बनाए।

2. विशेष कक्षा (Special Classes) – कुछ अस्थि बाधित बालक सामान्य बच्चों के साथ बैठकर शिक्षा प्राप्त नहीं कर सकते। ऐसे बालकों के लिए सामान्य स्कूल में ही विशेष कक्षा का आयोजन करना चाहिए।

3. विशेष अध्यापक (Special Teachers) – अस्थि बाधित बालकों के लिए ऐसे अध्यापक नियुक्त करने चाहिए जो इनकी मनोस्थिति को समझते हुए ठोस अनुभवों के आधार पर न केवल इनको शिक्षित करें बल्कि इनके सामाजिक, संवेगात्मक एवं शारीरिक विकास की तरफ भी ध्यान दें। यदि इन बच्चों की संख्या कम है तो एक विशेष परिभ्रामी अध्यापक (Special Visiting Teacher) नियुक्त करना चाहिए जो समय-समय पर आस-पास के सभी विद्यालयों के विशिष्ट बालकों को शिक्षित कर सके।

4. **विशेष विद्यालय (Special Schools)** – कुछ अस्थि बाधित बालकों में विकलांगता अधिक होने के कारण उन्हें शिक्षा प्राप्त करने के लिए विशेष विद्यालयों की आवश्यकता होती है। इन स्कूलों में विरूपित बच्चों की आवश्यकता के अनुसार हर प्रकार की सुविधा होनी चाहिए।

1. शारीरिक उपचार कक्ष (Physiotherapy room) होना चाहिए ताकि शारीरिक उपचार जैसे मालिश करना, गर्म पानी से सेंक करना, विद्युत द्वारा उद्दीपन पैदा करना आदि द्वारा विरूपित बच्चों की मांसपेशियों की ताकत तथा शक्ति को वापिस लाया जा सके और उनके सारे शरीर में खून का संचार सही ढंग से हो।
2. स्कूल में रैंप (Ramp) की सुविधा होनी चाहिए ताकि बच्चा पहियेदार कुर्सी (Wheel Chair) का प्रयोग आने-जाने के लिए कर सके।

3. विद्यालय में एक मनोरंजन कक्ष (Recreation Room) होना चाहिए क्योंकि मनोरंजन क्रियाओं द्वारा भी बच्चों की मांसपेशियों को मजबूत बनाया जा सकता है।
4. फर्नीचर बच्चों की आवश्यकता के अनुसार होना चाहिए।
5. श्रवण बाधित बालक लगातार लम्बे समय तक कार्य नहीं कर सकते। विश्राम करने के लिए विद्यालय में विश्राम कक्ष होना चाहिए।

5. प्रशासनिक परिवर्तन (Administrative Change) – विरूपित बालकों के लिए कुछ प्रशासनिक परिवर्तन करना अनिवार्य है जैसे–परीक्षाओं में इन्हें सामान्य बालकों से अधिक समय देना चाहिए। यदि किसी बच्चे को लिखने में बहुत ज्यादा समस्या है तो उसे लेखक प्रदान करना चाहिए। उपस्थिति में भी छूट होनी चाहिए।

6. शरणागत कार्यशाला (Sheltered Workshop) – शरणागत कार्यशालाएँ, विकलांग व्यक्तियों को प्रशिक्षण एवं रोजगार प्रदान करती हैं ताकि उन्हें दूसरे की दया पर रहने की आवश्यकता न पड़े। प्रशिक्षण देने से पहली इनकी रुचि, शारीरिक एवं मानसिक योग्यताओं का मूल्यांकन किया जाता है। इन्हें विभिन्न व्यवसायों में प्रशिक्षण दिया जाता है जैसे टी.वी., रेडियो व घड़ियां ठीक करना, खिलौने बनाना, बैग बनाना, चमड़े का कार्य, लड़की का कार्य, चित्रकारी, कढ़ाई, बुनाई आदि।

7. सामाजीकरण (Socialization) – इन बच्चों का सामाजीकरण करना आवश्यक है। राष्ट्र की मुख्य धारा से जोड़ने के लिए तथा सामाजिक विकास करने के लिए इन्हें ऐसे अवसर प्रदान करने चाहिए ताकि इन्हें अपने साथियों के साथ अन्त:क्रिया करने का तथा विचारों का आदान-प्रदान करने का ज्यादा मौका मिले। पाठ्य सहगामी क्रियाओं एवं मनोरंजन क्रियाओं का आयोजन करना चाहिए।

इस प्रकार अस्थि बाधित बालकों की मनोस्थिति को समझकर शिक्षा प्रदान करनी चाहिए। विकलांग बालकों के लिए राज्य स्तर, राष्ट्रीय स्तर तथा अन्तर्राष्ट्रीय स्तर पर कार्य किए जा रहे हैं–

राष्ट्रीय स्तर पर अपंग व्यक्तियों को डॉक्टरी सहायता, उपकरणों की सुविधा, शिक्षा एवं व्यावसायिक प्रशिक्षण प्रदान करने के लिए समाज कल्याण मंत्रालय, भारत सरकार द्वारा राष्ट्रीय अपंग विकलांग संस्थान, कलकत्ता, 1981 (National Institute of Orthopaedically Handicapped, Calcutta, 1981) की स्थापना की गई। यह संस्था विकलांगों को कृत्रिम अंग, तीन पहिए की साईकिल उपलब्ध करवाती है तथा रोजगार प्रदान कर समाज का उपयोगी एवं स्वावलम्बी सदस्य बनाती है।

यूनेस्को (UNESCO) ने वर्ष 1982 को विकलांगों का अन्तर्राष्ट्रीय वर्ष घोषित किया। प्रतिवर्ष मार्च का तृतीय रविवार विश्व विकलांग दिवस के रूप में मनाया जाता है।

अन्त में हम यह कह सकते हैं कि शारीरिक रूप से तथा मानसिक रूप से विकलांग बच्चों को उनकी योग्यताओं, क्षमताओं एवं अक्षमताओं के अनुसार सही शिक्षा एवं प्रशिक्षण प्रदान किया जाए तो उन्हें आत्म-निर्भर तथा स्वावलम्बी बना समाज तथा राष्ट्र का एक उपयोगी एवं कुशल सदस्य तथा नागरिक बनाया जा सकता है।

अध्याय 7

शिक्षण-अधिगम—संप्रत्यय एवं सम्बन्ध (Teaching-Learning – Concept and Relationship)

'शिक्षण एवं अधिगम एक ही सिक्के के दो पहलू हैं।'

शिक्षण एवं अधिगम शिक्षण प्रक्रिया के दो महत्त्वपूर्ण तत्त्व हैं। दोनों को एक-दूसरे से अलग नहीं किया जा सकता। जहाँ शिक्षण होगा, वहाँ अधिगम अवश्य होगा। शिक्षण-अधिगम प्रक्रिया को समझने के लिए दोनों का अर्थ समझना जरूरी है।

शिक्षण शब्द संस्कृत भाषा के 'शिक्ष' धातु से मिलकर बना है जिसका अर्थ है सीख देना या जानकारी देना या सिखाना। शिक्षण में अध्यापक और छात्र के बीच अन्त:क्रिया सम्पन्न होती है जिससे सीखने वाले के व्यवहार में परिवर्तन करने की कोशिश की जाती है। शिक्षण और अधिगम के सम्बन्ध को जानने से पहले दोनों का अर्थ समझना जरूरी है–

शिक्षण अवधारणा (Concept of Teaching)

1. गेज के विचार (Gage's View)–"शिक्षण अन्तर्वैयक्तिक प्रभाव का एक रूप है जिसका उद्देश्य दूसरे व्यक्ति की व्यवहार क्षमता को परिवर्तित करना है।"

("Teaching is an act of inter personal influence aimed at changing the behaviour potential of another person".)

2. ग्रीन के विचार (Green's View)–"शिक्षण अध्यापक का कार्य है जो बच्चे के विकास के लिए किया जाता है।"

("Teaching is the task of the teacher which is performed for the development of a child.")

3. रायबर्न का विचार (Ryburn's View)–"शिक्षण बच्चे को अपनी सभी शक्तियों के विकास की ओर अग्रसर करता है।"

("Teaching keeps the child to develop all his powers.")

4. क्लार्क का विचार (Clark's View)–"शिक्षण वे क्रियाएँ हैं जिनका निर्माण एवं क्रियान्वयन विद्यार्थी के व्यवहार में परिवर्तन के लिए किया जाता है।"

("Teaching refers to those activities that are designed and performed for bringing change in student behaviour.")

5. स्मिथ (Smith's View)–"शिक्षण अधिगम के लिए किए गए कार्यों की व्यवस्था है।" ("Teaching is a system of actions intended to produce learning.")

इन परिभाषाओं के आधार पर हम निष्कर्ष निकाल सकते हैं कि शिक्षण एक ऐसी प्रक्रिया है जिसके माध्यम से छात्रों के व्यवहार में वांछित परिवर्तन लाने के उद्देश्य से विभिन्न क्रियाएँ सम्पादित की जाती हैं।

शिक्षण की विशेषताएँ (Characteristics of Teaching)

1. शिक्षण एक नियोजित, संगठित एवं विधिवत प्रक्रिया है।
2. शिक्षण विद्यार्थी को सूचना एवं ज्ञान प्रदान करना है।
3. यह निदानात्मक तथा उपचारात्मक होता है।
4. यह बालक की शारीरिक मानसिक, बौद्धिक एवं आध्यात्मिक शक्तियों का विकास करता है।
5. यह एक व्यावसायिक क्रिया है जिसका परिणाम विद्यार्थी का विकास होता है।
6. यह विद्यार्थियों को स्वाध्याय एवं स्व-विकास की प्रेरणा देता है।
7. अच्छे शिक्षण में शिक्षक दार्शनिक, निर्देशक तथा मित्र की भूमिका निभाते हैं।
8. शिक्षण दो या अधिक व्यक्तियों में संप्रेषण है।
9. यह एक पक्षीय क्रिया नहीं है। इसमें अध्यापक तथा विद्यार्थी में अन्त:क्रिया होती है।
10. शिक्षण के कई स्तर हैं–स्मृति स्तर, बोध स्तर और चिन्तन स्तर।

अधिगम की अवधारणा (Concept of Learning)

अधिगम से तात्पर्य है सीखना अथवा व्यवहार में परिवर्तन करना। एक अच्छे एवं सुव्यवस्थित शिक्षण का उद्देश्य अच्छा अधिगम होता है जो सदैव उद्देश्यपूर्ण तथा लक्ष्योन्मुख होता है। अधिगम प्रक्रिया बड़ी जटिल है फिर भी विभिन्न विद्वानों ने अधिगम को अपने-अपने ढंग से परिभाषित किया है–

1. क्रो एवं क्रो के अनुसार (Acc. to Crow and Crow)–"अधिगम आदतों, ज्ञान एवं अभिवृत्तियों को अर्जित करने की प्रक्रिया है।"

("Learning is the acquisition of habits, knowledge and attitude.")

2. हण्टर एवं हिलगार्ड के अनुसार (Acc. to Hunter and Hilguard)–"अधिगम एक प्रक्रिया है, जिसमें अभ्यास या प्रशिक्षण के द्वारा व्यवहार का जन्म होता है या उसमें परिवर्तन होता है।"

("Learning is the process by which behaviour is originated or changed through practice or training.")

3. गेटस का विचार (Gates's View)–"अनुभव एवं प्रशिक्षण द्वारा व्यवहार परिवर्तन ही अधिगम कहलाता है।"

("Learning is modification of behaviour through experiences and training.")

4. बुडवर्थ का विचार (Woodworth's View)–"अधिगम नवीन ज्ञान एवं अनुक्रियाओं को प्राप्त करने की प्रक्रिया है।"

("Learning is the process of acquiring new knowledge and responses.")

5. गैरेट के अनुसार (Acc. to Garrett)–"अधिगम व्यवहार का संगठन है।"

("Learning is an organisation of behaviour.")

अधिगम की विशेषताएँ (Characteristics of Learning)

1. अधिगम जन्म से मृत्यु तक अनवरत रूप से चलता रहता है।
2. अधिगम अर्थपूर्ण और लक्ष्य केन्द्रित होता है।
3. अधिगम के द्वारा व्यवहार में प्रगतिशील सुधार होता है।
4. अधिगम का स्वरूप सर्वव्यापी है।
5. अधिगम सक्रिय एवं रचनात्मक होता है।
6. यह ज्ञान, बोध तथा संकल्प शक्ति द्वारा ही संभव है।
7. यह एक प्रक्रिया है, परिणाम नहीं।
8. यह व्यक्तिगत एवं सामाजिक दोनों प्रकार का होता है।
9. यह समायोजन की एक प्रक्रिया है।
10. अधिगम व्यवहार के प्रत्येक पक्ष को प्रभावित करता है।

शिक्षण एवं अधिगम में सम्बन्ध
(Relationship between Teaching & Learning)

शिक्षण एवं अधिगम में परस्पर गहरा सम्बन्ध है। वे एक ही सिक्के के दो पहलू हैं। शिक्षण बच्चे में अधिगम उत्पन्न करता है। अच्छे शिक्षण का अर्थ है ज्यादा-से-ज्यादा अधिगम करना। शिक्षण अधिगम का उद्दीपन, निर्देशन, निदेशन एवं प्रोत्साहन है, जहाँ शिक्षण को शिक्षा अधिगम प्रक्रिया का केन्द्र बिन्दु माना जाता है वहाँ अधिगम को शिक्षण का केन्द्रीय उद्देश्य माना जाता है।

वर्टन ने शिक्षण को अधिगम से सम्बन्धित करने के कुछ कारण बताए हैं–

1. शिक्षण-अधिगम सम्बन्ध का ज्ञान प्रशिक्षक शिक्षकों को प्रभावशाली अध्यापक बनने में मदद करता है।

2. शिक्षण तभी प्रभावशाली बन सकता है जब वह अधिगम के साथ सम्बन्धित हो।
3. प्रभावशाली अधिगम के लिए उचित शिक्षण स्थितियों व नीतियों का निर्माण किया जाता है।
4. अधिगम के लिए प्रभावशाली सहायक सामग्री का चयन एवं निर्माण किया जाता है।
5. शिक्षण उद्देश्यों को व्यावहारिक शब्दावली में लिखकर ही शिक्षण को प्रभावशाली बनाया जा सकता है।

बर्टन (Burton) के अनुसार, ''शिक्षण सीखने के लिए उद्दीपन, पथ प्रदर्शन तथा उत्साहवर्धन है।''

"Teaching is the stimulation, guidance, direction and encouragement of learning."

1. बर्नार्ड के विचार (Bernard's Views) – बर्नार्ड के अनुसार ''शिक्षण एक कार्य है और अधिगम एक उपलब्धि है।'' बनार्ड ने शिक्षण अधिगम सम्बन्ध को निम्न चित्र द्वारा स्पष्ट किया है।

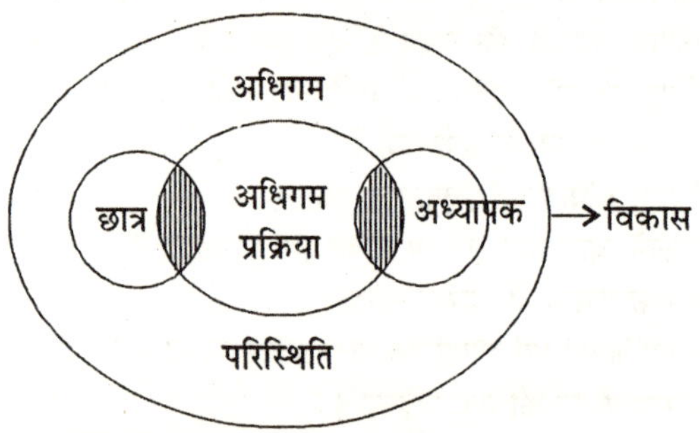

चित्र 7.1 : शिक्षण-अधिगम सम्बन्ध

इस चित्र से स्पष्ट होता है कि छात्र के विकास के लिए अधिगम परिस्थितियाँ, छात्र अध्यापक एवं अधिगम प्रक्रियाएँ महत्त्वपूर्ण भूमिका निभाते हैं। अध्यापक अधिगम परिस्थितियाँ पैदा करता है। अध्यापक शिक्षण की क्रियाओं का आयोजन करके अधिगम प्रक्रियाओं के द्वारा छात्रों के व्यवहार में परिवर्तन करता है। शिक्षण एवं अधिगम की क्रियाओं के समन्वय से ही छात्रों के ज्ञान में वृद्धि होती है और उनका विकास होता है। इसलिए शिक्षण व अधिगम में अटूट सम्बन्ध है।

2. मैकडानल्ड के विचार (Mc.Donald's View) – मैकडानल्ड ने समस्त शिक्षण अधिगम प्रक्रिया को चार भागों में बाँटा है :

1. पाठयक्रम (Curriculum)
2. अनुदेशन (Instruction)

3. शिक्षण (Teaching)
4. अधिगम (Learning)

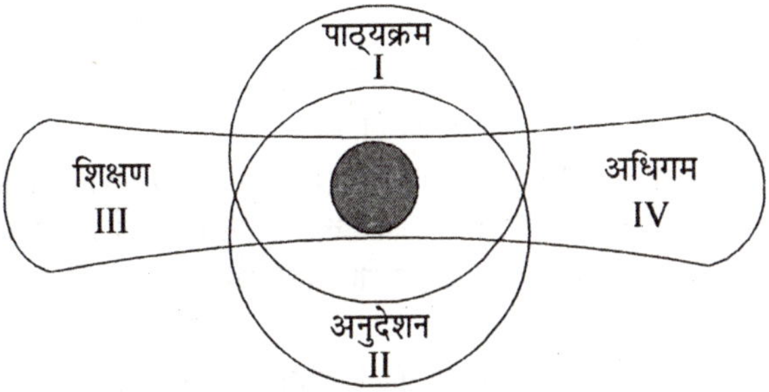

चित्र 7.2 : शिक्षण-अधिगम प्रक्रिया के भाग

चित्र से स्पष्ट है कि शिक्षण एवं अधिगम एक-दूसरे पर आश्रित हैं।

अध्यापक पाठयक्रम के अनुसार अनुदेशन सामग्री तैयार करता है और शिक्षण क्रियाओं का आयोजन करता है। शिक्षण की सभी क्रियाओं के समन्वय के परिणामस्वरूप ही अधिगम होता है। इसलिए इनका परस्पर गहरा सम्बन्ध है।

3. गेज के विचार (Gage's Views) – प्रभावशाली अधिगम में मनोवैज्ञानिक शक्तियाँ शिक्षण को सहायता प्रदान करती है। विद्यार्थियों के व्यवहार तथा अधिगम लक्ष्यों को तीन क्षेत्रों में बांटा जा सकता है :

1. ज्ञानात्मक (Cognitive)
2. भावात्मक (Affective)
3. क्रियात्मक (Psychomotor)

शिक्षण के द्वारा जब विद्यार्थी में व्यवहार परिवर्तन होता है तो वह व्यवहार परिवर्तन अथवा अधिगम इनमें से किसी भी क्षेत्र के साथ सम्बन्धित हो सकता है। अधिगम के अनुसार शिक्षण भी तीन प्रकार का हो सकता है :

	उद्देश्य	*शिक्षण विधि*	*अधिगम*
1.	ज्ञानात्मक	भाषण	जानना (Knowing)
2.	भावात्मक	नाटकीकरण	अनुभव करना (Feeling)
3.	क्रियात्मक	प्रयोग	करना (Doing)

तालिका से स्पष्ट है कि जैसा शिक्षण होगा विद्यार्थी में वैसा ही अधिगम होगा।

यदि दोनों शब्दों का विश्लेषण किया जाए तो स्पष्ट होता है कि शिक्षण तथा अधिगम में गहरा सम्बन्ध है। सभी शिक्षण लक्ष्य-उन्मुख होता है और उसका लक्ष्य अधिगम में निहित होता है। शिक्षण की सफलता इस बात पर निर्भर करती है कि उसके माध्यम से अधिगम की प्राप्ति किस सीमा तक हुई। नदी के दो किनारों की तरह एक-दूसरे से अलग

होते हुए भी ये दोनों एक हैं। शिक्षण की उपयोगिता का मूल्यांकन उसके द्वारा हुए अधिगम द्वारा किया जा सकता है। इसी दृष्टिकोण से शिक्षण एवं अधिगम में घनिष्ट सम्बन्ध है। संक्षेप में शिक्षण एक ऐसी युक्तिपूर्ण क्रिया है जिसके द्वारा व्यक्ति (अध्यापक) स्वयं अपने आपको और अपने ज्ञान को रचनात्मक एवं कल्पनात्मक रूप से प्रयुक्त करता हुआ दूसरों (विद्यार्थियों) के अधिगम को विकसित करता है।

4. क्रोनबैक द्वारा अधिगम के सात तत्त्व (Cronbach's seven elements of learning) – क्रोनबैक ने अधिगम के सात तत्त्वों की सूची बताई है जो अधिगम के सिद्धांतों का आधार मानी जाती है और इसी के आधार पर शिक्षण के सिद्धान्त निर्धारित किए जा सकते हैं :

(*i*) **स्थिति** (Situation) – सबसे पहले विषय का विश्लेषण करके उसे क्रमबद्ध किया जाता है और उसी के अनुसार स्थितियों का चयन किया जाता है ताकि विद्यार्थियों में अधिगम हो सके।

(*ii*) **व्यक्तिगम विशेषताएँ** (Personal Characteristics) – विभिन्न मनोवैज्ञानिक परीक्षणों द्वारा विद्यार्थियों की योग्यताओं का पता लगाया जाता है और उन्हीं के आधार पर शिक्षण-विधियों के बारे में निर्णय लिया जाता है।

(*iii*) **लक्ष्य** (Goal) – शिक्षण क्रियाओं द्वारा विद्यार्थियों के व्यवहार में परिवर्तन करना अध्यापक का लक्ष्य होता है।

(*iv*) **व्याख्या** (Interpretation) – पूर्व ज्ञान के आधार पर विद्यार्थियों को नया ज्ञान दिया जाता है।

(*v*) **कार्य** (Action) – यह विद्यार्थी का रचनात्मक पक्ष है। इसमें विद्यार्थी अनुक्रिया करता है व कोई नया विचार अध्यापक के सामने रख सकता है।

(*vi*) **परिणाम** (Consequences) – अध्यापक विद्यार्थियों की गतिविधियों पर नजर रखता है और उनकी कमजोरियों का निदान करता है। वह शिक्षण विधियों पर पुनर्विचार करता है।

(*vii*) **विरोध पर प्रतिक्रिया** (Reaction to Thwarting) – यदि लक्ष्य की प्राप्ति नहीं होती है तो विद्यार्थी शिक्षण प्रक्रिया का विरोध करता है। तब शिक्षक विद्यार्थियों की कठिनाइयों को समझकर उन्हें दूर करने की कोशिश करता है।

इस प्रकार हम कह सकते हैं कि क्रोनबैक द्वारा बताए गए सातों तत्त्व शिक्षण और अधिगम के सम्बन्ध को दर्शाते हैं।

अन्त में हम कह सकते हैं कि शिक्षण और अधिगम में गहरा सम्बन्ध है। थामस ग्रीन ने अपनी पुस्तक 'शिक्षण की क्रियाएँ' (Activities of Teaching) में स्पष्ट किया है कि **शिक्षण के बिना अधिगम नहीं हो सकता, लेकिन अधिगम के बिना शिक्षण संभव है।** विद्यार्थियों के व्यवहार में परिवर्तन लाने के लिए अध्यापक शिक्षण क्रियाओं की रूपरेखा तैयार करता है और उन क्रियाओं को पूर्ण (Perform) करता है।

अध्याय 8

शिक्षण कौशल
(Teaching Skills)

''शिक्षण कौशल उन परस्पर सम्बन्धित शिक्षण क्रियाओं या व्यवहारों का समूह है जो विद्यार्थी के अधिगम में सहायता देते हैं।'' —वी.के. पासी

प्रत्येक व्यवसाय में कुछ व्यावसायिक कुशलताएँ होती हैं जो उन व्यवसायी की सफलता में सहायक होती हैं। अध्यापन भी एक व्यवसाय है और इसकी सफलता अध्यापक के व्यक्तित्व, अध्यापन विधियों, अध्यापन कौशलों पर निर्भर करती है। कौशल एक विशिष्ट उद्देश्य को प्राप्त करने का साधन है। किसी भी विषय के विशिष्ट उद्देश्यों की प्राप्ति के लिए अध्यापक के द्वारा विभिन्न कौशलों को अपनाया जाता है। यह एक ऐसी प्रक्रिया है जो शिक्षण और अधिगम को रुचिकर तथा प्रभावी बनाती है।

शिक्षण कौशल अध्यापक के उस व्यवहार समूह को कहते हैं जो छात्र-अध्यापकों में वांछित परिवर्तन लाने में विशेष रूप से प्रभावशाली सिद्ध होता है।

गेज के अनुसार, ''शिक्षण कौशल वे विशिष्ट अनुदेशन क्रियाएँ व प्रक्रियाएँ हैं, जिन्हें अध्यापक अपनी कक्षा में प्रयोग करता है। ये शिक्षण की विभिन्न अवस्थाओं से या शिक्षण के कार्य के निरन्तर प्रवाह से सम्बन्धित होते हैं। ("Teaching skills are specific instructional activities and procedure that a teachers may use in the classroom. These are related to various stages of teaching or in the continuous flow of teacher performance." –**Gage**)

मैकईनटेयर तथा व्हाइट के अनुसार, ''शिक्षण कौशल सम्बन्धित शिक्षण व्यवहारों का समूह है जो विशिष्ट प्रकार की कक्षीय अन्तःक्रिया स्थितियों को उत्पन्न करता है जिनसे विशिष्ट शैक्षिक उद्देश्यों की प्राप्ति में सुगमता होती है''

("Teaching skills is a set of related teaching behaviours which are specified types of classrom interaction situations tends to facilitate the achievement of specified objectives"–**McIntyr and White**)

शिक्षण कौशल अध्यापक के वे हथियार हैं—जिनके आधार पर वह पाठ्यवस्तु के प्रस्तुतीकरण में सफल होता है एवं शिक्षण के उद्देश्यानुसार सरल एवं सुविधापूर्वक अधिगम के लिए उत्तरदायी बन जाता है।

प्राथमिक स्तर पर शिक्षण-अधिगम को प्रभावी बनाने के लिए अध्यापक के द्वारा विषय-वस्तु की गहनता के अनुसार व विद्यार्थियों की रुचि, योग्यता व क्षमता के अनुसार विभिन्न शिक्षण कौशलों का प्रयोग किया जा सकता है :

(1) उद्दीपन परिवर्तन कौशल
(Skill of Stimulus Variation)

उद्दीपन परिवर्तन कौशल इस सिद्धान्त पर आधारित है कि उद्दीपन में परिवर्तन ध्यान को आकर्षित करता है। यह विद्यार्थी की अधिगम में रुचि उत्पन्न करता है। प्राय: यह देखा गया है कि एक उद्दीपन पर ज्यादा देर तक ध्यान स्थिर रखना कठिन होता है। अध्यापक को विद्यार्थियों के ध्यान को आकर्षित करने के लिए उद्दीपन कौशल में पारंगत होना आवश्यक है। विद्यार्थियों के ध्यान को आकृष्ट करने के लिए अध्यापक के व्यवहार में परिवर्तन को उद्दीपन परिवर्तन कौशल कहा जाता है।

स्नेह जोशी के अनुसार, ''विद्यार्थियों को उच्च स्तरीय ज्ञान प्राप्त करने और उसे बनाए रखने के लिए अध्यापक को कब, क्या और कैसे परिवर्तन करना है इसके लिए कौशल की आवश्यकता होती है ऐसे कौशल को उद्दीपन परिवर्तन कौशल कहते हैं।

उद्दीपन परिवर्तन कौशल के घटक
(Components of Skill of Stimulus Variation)

इस कौशल से सम्बन्धित व्यवहार निम्नलिखित हैं-

1. संचालन (Movements) – प्राय: यह देखा गया है कि कक्षा में अध्यापक का चलना विद्यार्थियों के ध्यान को आकर्षित करता है। यह व्यवहार विद्यार्थियों को यह महसूस कराता है कि अनुदेशनात्मक क्रियाओं मे उनके योगदान का अध्यापक द्वारा निरीक्षण किया जा रहा है। परंतु अध्यापक का यह चलना-फिरना सार्थक व एक निश्चित सीमा के अन्तर्गत होना चाहिए। बहुत अधिक संचालन विद्यार्थियों का ध्यान विकर्षित करता है और एकरसता उन्पन्न करता है।

2. अध्यापक के हाव-भाव (Teacher's Gestures) – हाव-भाव से अभिप्राय शरीर के अंगो के संचालन से है। अध्यापक अपने हाथों, सिर, आँख, चेहरे के भावाभिव्यक्ति के संचालन से विभिन्न हाव-भाव प्रदर्शित कर सकता है। जैसे पृथ्वी के आकार को समझाने के लिए हाथों के इशारों से बता सकता है कि पृथ्वी गोल है।

3. स्वर में परिवर्तन (Change is Speech Pattern) – भावनाओं की अभिव्यक्ति में या किसी बात पर बल देने के लिए अध्यापक आवाज में उतार-चढाव व गति में परिवर्तन करके शिक्षण को प्रभावशाली बना सकता है।

4. केन्द्रण (Focussing) – जब अध्यापक किसी विशेष बिन्दु, विचार या नियम पर विद्यार्थियों का ध्यान आकर्षित करना चाहता है तो वह केन्द्रण का प्रयोग कर सकता है। यह केन्द्रण शाब्दिक कथनों या हाव-भाव या दोनों से प्राप्त किया जा सकता है।

(i) शाब्दिक केन्द्रण (Verbal Focussing) – शिक्षण में किसी बिन्दु या प्रत्यय

पर बल देने के लिए अध्यापक कुछ कथन जैसे श्यामपट्ट की ओर देखो, इधर ध्यान दो आदि का प्रयोग कर सकता है। यह कथन विद्यार्थियों का ध्यान आकर्षित करने में सहायता करेंगे।

(ii) हाव-भाव केन्द्रण (Gestural Focussing) – अध्यापक विद्यार्थियों का ध्यान आकर्षित करने के लिए हाथ, पाँव, आँखें, चेहरा आदि के संकेतों का प्रयोग कर सकता है जैसे श्यामपट्ट पर लिखे महत्त्वपूर्ण शब्दों को रेखांकित करना।

(iii) शाब्दिक व हाव-भाव केन्द्रण (Verbal and Gestural Focussing) – इसमें अध्यापक शब्दों तथा हाव-भाव दोनों का प्रयोग करता है जैसे किसी बिन्दु की ओर संकेत करते हुए 'इस चित्र की ओर देखो'। यह अधिक प्रभावशाली होता है।

5. अन्त:क्रिया शैली में परिवर्तन (Change in Interaction Style) – जब दो व्यक्ति किसी विचार पर सम्प्रेषण करते हैं तो उसे अन्त:क्रिया कहा जाता है। कक्षीय स्थिति में यह तीन प्रकार से हो सकती है-

(i) अध्यापक-कक्षा अन्त:क्रिया (Teacher-class Interaction) – अध्यापक पूरी कक्षा को कुछ बताता है और कक्षा से या विद्यार्थियों के समूह से उत्तर प्राप्त करता है।

(ii) अध्यापक-विद्यार्थी अन्त:क्रिया (Teacher-pupil Interaction) – अध्यापक एक विद्यार्थी से बातचीत करता है।

(iii) विद्यार्थी-विद्यार्थी अन्त:क्रिया (Pupil-pupil Interaction)–जब अध्यापक के प्रश्न पूछने पर विद्यार्थी विचार-विमर्श करने लगते हैं, तब विद्यार्थी-विद्यार्थी अन्त:क्रिया आरम्भ हो जाती है।

शिक्षण में प्रभावशीलता लाने के लिए अध्यापक को अन्त:क्रिया शैली में परिवर्तन करते रहना चाहिए।

6. विराम (Pausing) – विराम का अर्थ है बोलते-बोलते स्वेच्छा से मौन हो जाना। कक्षा में यदि अध्यापक लगातार बोलता रहता है तो शिक्षण नीरस हो जाता है। पाठ्य-सामग्री में ध्यान आकर्षित करने के लिए आवश्यक है कि अध्यापक कुछ विरामों का निश्चित रूप से प्रयोग करे।

7. मौखिक-दृश्य बदलाव (Oral Visual Switching) – जब अध्यापक सूचना प्रदान करने के लिए संवेदिक केन्द्रण में परिवर्तन जैसे सुनने से देखने, बोलने से करने में, लिखने से प्रदर्शन में करता है तो यह विद्यार्थियों के ध्यान-स्तर को बनाए रखने में सहायता करता है। इसका प्रयोग तीन रूपों में किया जा सकता है:-

(i) श्रव्य से दृश्य (Audio to Visual)
(ii) दृश्य से दृश्य-श्रव्य (Visual to Visual Audio)
(iii) श्रव्य से श्रव्य-दृश्य (Audio to Audio Visual)

8. विद्यार्थियों की शारीरिक संभागिता (Physical Involvement of students) – कभी-कभी अध्यापक विद्यार्थियों की शारीरिक संभागिता से उनका ध्यान आकर्षित कर सकता है। कभी उन्हें प्रयोग में, उपकरणों की देख रेख में, चॉक से चॉकबोर्ड पर लिखने में, प्रदर्शन में संभागी बना सकता है।

इस प्रकार अपने व्यवहार में इन घटकों के अभ्यास से, अध्यापक इस कौशल में कुशलता प्राप्त कर सकता है।

उद्दीपन परिवर्तन कौशल के लिए आदर्श सूक्ष्म-पाठ योजना
(Model Micro-Lesson Plan for the Skill of Stimulus Variation)

छात्राध्यापक का नाम= उमेश   कक्षा-सातवीं
विषय - विज्ञान   अवधि = 6 मिनट
उपविषय - फलों के प्रकार   तिथि -

अध्यापक : फूल परिवर्तित होकर किस रूप में बदल जाता है?
(कक्षा में बाएं से दाएं चलते हुए)
छात्र : फूल परिवर्तित होकर फल में बदल जाता है।
अध्यापक : फल कितने प्रकार के होते हैं?
(अध्यापक-कक्षा अन्त:क्रिया)
छात्र : फल कई प्रकार के होते हैं।
अध्यापक : (आवाज में परिवर्तन लाकर) कुछ फलों के नाम बताओ।
छात्र : आम, अमरूद, केला, संतरा, आदि।

अध्यापक : इन फलों की फलभित्ति पतली होती है तथा फल गूदेदार होते हैं। अत: इन्हें सरस फल कहते हैं। कुछ ऐसे फलों के नाम बताओ जो प्रकृति में सूखे होते हैं तथा फलभित्ति कठोर होती है।

छात्र : बादाम, अखरोट, पिस्ता आदि।

अध्यापक : (भाव केन्द्रीकरण प्रयोग करके) इन्हें शुष्क फल कहेंगे। अत: फल दो प्रकार के होते हैं-

(i) सरस फल (ii) शुष्क फल

छात्र : ध्यान से सुनते हैं।

पर्यवेक्षण अनुसूची

टैलियाँ	घटक	निर्धारण मापनी		
||	संचालन	1	2	3
|||	हाव भाव	1	2	3
||||	आवाज में परिवर्तन	1	2	3
||	अन्त:क्रिया शैली में परिवर्तन	1	2	3
|||	केन्द्रण	1	2	3
||	श्रव्य-दृश्य	1	2	3
||	विराम	1	2	3
|||	विद्यार्थियों की शारीरिक संभागिता	1	2	3

1= असंतोषजनक   2= संतोषजनक   3= अतिसंतोषजनक

(2) पुनर्बलन कौशल
(Skill of Reinforcement)

पुनर्बलन एक ऐसी तकनीक है जो अधिगम एवं व्यवहार प्रक्रिया को प्रभावित करती है। स्किनर के अनुसार, यदि किसी अनुक्रिया के पश्चात पुनर्बलन प्रदान किया जाए तो उसकी शक्ति बढ़ जाती है।

पुनर्बलन दो प्रकार का होता है:

(1) सकारात्मक पुनर्बलन (Positive Reinforcement)–यह पुनर्बलन वांछनीय व्यवहार को सशक्त बनाकर कक्षा में विद्यार्थियों की सहभागिता में वृद्धि करता है।

(2) नकारात्मक पुनर्बलन (Negative Reinforcement)–यह पुनर्बलन विद्यार्थियों के अवांछित व्यवहारों को निरूत्साहित कर उनमें अपेक्षित सुधार लाने में सहायता करता है।

सकारात्मक पुनर्बलन का प्रयोग जितना लाभदायक होता है उसका गलत उपयोग उतना ही हानिकारक होता है।

पुनर्बलन कौशल से अभिप्राय ऐसी शिक्षण तकनीक से है जिसके द्वारा एक अध्यापक को अपने विद्यार्थियों के व्यवहार में वांछित परिवर्तन लाने हेतु पुनर्बलकों के उचित चुनाव और उनके प्रभावपूर्ण उपयोग में पूरी-पूरी सहायता मिलती है।

कौशल घटक (Components of the Skill)

पुनर्बलन कौशल में वांछित एवं अवांछित शिक्षण व्यवहार घटकों का समावेश होता है।

(1) वांछनीय व्यवहार (Desirable Behaviour)

1. सकारात्मक शाब्दिक पुनर्बलकों का प्रयोग (Use of Positive Verbal Reinforcers) – अध्यापक के वे शाब्दिक व्यवहार जिनके द्वारा एक विद्यार्थी को सही अनुक्रियाएँ करने के लिए प्रोत्साहन मिले, सकारात्मक शाब्दिक पुनर्बलन कहलाते हैं। इसे देने के कई तरीके हैं :

(*i*) प्रशंसात्मक शब्दों जैसी शाबाश, उत्तम, बहुत अच्छा, बिल्कुल सही आदि का प्रयोग।

(*ii*) विचारों को स्वीकार करने वाले जैसे आपने ठीक उत्तर दिया। अब इसकी आगे व्याख्या करें आदि का प्रयोग।

(*iii*) विद्यार्थी के उत्तर को दूसरे शब्दों में सामने रखना, दोहराना, सारांश में प्रस्तुत करना।

2. सकारात्मक अशाब्दिक पुनर्बलकों का प्रयोग (Use of Positive Non-verbal Reinforcers) – इसके अन्तर्गत अध्यापक के सभी अशाब्दिक व्यवहार आते हैं जो सकारात्मक पुनर्बलन में सहायक हो। इन्हें दो वर्गों में रख सकते हैं–

(*i*) विद्यार्थियों के उत्तर को श्यामपट्ट पर लिखकर।

(*ii*) हाव-भाव के द्वारा जैसे मुस्कुराना, ताली बजाना, पीठ थपथपाना, सहमति सूचक सिर हिलाना।

(*iii*) **अतिरिक्त शाब्दिक पुनर्बलकों का प्रयोग (Use of Extra Verbal Reinforcers)** – ये वे पुनर्बलक हैं जिन्हें न तो शाब्दिक कहा जा सकता है और न ही अशाब्दिक जैसे हूँ-हूँ आहा, वाह आदि।

(2) अवांछित व्यवहार (Undesirable Behaviour)

1. नकारात्मक शाब्दिक पुनर्बलकों का प्रयोग (Use of Negative Verbal Reinforcers) – इस घटक के अन्तर्गत अध्यापक के वे शाब्दिक व्यवहार आते हैं जो विद्यार्थियों को नकारात्मक पुनर्बलन प्रदान करते हैं अर्थात जो शिक्षण प्रक्रिया में भाग लेने की सम्भावना को घटाते हैं। इसके देने के कई तरीके हैं–

(*i*) हतोत्साहित करने वाले शब्दों जैसे गलत, नहीं, घटिया आदि का प्रयोग।

(*ii*) निरुत्साहित करने वाले कथनों का प्रयोग जैसे ऐसा मत करो, यह बिल्कुल गलत है आदि।

2. नकारात्मक अशाब्दिक पुनर्बलकों का प्रयोग (Use of Negative Non-verbal Reinforcers) – अध्यापक के वे अशाब्दिक व्यवहार जो विद्यार्थियों को नकारात्मक पुनर्बलन प्रदान करते हैं नकारात्मक अशाब्दिक पुनर्बलक कहलाते हैं। गुस्से की मुख-मुद्रा बनाना, नकारात्मक सिर हिलाना, नाराजगी से छात्र की तरफ देखना आदि।

3. पुनर्बलन का गलत प्रयोग (Wrong Use of Reinforcement) – पुनर्बलन का सही प्रयोग ही विद्यार्थियों को प्रोत्साहित करता है। गलत उपयोग से परिणाम गलत निकलते हैं जैसे–आवश्यकता होने पर भी प्रयोग न करना, जरूरत से ज्यादा व कम पुनर्बलकों का प्रयोग करना, कुछ बालकों को ही पुनर्बलन प्रदान करना आदि।

पुनर्बलन कौशल के लिए आदर्श सूक्ष्म पाठ योजना
(Model Micro-lesson Plan for Reinforcement Skills)

छात्राध्यापक का नाम – अमन   कक्षा – छठी
विषय – हिन्दी   समय – 6 मिनट
उपविषय – दीपावली   दिनांक ....

प्रस्तावनात्मक कथन–अच्छा बच्चो। आज हम दीपावली कि विषय में पढ़ेंगे,

अध्यापक क्रियाएँ (Teacher's activities)	**छात्र क्रियाएँ (Pupil's activities)**
1. हमारे देश में कौन-कौन से मुख्य त्यौहार मनाए जाते हैं (अध्यापक विद्यार्थी के उत्तर को श्यामपट्ट पर लिखता है)	हमारे देश में मनाए जाने वाले प्रमुख त्यौहार दशहरा, दीपावली, रक्षाबन्धन, होली आदि हैं।

अध्यापक क्रियाएँ (Teacher's activities)	छात्र क्रियाएँ (Pupil's activities)
2. दीपों का त्यौहार किसे कहते हैं? (छात्र के उचित उत्तर देने पर अध्यापक शाबाश कहता है)	यह त्यौहार दीपावली का त्यौहार है।
3. (बिल्कुल सही) दीपावली का त्यौहार कब मनाया जाता है?	यह त्यौहार कार्तिक मास की अमावस्या को मनाया जाता है।
4. इस त्यौहार को मनाने का प्रमुख कारण क्या है? (सही उत्तर मिलने पर अध्यापक छात्र की पीठ थपथपाता है)	इस दिन रामचन्द्र जी सीता व लक्ष्मण सहित चौदह वर्ष का वनवास काटकर अयोध्या वापिस आए थे।
5. दिवाली कैसे मनाई जाती है? (अध्यापक कक्षा में छात्र के उत्तर पर मुस्कुराता है)	इस दिन लोग लक्ष्मी पूजन करते हैं, मिठाइयाँ बाँटते हैं, नए कपड़े पहनते हैं, पटाखे छोड़ते हैं।
6. इस उत्सव के मनाने से मानव जाति को क्या संदेश मिलता है?	यह उत्सव हमें बुराई पर अच्छाई की जीत का संदेश देता है।

पर्यवेक्षण अनुसूची

टैलियाँ	घटक	रेटिंग
	सकारात्मक शाब्दिक पुनर्बलन का प्रयोग	1 2 3
	सकारात्मक अशाब्दिक पुनर्बलन का प्रयोग	1 2 3
	अतिरिक्त शाब्दिक पुनर्बलकों का प्रयोग	1 2 3
	नकारात्मक शाब्दिक पुनर्बलकों का प्रयोग	1 2 3
	नकारात्मक अशाब्दिक पुनर्बलन का प्रयोग	1 2 3
	पुनर्बलन का गलत प्रयोग	1 2 3

1 = असंतोषजनक 2 = संतोषजनक 3 = अतिसंतोषजनक

(3) व्याख्या कौशल
(Skill of Explaining)

इस कौशल के द्वारा विषयवस्तु को सरल, स्पष्ट तथा सुगम बनाया जाता है। इसका प्रयोग अध्यापक के द्वारा विभिन्न सरल कथनों, दृश्य-श्रव्य सामग्री तथा उदाहरणों की सहायता से विषयवस्तु की व्याख्या के लिए किया जाता है।

किसी व्यक्ति को किसी विचार, अवधारणा, नियम, अथवा क्रिया का बोध कराना व्याख्या कौशल कहलाता है। यह शाब्दिक कौशल है और इसके मुख्य रूप से दो तथ्य हैं–

(*i*) विद्यार्थियों की आयु, परिपक्वता एवं पूर्व ज्ञान के अनुकूल तथा अवधारणा, नियम आदि के अनुकूल उचित कथनों का चयन करना।

(*ii*) अवधारणा, विचार अथवा घटना को समझने के लिए चुने हुए कथनों में अन्र्तसम्बन्ध स्थापित करना और उनका प्रयोग करना।

व्याख्या को प्रभावशाली बनाने के लिए अध्यापक को वांछित व्यवहारों में वृद्धि कर अवांछित व्यवहारों से बचना होता है।

व्याख्या कौशल के घटक (Components of Explaining Skill)

अध्यापक के द्वारा व्याख्या कौशल में परिपूर्णता प्राप्त करने के लिए विभिन्न शिक्षण व्यवहारों का अभ्यास किया जाना चाहिए, वे इस प्रकार हैं-

1. प्रस्तावनात्मक कथनों का प्रयोग (Use of Introductory Statements) – प्रस्तावनात्मक कथनों का प्रयोग अध्यापक के द्वारा, विद्यार्थियों के ध्यान को केन्द्रित करने तथा निरन्तर बनाए रखने के लिए किया जाता है। ये कथन विद्यार्थियों में मानसिक तत्परता उत्पन्न करते हैं।

2. निष्कर्षात्मक कथनों का प्रयोग (Use of Concluding Statement) – अध्यापक के द्वारा कुछ कथनों का प्रयोग पाठ के अंत में व्याख्या का निष्कर्ष या सारांश देने के लिए किया जाता है। ये व्याख्या का एक संक्षिप्त रूप प्रदान करते हैं।

3. व्याख्या सेतुओं का प्रयोग (Use of Explaining Links) – इनके प्रयोग से व्याख्या स्पष्ट होती है और कथनों में निरन्तरता बनी रहती है। ये सेतु सामान्यत: संयोजक शब्द होते हैं जो कारणों, परिणामों, समय क्रम आदि की ओर संकेत करते हैं जैसे क्योंकि, इसके परिणामस्वरूप, इसलिए, इसके पश्चात, फिर भी, अपितु आदि।

4. दृश्य प्रविधि का प्रयोग (Use of Visual Techniques) – श्यामपट्ट, चार्ट तथा अन्य दृश्य साधनों का प्रयोग व्याख्या को स्पष्ट एवं प्रभावशाली बनाने में सहायक सिद्ध होता है। एक कहावत केअनुसार 'एक चित्र हजार शब्दों के बराबर है।'

5. तकनीकी शब्दों को परिभाषित करना (Defining Technical Words) – यदि अध्यापक तकनीकी शब्दावली का प्रयोग करता है और उनकी व्याख्या उचित ढंग से नहीं करता तो विद्यार्थी विषय सामग्री को सही ढंग से नहीं समझ पाएंगे। इसलिए इन शब्दों को सही ढंग से परिभाषित करना चाहिए।

6. अनिवार्य बिन्दुओं को समाहित करना (Covering Essential Points) – किसी विचार, अवधारणा, व घटना की व्याख्या को पूर्ण व बोधगम्य बनाने के लिए अनिवार्य सभी बिन्दुओं को शामिल करना चाहिए।

7. विद्यार्थियों के लिए रोचक (Interesting to Pupils) – यदि व्याख्या रोचक होगी तो विद्यार्थियों में अधिगम भी अधिक होगा। व्याख्या को रुचिकर बनाने के लिए अध्यापक दैनिक जीवन से सम्बन्धित उदाहरणों, सरल वाक्यों का प्रयोग कर सकता है।

8. विद्यार्थियों का बोध परीक्षण (Testing Pupil's Understanding) –व्याख्या के अन्त में कुछ प्रश्नों द्वारा बोध परीक्षण किया जाता है। इन प्रश्नों के द्वारा अध्यापक को पृष्ठपोषण मिलता है कि विद्यार्थी उसके द्वारा की गई व्याख्या को समझ पाए हैं या नहीं।

9. असम्बन्धित कथनों का प्रयोग (Using Irrelevant Statements) – विषय वस्तु की व्याख्या के दौरान उससे सम्बन्धित कथनों का प्रयोग करना चाहिए। निरर्थक कथन विद्यार्थियों के बोध में रुकावट बनते हैं, उनके ध्यान को विकर्षित करते हैं और उन्हें भ्रम में डालते हैं। अतः अध्यापक को असम्बन्धित कथनों के प्रयोग से बचाना चाहिए।

10. भाषा में धारा प्रवाह (Fluency) – भाषा प्रवाह से व्याख्या में विद्यार्थी की रुचि बनी रहती है। व्याख्या को प्रभावशाली बनाने के लिए भाषा में इतना प्रवाह होना चाहिए कि सभी विद्यार्थी उसके विचारों को सुन सकें तथा समझ सकें।

11. कथनों में तारतम्यता (Continuity in Statements) – व्याख्या को प्रभावशाली बनाने के लिए यह भी आवश्यक है कि भाषा प्रवाह के साथ-साथ उसके कथनों में तारतम्यता बनी रहे।

12. उपयुक्त शब्दों व मुहावरों का प्रयोग (Using Appropriate Words and Phrases) – अध्यापक को शब्दों व मुहावरों का प्रयोग, विद्यार्थियों की आयु, परिपक्वता स्तर के अनुकूल करना चाहिए। यदि वह ऐसा नहीं करेगा तो विद्यार्थी विषय-सामग्री को स्पष्ट रूप से नहीं समझ पाएंगे।

व्याख्या कौशल पर सूक्ष्म आदर्श पाठ योजना
(Micro Model Lesson for Explaining Skill)

छात्र-अध्यापक का नाम – कक्षा – नवम्

विषय – भूगोल समय 6 मिनट

प्रकरण – तारे तारीख –

छात्र अध्यापक कथन:- अच्छा बच्चो! आज हम तारों के विषय में पढ़ेंगे।

जब हम रात्रि में आकाश की तरफ देखते हैं तो हमें आकाश में असंख्य तारे टिमटिमाते हुए दिखाई देते हैं। वास्तव में ये तारे हमारे चारों तरफ हर समय रहते हैं परन्तु सूर्य के प्रकाश में वे दिखाई नहीं देते हैं। सूर्य भी एक तारा है। यह पृथ्वी के सबसे निकट है। अन्य सभी तारे पृथ्वी से बहुत दूर हैं इसलिए वे छोटे दिखाई देते हैं। ये तारे हमें पास-पास दिखाई देते हैं। परन्तु ये एक-दूसरे से इतने दूर होते हैं कि एक तारे का प्रकाश दूसरे तारे तक पहुँचने में कई वर्ष लग जाते हैं। तारों का रंग उनके ताप के अनुसार होता है। इसीलिए तारे अलग-अलग रंग के दिखाए जाते हैं। जैसे—पीले, लाल, सुनहरी, नारंगी।

अंत में हम कह सकते हैं कि तारे दूर-दूर होते हैं और उनका अपना प्रकाश होता है। अब मैं आपसे कुछ प्रश्न पूछूंगा :

छात्राध्यापक : बच्चों तारे दिन में क्यों नहीं दिखाई देते?

छात्र : सूर्य के प्रकाश के कारण तारे दिन में दिखाई नहीं देते।
छात्राध्यापक : तारों में प्रकाश कहाँ से आता है?
छात्र : तारे अपने प्रकाश से ही प्रकाशित होते हैं।
छात्राध्यापक : पृथ्वी के सबसे नजदीक तारा कौन-सा है?
छात्र : सूर्य।
छात्राध्यापक : तारे अलग-अलग रंग के क्यों होते हैं?
छात्र : तारों का रंग उनके ताप के अनुसार होता है।

पर्यवेक्षण अनुसूची
(Observation Schedule)

टैलियाँ	घटक	असंतोष जनक	संतोष जनक	अतिसंतोष जनक
||	प्रारंभिक कथनों का प्रयोग	1	2	3
|||	व्याख्या सेतुओं का प्रयोग	1	2	3
||	निष्कर्षात्मक कथनों का प्रयोग	1	2	3
|||	दृश्य तकनीकों का प्रयोग	1	2	3
||||	आवश्यक बिन्दुओं का समावेश	1	2	3
||	छात्रों का बोध परीक्षण	1	2	3
|||	तकनीकी शब्दों की व्याख्या	1	2	3
||||	व्याख्या में निरंतरता	1	2	3
||	असम्बन्ध कथनों का अभाव	1	2	3
||	उचित शब्दावली का प्रयोग	1	2	3

(4) श्यामपट्ट लेखन कौशल
(Skill of Blackboard Writing)

श्यामपट्ट अथवा चॉकबोर्ड महत्त्वपूर्ण दृश्य साधन है। इसका प्रयोग अध्यापक अपने पाठ को सरल, रोचक एवं आकर्षक बनाने के लिए करता है। अध्यापक को श्यामपट्ट प्रयोग करने की कला में दक्ष होना चाहिए जिससे वह इसका प्रयोग करके शिक्षण को सफल बना सके।

श्यामपट्ट पर साफ-साफ लिखा जाना, लेख का स्पष्ट रूप से पढ़ा जाना और लेखन श्यामपट्ट लेखन कहलाता है।

श्यामपट्ट लेखन कौशल के घटक (Skill of Blackboard Writing)

1. लेख की स्पष्टता अथवा पढ़ा जाना (Legibility of Handwriting) – प्रत्येक अक्षर स्पष्ट होना चाहिए। अक्षरों का आकार इतना बड़ा होना चाहिए कि कक्षा में

सबसे पीछे बैठे विद्यार्थी भी आसानी से पढ़ सकें। दो शब्दों के बीच में पर्याप्त दूरी होनी चाहिए ताकि स्पष्ट रूप से लेख पढ़ा जा सके।

2. श्यामपट्ट कार्य में स्वच्छता (Neatness in Blackboard Work) – श्यामपट्ट कार्य साफ होना चाहिए। शब्दों पर अत्यालेख नहीं होना चाहिए। वाक्य सीधी पंक्तियों में लिखने चाहिए। पंक्तियों के बीच में दूरी न बहुत कम और न बहुत ज्यादा होनी चाहिए।

3. श्यामपट्ट पर लेखन कार्य की उपयुक्तता (Appropriateness of Written Work on the Blackboard) – पाठ के महत्वपूर्ण बिन्दुओं को एक-दूसरे के पश्चात् क्रमानुसार लिखना चाहिए। इससे विद्यार्थियों को विदित रहेगा कि पाठ का विकास कैसे हो रहा है। श्यामपट्ट पर लिखते समय महत्त्वपूर्ण बिन्दुओं को रेखांकित करना चाहिए। इससे विद्यार्थियों का ध्यान आकर्षित करने में सहायता मिलती है। श्यापट्ट पर बनाये गए चित्र का आरेख स्पष्ट सरल एवं उचित आकार में होने चाहिए ताकि उनके द्वारा प्रस्तुत विचार स्पष्ट रूप से समझ आ सकें। विभिन्न भागों को स्पष्ट करने के लिए रंगीन चाकों का प्रयोग करना चाहिए।

श्यामपट्ट प्रयोग के लिए कुछ सुझाव (Suggestions for Using the Blackboard)

1. श्यामपट्ट पर लिखते समय अध्यापक को साथ-साथ ऊँची आवाज में बोलते रहना चाहिए।
2. अध्यापक को श्यामपट्ट के सामने खड़े होकर लिखी हुई सामग्री को छिपाना नहीं चाहिए।
3. रेखाचित्र की व्याख्या के लिए संकेतक का प्रयोग करना चाहिए।
4. श्यामपट्ट पर लिखा सारांश संक्षिप्त एवं पूर्णरूप से शुद्ध होना चाहिए।
5. श्यामपट्ट का न्यायसंगत प्रयोग करना चाहिए।
6. अध्यापक को प्राय: सफेद चॉक का प्रयोग करना चाहिए परन्तु महत्त्वपूर्ण बिन्दुओं पर बल देने के लिए रंगदार चॉकों का प्रयोग भी कर सकता है।
7. श्यामपट्ट पर चित्र बनाने तथा लिखने में अध्यापक की गति तेज होनी चाहिए।
8. श्यामपट्ट को साफ करने के लिए झाड़न का प्रयोग करना चाहिए।
9. श्यामपट्ट पर लिखते समय छात्रों को व्यस्त रखना चाहिए ताकि कक्षा में अनुशासनहीनता की समस्या पैदा न हो।

श्यामपट्ट प्रयोग कौशल दृश्य पक्ष से संबंधित निष्पत्ति कौशल है। यह श्रव्य पक्ष से संबंधित नहीं है। इसलिए श्यामपट्ट प्रयोग के सभी घटकों को प्रदर्शित करते हुए लिखित सूक्ष्मपाठ योजना तैयार कर पाना संभव नहीं। इसके स्थान पर विशेषज्ञ द्वारा प्रदर्शित पाठ, जिसमें श्यामपट्ट कौशल का अभ्यास किया गया हो, का वीडियो दिखाने से श्यामपट्ट कौशल प्रयोग में दक्षता प्राप्त करने का प्रयास किया जा सकता है।

चॉक बोर्ड लेखन कौशल के लिए सूक्ष्म-पाठ योजना
(Microlesson for the Skill of Chalk-board Writing)

छात्राध्यापक का नाम - रमा कक्षा = VII

विषय - गणित समय = 6

उपविषय - त्रिभुज तिथि -

प्रस्तावनात्मक कथन- बच्चों आज हम त्रिभुज के विषय में पढ़ेंगे।

छात्राध्यापक क्रियाएँ	छात्र क्रियाएँ	चॉक बोर्ड कार्य
1. छात्राध्यापक त्रिभुज का चित्र बोर्ड पर बनाकर परिभाषा बताता है कि तीन रेखाखण्डों से घिरी हुई आकृति को त्रिभुज कहते हैं।	छात्र ध्यान से सुनते हैं और देखते हैं।	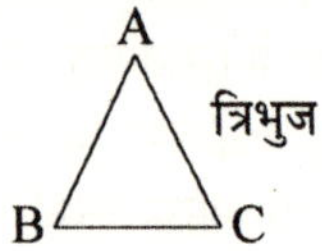 तीन रेखाखण्डों से घिरी आकृति को त्रिभुज कहते हैं।
2. छात्राध्यापक छात्रों को त्रिभुज के गुण बताता है- (*i*) त्रिभुज में तीन कोण होते हैं (*ii*) तीनों कोणों का जोड़ 180° होता है।		(*i*) त्रिभुज में तीन कोण होते हैं। (*ii*) तीनों कोणों का जोड़ 180° होता है।
3. छात्राध्यापक चॉक बोर्ड पर दो त्रिभुज बनाता है और छात्रों से कहता है बच्चो इन दोनों त्रिभुज के कोणों को चाप की सहायता से मापो।	छात्र दोनों त्रिभुजों के कोणों को चाप की सहायता से मापते हैं।	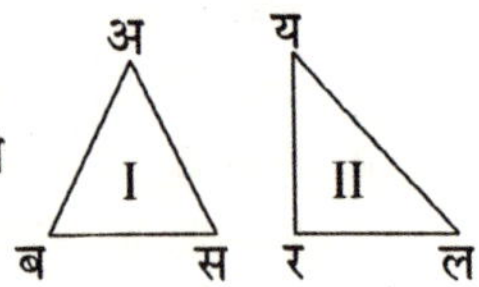
4. पहली त्रिभुज के सभी कोणों को जोड़ो। ∠अ + ∠ब + ∠स = ?	180° आता है।	∠अ + ∠ब + ∠स = 60° + 60° + 60° = 180°
5. अब दूसरी त्रिभुज के सभी कोणों को जोड़ो। ∠य + ∠र + ∠ल = र? छात्राध्यापक कथन-बच्चों इस प्रकार हमने देखा कि त्रिभुज के तीनों कोणों का योग 180° होता है।	∠य + ∠र + ∠ल = 180°	त्रिभुज II में ∠य + ∠र + ∠ल = 45° + 90° + 45° = 180°

श्यामपट्ट प्रयोग कौशल की निरीक्षण सूची का स्वरूप
(Observation Schedule for Skill of Using Blackboard)

	घटक (Components)	आवृत्तियाँ (Frequencies)		
1.	श्यामपट्ट पर लिखे अक्षर स्पष्ट थे	1	2	3
2.	श्यामपट्ट कार्य स्वच्छ था	1	2	3
3.	अक्षर सीधी रेखा में थे	1	2	3
4.	पंक्तियाँ समानांतर थीं	1	2	3
5.	अक्षरों का आकार कक्षा के अनुरूप था	1	2	3
6.	शब्दों तथा अक्षरा के बीच समुचित स्थान था	1	2	3
7.	मुख्य बिंदुओं को रेखांकित किया गया	1	2	3
8.	आवश्यकतानुसार रेखाचित्र बनाए गए	1	2	3
9.	आवश्यकतानुसार रंगीन चॉकों का प्रयोग किया गया	1	2	3
10.	पाठ से संबंधित बिंदुओं को क्रमबद्ध ढंग से लिखा गया।	1	2	3

1 = असंतोषजनक 2 = संतोषजनक 3 = अतिसंतोषजनक

(5) उदाहरणों द्वारा दृष्टांत कौशल
(Skill of Illustration with Examples)

कुछ अवधारणाएँ इतनी अमूर्त होती हैं कि व्याख्या की सहायता से विद्यार्थी उसे ठीक ढंग से नहीं समझ पाते। ऐसी परिस्थिति में एक कुशल अध्यापक विचार, अवधारणा व सिद्धान्त की व्याख्या करने के लिए उदाहरणों का प्रयोग करता है।

उदाहरण सहित दृष्टान्त कौशल एक ऐसी कला है जिसके द्वारा अध्यापक अनुकूल उदाहरणों का न्यायसंगत चयन करता है और विद्यार्थियों के सम्मुख उन्हें उचित रूप से प्रस्तुत करता है ताकि वे सम्बन्धित विचार, अवधारणा, सिद्धान्त आदि को अच्छी तरह समझ सकें और उनका उचित प्रयोग कर सकें।

उदाहरण द्वारा दृष्टांत कौशल में मुख्यत: दो प्रकियाएँ निहित होती हैं :

(1) विद्यार्थियों के सम्मुख किसी विचार अथवा सिद्धान्त को स्प्ष्ट करना।

(2) इस बात की पुष्टि करना कि विद्यार्थियों ने उस विचार को अच्छी प्रकार समझ लिया है या नहीं।

कौशल के घटक (Components of the Skill) – इस कौशल में पारंगत होने के लिए निम्नलिखित व्यवहारों का अभ्यास आवश्यक है:

1. सम्बन्धित उदाहरण का निर्माण (Formulating Relevant Examples)– उदाहरण विषय वस्तु से सम्बन्धित होने चाहिए। सम्बन्धित उदाहरण वह होता है जो व्याख्याधीन विचार अथवा सिद्धान्त को उचित रूप से समझाने में सहायक हो।

2. सरल उदाहरणें का निर्माण (Formulating Simple Examples) – साधारण उदाहरण वे होते हैं, जो विद्यार्थियों के पूर्वज्ञान या अनुभवों पर आधारित होते हैं। सरल उदाहरण विद्यार्थी को शिक्षण में अधिक-से-अधिक क्रियात्मक योगदान देने में सहायता करते हैं और प्रत्यय का स्पष्ट बोध प्रदान करते हैं।

3. रोचक उदाहरणों का निर्माण (Formulating Interesting Examples) – रोचक उदाहरणों का निर्माण वह होता है जब वह विद्यार्थियों के मन में किसी विचार, प्रत्यय या सिद्धान्त को उचित ढंग से समझने के लिए रोचकता जागृत करे और ध्यान आकर्षित करे। उदाहरण विद्यार्थियों के आयु, मानसिक स्तर व अनुभवों के अनुसार होने चाहिए।

4. उदाहरणों के लिए उचित माध्यमों का प्रयोग (Use of Appropriate Media to Illustrate) – दृष्टान्त कौशल में उचित माध्यमों द्वारा उदाहरणों का प्रयोग अत्यन्त आवश्यक है। अशाब्दिक व शाब्दिक माध्यमों द्वारा उदाहरण दिए जा सकते हैं-

(A) अशाब्दिक माध्यम (Nonverbal Media) – कक्षा में कुछ अवधारणाओं को स्पष्ट करने के लिए शब्दों का प्रयोग न करके वास्तविक या मिलती-जुलती वस्तुओं का प्रयोग किया जाता है जैसे-

(*i*) मॉडल (Model) – मॉडल वास्तविकता को दर्शाता है। मॉडल का प्रयोग तब किया जाता है जब वास्तविक वस्तुओं का प्रयोग असम्भव हो जैसे डेम, आँख, पाचन प्रक्रिया आदि का मॉडल। इनके प्रयोग से पाठ को रुचिकर बनाया जा सकता है।

(*ii*) रेखाचित्र, मानचित्र एवं चार्ट (Diagrams, Maps and Charts) – गणित, विज्ञान, पर्यावरण अध्ययन आदि के शिक्षण में रेखाचित्र, मानचित्र एवं चार्ट का प्रयोग करना चाहिए।

(*iii*) चित्र (Pictures) – कई बार कक्षा में वास्तविक वस्तु, मॉडल-इत्यादि का प्रदर्शन संभव नहीं होता तो शिक्षक चित्र का प्रयोग कर सकता है। इतिहास के पाठों में विद्यार्थियों को सम्राटों, प्राचीन लोगों की वेशभूषाओं, हथियारों आदि के चित्र दिखाए जा सकते हैं।

(*iv*) पदार्थ या वस्तु (Object) – कई विचारों को स्पष्ट करने के लिए वास्तविक पदार्थों का प्रयोग किया जा सकता है। विज्ञान के पाठ में फूलों, टहनियों, पत्तों आदि का प्रयोग किया जा सकता है।

(B) शाब्दिक माध्यम (Verbal Media)

शाब्दिक माध्यम से अभिप्राय है शिक्षक शिक्षा में विचारों, सिद्धांतों को स्पष्ट करने के लिए शब्दों का प्रयोग करे। कुछ प्रमुख शाब्दिक माध्यम निम्नलिखित हैं :

(*i*) उदाहरण (Examples) – दृष्टांत कौशल में उदाहरणों का प्रमुख स्थान है। इनके द्वारा विषयवस्तु को सरल व रुचिकर बनाया जा सकता है।

(*ii*) शाब्दिक चित्र (Verbal Pictures) – किसी घटना का अध्यापक श्यामपट्ट पर चित्र बनाकर उससे सम्बन्धित शब्दों को लिखकर स्पष्टीकरण कर सकता है।

***(iii)* तुलना (Comparison)** – किसी वस्तु को स्पष्ट करने के लिए अध्यापक तुलना की सहायता ले सकता है। जैसे निर्जीव व सजीव वस्तुओं के गुणों को तुलना द्वारा अच्छे ढंग से समझा जा सकता है।

***(iv)* कहानी कथन (Story)** – 'ईमानदारी सर्वोतम नीति है' इसे पढ़ाते समय लकड़हारा और जल देवता की कहानी सुनाई जा सकती है।

5. उचित उपागम का प्रयोग (Use of Appropriate Approach) – दृष्टान्त कौशल में आगमन एवं निगमन दोनों प्रकार के उपागमों की आवश्यकता पड़ती है।

***(i)* आगमन उपागम (Inductive Approach)** – कक्षा में किसी अवधारणा को स्पष्ट करने के लिए शिक्षक विभिन्न उदाहरण प्रस्तुत करता है, विद्यार्थियों से ही नियम एवं अन्य सूचनाएँ निकलवाता है और उनका सामान्यीकरण करता है। इसे आगमन उपागम कहते हैं।

***(ii)* निगमन उपागम (Deductive Approach)** – इस उपागम में अध्यापक किसी अवधारणा की व्याख्या करने से पहले उसका अर्थ, परिभाषा, नियम आदि बता देता है और फिर उदाहरणों की सहायता से स्पष्ट करता है।

उदाहरणों सहित दृष्टान्त कौशल में दोनों प्रकार के उपागमों की आवश्यकता होती है। अत: अध्यापक को दोनों प्रकार के उपागमों का मिश्रित प्रयोग करना चाहिए।

दृष्टान्त के प्रयोग के लिए सुझाव (Suggestions to Use Illustration)

1. दृष्टान्त सरल, उपयुक्त तथा बोधगम्य होने चाहिए।
2. लम्बे व अधिक उदाहरणों का प्रयोग नहीं करना चाहिए।
3. वे उपविषय से सम्बन्धित होने चाहिए।
4. वे रुचिकर होने चाहिए।
5. दृष्टान्त प्रदर्शन के लिए पर्याप्त समय देना चाहिए जिससे विद्यार्थी उसे समझने में पूरा ध्यान लगा सकें।

उदाहरण सहित दृष्टान्त कौशल के लिए आदर्श सूक्ष्म पाठ योजना (Model Microlesson Plan for Skill of Illustration with Examples)

छात्राध्यापक का नाम –	कक्षा – सातवीं
विषय – विज्ञान	समय – 6 मिनट
उपविषय – ग्रहों का परिचय	तिथि –

छात्राध्यापक: ग्रह से आप क्या समझते हैं?
छात्र: जिन आकाशीय पिण्डों में स्वयं का प्रकाश और गर्मी नहीं होती उन्हें ग्रह कहते हैं।
छात्राध्यापक: कुछ ग्रहों के नाम बताओ।
छात्र: मंगल, बुद्ध, शनि, पृथ्वी आदि।

छात्राध्यापक: ग्रहों की क्या विशेषताएँ होती हैं?

छात्र: (i) ग्रह सूर्य के चारों ओर चक्कर काटते हैं।

(ii) ग्रहों में स्वयं की गर्मी नहीं होती।

छात्राध्यापक: उपग्रह किसे कहते हैं?

छात्र: जो आकाशीय पिण्ड ग्रहों के चारों ओर चक्कर लगाते हैं, उन्हें उपग्रह कहते हैं।

छात्राध्यापक: किसी उपग्रह का उदाहरण दीजिए।

छात्र: चन्द्रमा एक उपग्रह है।

छात्राध्यापक: पृथ्वी का उपग्रह कौन-सा है?

छात्र: चन्द्रमा।

छात्राध्यापक: तारों से आप क्या समझते हैं?

छात्र: जिन आकाशीय पिंडों में स्वयं का प्रकाश तथा गर्मी होती है उन्हें तारा कहते हैं।

छात्राध्यापक: तारा का उदाहरण दीजिए।

छात्र: सूर्य एक तारा है।

पर्यवेक्षण अनुसूची (Observation Schedule)

टैलियां	घटक	निर्धारण मापन		
	उदाहरणों की सम्बद्धता	1	2	3
	उदाहरण की सरलता	1	2	3
	रोचक उदाहरण	1	2	3
	माध्यमों की उपयुक्तता	1	2	3
	उपागम की उपयुक्तता	1	2	3
	बोध के सूचक थे	1	2	3
	छात्रों द्वारा दत्त दृष्टान्त	1	2	3

1 = असंतोषजनक, 2 = संतोषजनक, 3 = अतिसंतोषजनक

(6) विवरण कौशल
(Skill of Narration)

व्याख्या तथा विवरण एक ही सिक्के के दो पहलू हैं। हम किसी स्थान या व्यक्ति के बारे में व्याख्या करते हैं परन्तु किसी घटना का विवरण देते हैं। यह एक बौद्धिक क्रिया है।

विवरण का अर्थ है-कहानियाँ सुनाना या घटनाओं का वर्णन करना।

पेंटन के अनुसार, विवरण अपने-आप में एक कला है, जिसका लक्ष्य वाणी के माध्यम से विद्यार्थियों के सम्मुख स्पष्ट, रोचक एवं विधिवत क्रम से घटनाओं को इस प्रकार प्रस्तुत करना है कि वे अपनी कल्पनाओं में उनका ऐसे पुनर्निर्माण कर सकें जैसे वे स्वयं उनके दर्शक हो या उनमें भाग ले रहे हो।

विवरण कौशल वह कला है जिसके द्वारा अध्यापक अन्तर्सम्बन्धित कथनों की सहायता से कोई तथ्य, नियम, सिद्धान्त का बोधगम्य कराता है। यह एक शाब्दिक कौशल है जिसके दो प्रमुख तत्त्व हैं-

1. विद्यार्थियों की आयु, परिपक्वता एवं पूर्व ज्ञान के अनुकूल तथा अवधारणा, नियम, घटना के अनुकूल उचित कथनों का चयन करना।

2. अवधारणा, विचार अथवा घटना आदि के बोध के लिए चुने हुए कथनों में अन्तर्सम्बन्ध स्थापित करना व उनका प्रयोग करना।

विवरण कौशल में तीन प्रकार के कथन प्रयुक्त होते हैं :

1. वर्णनात्मक कथन।
2. अर्थात्मक कथन।
3. तर्कात्मक कथन।

विवरण कौशल के घटक (Components of the Skill of Narration) – विवरण कौशल के घटक लगभग व्याख्या कौशल घटकों के समान हैं-

1. प्रस्तावना कथन का प्रयोग (Use of Introductory Statement) – विवरण से पहले प्रस्तावनात्मक कथन का प्रयोग विद्यार्थियों में मानसिक तत्परता उत्पन्न करता है और वे विवरण के लिए तैयार हो जाते हैं।

2. उपयुक्त भाषा का प्रयोग (Use of Suitable Language) – अध्यापक के द्वारा भाषा का प्रयोग विद्यार्थियों के मानसिक स्तर के अनुसार किया जाना चाहिए।

3. विवरण में निरन्तरता (Continuity in Narration) – कथनों के प्रस्तुतीकरण में विचारों की निरन्तरता बनी रहनी चाहिए। यह विवरण को प्रभावी बनाने में सहायक होता है।

4. गतिशीलता (Movements) – विद्यार्थियों के ध्यान को बनाए रखने के लिए अध्यापक को कक्षा में घूमना चाहिए। इस बात का ध्यान रखना चाहिए कि गतिशीलता सीमित होनी चाहिए जिससे विद्यार्थियों के ध्यान को उच्च स्तर का रखा जा सके।

5. निष्कर्षात्मक कथन (Concluding Statement) – विवरण के अन्त में निष्कर्षात्मक कथन का प्रयोग करना चाहिए। ये कथन विवरण का समुचित चित्र विद्यार्थियों के सामने प्रस्तुत करता है।

6. दृश्य तकनीकों का प्रयोग (Use of Visual Techniques) – विवरण को प्रभावी बनाने के लिए चॉकबोर्ड, चार्ट एवं अन्य दृश्य सामग्री का प्रयोग करना चाहिए।

7. हाव-भाव का प्रयोग (Use of Gestures) – अध्यापक विद्यार्थियों का ध्यान आकर्षित करने के लिए हाथ-पाँव, आँख, चेहरे आदि के संकेतों का प्रयोग करता है। किसी वस्तु के आकार का संकेत देने के लिए, भावनाओं को व्यक्त करने के लिए शरीर के विभिन्न भागों का चलन ही हाव-भाव दर्शाना है।

8. स्वर में परिवर्तन (Change in Voice) – किसी विशिष्ट घटना पर बल देने के लिए अध्यापक स्वर में समय-समय पर परिवर्तन कर सकता है। आवाज में परिवर्तन

विद्यार्थियों का ध्यान आकर्षित करते हैं और शिक्षण को अधिक रुचिकर बनाते हैं।

9. कथन के रूप में परिवर्तन (Change in Form of Speceh) – अध्यापक को कभी प्रत्यक्ष कथन, कभी अप्रत्यक्ष कथन, या कभी वार्तालाप शैली का प्रयोग करना चाहिए।

विवरण कौशल का अभ्यास करते समय सावधानियाँ (Precautions While Practising Skill of Narration)

1. विवरण विद्यार्थियों की आयु, रुचि व मानसिक स्तर के अनुकूल होने चाहिए।

2. घटना का विवरण करते समय मानचित्र, रेखाचित्र व मॉडल का प्रयोग कर उसे सजीव बनाना चाहिए।

3. विवरण न तो बहुत अधिक लम्बा होना चाहिए और न ही बहुत छोटा।

4. अध्यापक को अपने विषय पर पूर्ण अधिकार होना चाहिए।

5. अध्यापक के द्वारा उचित कथनों का प्रयोग कर विवरण को रुचिकर शैली में प्रस्तुत करना चाहिए।

आदर्श सूक्ष्म पाठ योजना (Model Micro Lesson Plan)
कौशल : विवरण (Skill : Narration)

छात्राध्यापक का नाम:	कक्षा – IX
विषय – सामाजिक अध्ययन	समय = 6 मिनट
उपविषय – बेरोजगारी के प्रकार	तिथि

छात्राध्यापक : छात्रों! हमारे देश में अनेक तरह की समस्याएँ हैं जिनमें से बेरोजगारी एक प्रमुख समस्या है। आज हम बेरोजगारी के विषय में पढ़ेंगे। बेरोजगारी से हमारा अभिप्राय है जब एक व्यक्ति को उसकी योग्यता एवं रुचि के अनुसार कार्य न मिले। (प्रस्तावित कथन)

बेरोजगारी तीन प्रकार की होती है :

1. मौसमी बेरोजगारी
2. छिपी हुई बेरोजगारी (चार्ट दिखाते हुए)
3. तकनीकी बेरोजगारी

1. मौसमी बेरोजगारी–जब मौसम में परिवर्तन हो जाने के कारण कोई व्यक्ति बेरोजगार हो जाता है तो उसे मौसमी बेरोजगारी कहते हैं। जैसे मौसम परिवर्तन होने पर जब गन्ना उपलब्ध नहीं होता तो चीनी मिल बन्द हो जाती है और श्रमिक बेरोजगार हो जाते हैं। (तकनीकी शब्दों की व्याख्या)

2. छिपी हुई बेरोजगारी–जब एक काम में जरूरत से अधिक व्यक्ति लगे हों और उन्हें हटाने पर उत्पादन पर कोई फर्क नहीं पड़े तो उसे हम छिपी हुई बेरोजगारी कहते हैं। (हाव-भाव में परिवर्तन)

3. तकनीकी बेरोजगारी—जब व्यक्ति तकनीक में परिवर्तन के फलस्वरूप बेरोजगार हो जाता है तो उसे तकनीकी बेरोजगारी कहते हैं। यह बेरोजगारी ज्यादातर उद्योगों में पाई जाती है। (स्वर में परिवर्तन)

अंत में हम कह सकते हैं कि बेरोजगारी तीन तरह की होती है—मौसमी, तकनीकी व छिपी हुई बेरोजगारी (निष्कर्षात्मक कथन)

छात्राध्यापक कथन—अत: आप सभी को बेरोजगारी के विषय में जानकारी हो गई होगी। वह छात्रों से बोध परीक्षा करने के लिए कुछ प्रश्न पूछता है—

छात्राध्यापक क्रियाएँ	छात्र क्रियाएँ
1. बेरोजगारी से क्या अभिप्राय है?	जब एक व्यक्ति को उसकी योग्यता व रुचि के अनुसार कार्य न मिले।
2. बेरोजगारी कितनी तरह की होती है?	बेरोजगारी तीन तरह की होती है।
3. मौसमी बेरोजगारी का अर्थ बताइए।	जब मौसम में परिवर्तन हो जाने के कारण व्यक्ति बेरोजगार हो जाते हैं।
4. तकनीकी बेरोजगारी से आप क्या समझते हैं?	तकनीकी परिवर्तन के कारण आई बेरोजगारी तकनीकी बेरोजगारी कहलाती है।

पर्यवेक्षण अनुसूची (Observation Schedule)

टैलियां	घटक	असंतोष जनक	संतोष जनक	अतिसंतोष जनक
	प्रस्तावना कथन का प्रयोग	1	2	3
	उचित भाषा का प्रयोग	1	2	3
	स्वर में परिवर्तन	1	2	3
	हाव-भाव का प्रयोग	1	2	3
	विवरण में निरन्तरता	1	2	3
	गतिशीलता	1	2	3
	निष्कर्षात्मक कथन	1	2	3
	तकनीकी शब्दों की व्याख्या	1	2	3
	मुख्य बिन्दुओं को समाहित करना	1	2	3

(7) कथात्मक कौशल
(Skill of Story-Telling)

छोटी कक्षाओं में शिक्षण के लिए कथात्मक कौशल का प्रयोग बहुत उपयोगी एवं प्रभावशाली है। प्राथमिक कक्षाओं में बच्चों को प्राचीन समय के महान पुरुषों तथा स्त्रियों की, प्रसिद्ध

शासकों, सुधारकों, साधुओं वैज्ञानिकों तथा व्यापार की कहानियाँ सुनाई जा सकती हैं बालक स्वभावतः कहानी प्रिय होते हैं। अध्यापक के अन्दर इस कौशल का होना अनिवार्य है। इस कौशल के प्रयोग के लिए अध्यापक की कल्पना शक्ति उत्तम हो, अतीत का उचित तथा पूर्ण ज्ञान हो और अवसर के अनुसार कहानियों के प्रयोग के लिए उपयुक्त संग्रह हो। **कथात्मक कौशल** ऐसी कला है जिसके द्वारा अध्यापक उचित कहानी का चयन करता है और उसे विद्यार्थियों के समाने उचित रूप से प्रस्तुत करता है ताकि वे सम्बन्धित विचार, अवधारणा आदि को अच्छी तरह समझ सके और उनके आदर्शों का अनुसरण करने की प्रेरणा प्राप्त कर सके।

कौशल के घटक (Components of the Skill)

1. रुचिकर (Interesting) – कहानी विद्यार्थियों की आयु तथा रुचि के अनुकूल होनी चाहिए। छोटी कक्षा के विद्यार्थियों के लिए ऐसी कहानियों का चयन करना चाहिए जो उनकी कल्पना व कौतूहल प्रवृत्ति को सन्तुष्ट करें। यदि विद्यार्थी 12 वर्ष या इससे बड़े हैं तो उन्हें क्रियाशील पात्रों की कहानियाँ सुनानी चाहिए। शिक्षक को स्वयं कथा में रुचि लेनी चाहिए ताकि वह विद्यार्थियों में भी रुचि पैदा कर सके।

2. आवाज में उतार-चढ़ाव (Change in Voice) – एक ही प्रकार की आवाज से विद्यार्थी ऊब जाते हैं और कहानी में रुचि नहीं लेते। अध्यापक को अपनी आवाज में उतार-चढ़ाव लाते रहना चाहिए जिससे कहानी के विशिष्ट भाग पर बल दिया जा सके।

3. प्राकृतिक (Natural) – कहानी प्राकृतिक तथा भावपूर्ण होनी चाहिए। जिस कहानी को अध्यापक विद्यार्थियों को सुनाता है उसके बारे में उसे पूर्ण होना चाहिए।

4. हाव-भाव (Use of gestures) – कहानी को रुचिकर बनाने के लिए व विद्यार्थियों का ध्यान आकर्षित करने के लिए हाव-भाव जैसे मुख-मुद्रा, आँखों के इशारे, हाथ के संकेत सिर हिलाना आदि का प्रयोग करना चाहिए।

5. भाषा (Language) – कहानी की भाषा विद्यार्थियों के मानसिक स्तर के अनुकूल होनी चाहिए जिससे वे उसको समझने में समर्थ हो सके तथा उनका ध्यान लगा रहे।

6. क्रमबद्ध (Systematic) – शिक्षक को कथा क्रमबद्ध रूप में कहनी चाहिए और जो कहानियों वह कहे, वह जीवन गाथाओं के रूप में हो।

7. विद्यार्थियों का सहयोग (Involvement of Students) – कहानी कहते समय अध्यापक को विद्यार्थियों की सहायता लेनी चाहिए। उनको सक्रिय बनाए रखने के लिए तथा विषय-वस्तु को बोधगम्य बनाने के लिए प्रश्नों का प्रयोग करना चाहिए।

8. दृश्य-श्रव्य सामग्री का प्रयोग (Use of Audio-Visual Aids) – चॉकबोर्ड पर कहानी की प्रमुख बातों, स्थलों तथा तिथियों को लिखना चाहिए ताकि विद्यार्थी उन्हें बाद में याद कर सकें। किसी विशेष बिन्दु की तरफ छात्रों का ध्यान केन्द्रित करने के लिए सहायक सामग्री का प्रयोग करना चाहिए।

9. विद्यार्थियों का बोध परीक्षण (Testing Pupil's Understanding) – कहानी के अन्त में कुछ प्रश्नों द्वारा बोध परीक्षण करना चाहिए। इन प्रश्नों द्वारा अध्यापक को पृष्ठपोषण मिलता है कि विद्यार्थी कहानी को अच्छी तरह समझ पाए हैं या नहीं।

कथात्मक कौशल पर सूक्ष्म पाठ योजना
(Micro Lesson Plan for Skill of Story-Telling)

छात्र अध्यापक का नाम –	कक्षा – सातवीं
विषय – सामाजिक विज्ञान	समय – 6 मिनट
उपविषय – महात्मा गाँधी	तारीख –

प्रस्तावनात्मक कथन – अच्छा बच्चो! आज हम महात्मा गाँधी के विषय में पढ़ेंगे।

एक बार गाँधी जी को रेल यात्रा करनी पड़ी। उनके एक अंग्रेज मित्र ने अपनी टिकट के साथ उनकी भी प्रथम श्रेणी की टिकट ला कर दे दी। गांधी जी प्रथम दर्जे में यात्रा कर रहे थे कि चैकर आया और गांधी जी की टिकट चैक करते हुए बोला–तुम भारतीय प्रथम दर्जे में यात्रा नहीं कर सकते। तुम्हें सैकिण्ड दर्जे में जाना होगा। इस पर गाँधी जी ने स्टेशन आने पर स्टेशन मास्टर को शिकायत दर्ज कराते हुए पूछा कि क्या आपके देश में अलग-अलग व्यक्तियों के लिए अलग-अलग कानून है। इस पर उन्होंने जवाब दिया कि नहीं, इंग्लैंड का कानून सभी व्यक्तियों के लिए बराबर है। इस पर गाँधी जी की जीत हुई। वह अपने हक की लड़ाई कानून से लड़ते थे और जीत प्राप्त करते थे। इसी प्रकार गांधीजी ने अपने जीवन में अनेक लड़ाइयाँ लड़ी व जीती।

शिक्षा : इस कहानी से हमें यह शिक्षा मिलती है कि हमें अपने हक के लिए हमेशा लड़ना चाहिए। अब मैं आपसे कुछ प्रश्न पूछूंगा–

छात्राध्यापक : बच्चो! महात्मा गांधी कौन-सी श्रेणी में यात्रा कर रहे थे?

छात्र : प्रथम श्रेणी में।

छात्राध्यापक : टिकट चैकर ने गांधीजी को कौन-से दर्जे में जाने को कहा?

छात्र : सैकिण्ड दर्जे में।

छात्राध्यापक : इस कहानी से हमें क्या शिक्षा मिलती है?

छात्र : इस कहानी से हमें यह शिक्षा मिलती है कि हमें हक के लिए लड़ना चाहिए।

निरीक्षण अनुसूची
(Observation Schedule)

टैलियां	घटक	असंतोष जनक	संतोष जनक	अतिसंतोष जनक
	आवाज में उतार-चढ़ाव	1	2	3
	उचित शब्दावली का प्रयोग	1	2	3
	क्रमबद्धता	1	2	3
	हाव-भाव का प्रयोग	1	2	3
	विद्यार्थियों का सहयोग	1	2	3
	दृश्य-श्रव्य सामग्री का प्रयोग	1	2	3
	रुचिकर	1	2	3
	छात्रों का बोध-परीक्षण	1	2	3

(8) अभिनय कौशल
(Skill of Dramatisation)

अभिनयीकरण अथवा नाटकीकरण का शिक्षण में बहुत अधिक महत्त्व है। सही और उचित समय पर किया गया अभिनय शिक्षण को अधिक रोचक, सरल एवं प्रभावपूर्ण बनाने में सहायता करता है।

नाटकीकरण का अर्थ है–किसी तथ्य, कथानक या भाव को अंग संचालन या चेहरे पर दर्शाए गए हाव-भाव द्वारा समझाना। नाटकीकरण एक कला है जो विद्यार्थियों की कल्पना शक्तियों को विकसित करने में सहायक होता है। इसके द्वारा बच्चों में सामाजिक गुणों का भी विकास होता है। अभिनय कौशल का प्रयोग यदि शिक्षक अच्छे ढंग से करता है तो इससे केवल बालक की प्राकृतिक शक्तियों का विकास ही नहीं होता बल्कि बालक का संपूर्ण सर्वांगीण विकास किया जा सकता है। सर्वांगीण विकास से सृजनात्मक शक्तियों का विकास भी होता है। अभिनय कौशल के द्वारा शिक्षक विषयवस्तु को रुचिकर बनाकर आसानी से समझा सकता है।

नाटकीकरण कौशल से अभिप्राय ऐसी शिक्षण तकनीक से है जिसके द्वारा अध्यापक किसी तथ्य, संप्रत्यय या भाव को अंग संचालन या चेहरे पर दर्शाए गए हाव-भाव द्वारा समझाकर शिक्षण को रुचिकर सरल एवं प्रभावपूर्ण बनाने का प्रयत्न करता है।

कौशल के घटक (Components of the Skill)

नाटकीकरण कौशल के निम्न घटक है–

***(i)* बोलने में निरन्तर प्रवाह** (Fluency in Speaking) – नाटकीकरण को प्रभावशाली बनाने के लिए यह आवश्यक है कि पात्र प्रभावपूर्ण भाषा बोले तथा उसमें इतना प्रवाह होना चाहिए कि सभी विद्यार्थी आसानी से नाटक में रुचि ले सकें।

***(ii)* शब्दों का स्पष्ट एवं उचित उच्चारण** (Clear and Correct pronunciation of the words) – शब्दों का उच्चारण स्पष्ट एवं सही होना चाहिए।

***(iii)* सरल भाषा का प्रयोग** (Use of Simple Language) – अभिनय की भाषा सरल होनी चाहिए। शब्दों तथा वाक्यों का प्रयोग विद्यार्थियों की आयु एवं परिपक्वता स्तर के अनुकूल करना चाहिए। यदि ऐसा नहीं होगा तो विद्यार्थी विषय-सामग्री को स्पष्ट रूप से नहीं समझ पाएंगे।

***(iv)* घटनाओं का क्रम** (Sequence of Events) – अभिनय को प्रभावशाली बनाने के लिए यह जरूरी है कि भाषा प्रवाह के साथ-साथ कथनों में तारतम्यता बनी रहे। घटनाओं को क्रमबद्ध ढंग से प्रस्तुत करना चाहिए ताकि विद्यार्थियों के लिए समझना आसान हो जाए।

***(v)* स्वर में उतार-चढ़ाव** (Change in Voice) – स्वर में आवश्यकतानुसार उतार-चढ़ाव लाना चाहिए।

***(vi)* हाव-भावों का संतुलन** (Balance in Gestures) – नाटकीकरण रुचिकर, प्राकृतिक तथा भाव-पूर्ण होना चाहिए। हाथों, सिर, आँख तथा चेहरे के भावाभिव्यक्ति के संचालन से विभिन्न भावों को व्यक्त करना चाहिए।

***(vii)* विद्यार्थियों का क्रियात्मक सहयोग** (Active Participation of Students) – नाटक करते समय विद्यार्थियों की सहायता लेनी चाहिए ताकि विद्यार्थी सक्रिय एवं सतर्क रहें। विषयवस्तु को बोधगम्य बनाने के लिए बीच-बीच में प्रश्न पूछने चाहिए।

***(viii)* सुन्दर प्रस्तुतीकरण** (Beautiful Presentation) – नाटक को रुचिकर एवं प्रभावशाली ढंग से प्रस्तुत करना चाहिए।

नाटकीकरण कौशलः सूक्ष्म पाठ योजना
(Skill of Dramatisation: A Micro-lesson Plan)

विषय : अंकगणित — अनुक्रमांक ----

उपविषय = जमा एवं घटा — समय : 6 मिनट

प्रस्तावना कथन–अच्छा बच्चों! आज हम जमा करना सीखेंगे।

	छात्र-अध्यापक क्रियाएँ	*छात्र क्रियाएँ*
1.	अच्छा बच्चों। बताओ मेरे हाथ में कितनी पेंसिल हैं। 	दो पेंसिल
2.	अध्यापक, राधा को खडी कर उसके हाथ में तीन पेंसिल देता है। और पूछता है। अच्छा बच्चो, बताओ राधा के हाथ में कितनी पेंसिल हैं। 	तीन पेंसिल
3.	यदि मैं अपनी दो पेंसिलें राधा को दे दूं तो उसके पास कितनी पेंसिलें हो जाएंगी। 	3+2=5 पेंसिलें सर, राधा के पास अब 5 पेंसिलें होंगी।
4.	अब अध्यापक घटा का संप्रत्यय स्पष्ट करने के लिए राम और श्याम को खड़ा करता है। अध्यापक राम को 3 पैन देता है और पूछता है। अच्छा बच्चों बताओ राम के हाथ में कितने पैन हैं?	तीन पैन
5.	राम यदि दो पैन श्याम को दे दे तो उसके पास कितने पैन रह जाएंगे?	एक पैन
6.	बच्चों बताओ तीन में हम दो घटाएं तो क्या शेष बचेगा?	3−2=1

इस तरह अध्यापक खेल-खेल में तथा अभिनय द्वारा जमा तथा घटा का संप्रत्यय विद्यार्थियों को रुचिकर ढंग से स्पष्ट कर सकता है।

निरीक्षण अनुसूची एवं निर्धारण मापनी
(Observation Schedule Cum Rating Scale)

आवृत्ति	घटक	निर्धारण मापनी
	सरल भाषा का प्रयोग	0 1 2 3 4
	हाव-भाव का उचित प्रयोग	0 1 2 3 4
	स्वर में उतार-चढ़ाव	0 1 2 3 4

आवृत्ति	घटक	निर्धारण मापनी
	शब्दों का स्पष्ट एवं उचित उच्चारण	0 1 2 3 4
	बोलने में निरन्तर प्रवाह	0 1 2 3 4
	सुन्दर प्रस्तुतीकरण	0 1 2 3 4
	घटनाओं का क्रम	0 1 2 3 4
	बच्चों का क्रियात्मक सहयोग	0 1 2 3 4

0 – अत्यधिक कम　　3 = अच्छा

1 = कम　　4 = बहुत अच्छा

2 = औसत

इस प्रकार अध्यापक विभिन्न शिक्षण कौशलों का प्रयोग करके अपने शिक्षण को रुचिकर व प्रभावी बना सकता है। यदि आवश्यकता हो तो एक ही पाठ को पढ़ाने के लिए विभिन्न शिक्षण कौशलों का एकीकृत रूप में प्रयोग कर सकता है। विभिन्न शिक्षण कौशलों के प्रयोग के परिणामस्वरूप शिक्षण क्रियाओं की सफलता ही शिक्षण कला बन जाती है। अत: शिक्षण-कौशल शिक्षक के व्यवहारों का एक समूह होता है जो विद्यार्थियों के अधिगम में किसी न किसी प्रत्यक्ष या अप्रत्यक्ष रूप में सहायता करता है। सभी शिक्षण कौशल शिक्षक की योग्यताओं का व्यावहारिक पक्ष प्रस्तुत करते हैं।

अध्याय 9

बहुश्रेणी अथवा बहुकक्षा शिक्षण/ एक अध्यापकीय स्कूल (Multigrade Teaching / Single Teacher School)

'बहुश्रेणी अथवा बहुकक्षा शिक्षण प्राथमिक शिक्षा के सार्वभौमीकरण के लक्ष्य को प्राप्त करने के लिए अत्यावश्यक है।'

भारत में प्राथमिक शिक्षा स्तर पर एक अध्यापकीय स्कूलों का महत्त्वपूर्ण स्थान रहा है। प्राचीन काल में आश्रम एवं गुरुकुल एक अध्यापकीय स्कूल ही थे। उस समय एक ही गुरु छात्रों को विभिन्न स्तरों पर विभिन्न विषयों की शिक्षा दिया करते थे। मुस्लिम युग और ब्रिटिश काल में भी अधिकांश स्कूल एक अध्यापकीय स्कूल ही थे।

आज भी भारतवर्ष में प्राथमिक स्तर पर एक अध्यापकीय या दो अध्यापक वाले स्कूल अस्तित्व में हैं जिनका वर्तमान शिक्षण-प्रणाली में महत्त्वपूर्ण स्थान है। छोटी-छोटी आबादियों के कारण एक अध्यापकीय स्कूलों का होना जरूरी है। ऐसे स्कूलों में एक या दो अध्यापक को सभी कक्षाओं को पढ़ाना होता है इसलिए इसे बहुकक्षीय शिक्षण कहते हैं। शिक्षण कार्य के साथ-साथ शिक्षक को स्कूल में होने वाली दूसरी शैक्षिक क्रियाओं का भी प्रबन्ध करना होता है।

बहुकक्षा शिक्षण के कारण (Causes of Multigrade Teaching) – प्राचीन काल में शिक्षा केवल प्रतिष्ठित परिवारों तक सीमित होने के कारण एक अध्यापकीय स्कूलों की संख्या कम थी। लेकिन धीरे-धीरे इनकी संख्या में वृद्धि हुई। NCERT के द्वारा दिए गए आंकड़ों के अनुसार 1949 में इन स्कूलों की संख्या 38094 थी जो 1964-65 में बढ़कर 2,60,000 हो गई। एक अध्यापकीय स्कूलों की वृद्धि के निम्नलिखित मुख्य कारण हैं–

1. धन का अभाव (Meager Funds) – धन के अभाव के कारण दूर-दराज की बस्तियों में प्राथमिक स्तर पर बहु-अध्यापकीय स्कूलों को खोला जाना संभव नहीं। इस स्तर पर एक अध्यापकीय स्कूलों की व्यवस्था की जा सकती है जिन पर बहु-अध्यापकीय स्कूलों की तुलना में बहुत कम खर्चा होता है।

2. अध्यापकों की कमी (Non-availability of Teachers) – अधिकांश अध्यापक गाँवों में काम करने के लिए तैयार नहीं होते। किसी एक अध्यापक की नियुक्ति करके जो गाँव में काम करने का इच्छुक हो, इस कठिनाई को दूर किया जा सकता है।

3. निकटतम सम्बन्ध का सिद्धान्त (Theory of Intimate Relationship) – ऐसे स्कूलों में शिक्षक का सभी विद्यार्थियों के साथ घनिष्ठ सम्बन्ध हो जाता है। वह उनकी व्यक्तिगत समस्याओं और आवश्यकताओं को समझता हुआ शिक्षण-प्रणाली में परिवर्तन कर सकता है।

4. शिक्षक को आजादी (Freedom to Teacher) – एक अध्यापकीय स्कूल में अध्यापक को कार्य करने की स्वतन्त्रता होती है। वह स्कूल की विभिन्न शिक्षण प्रक्रियाओं में स्वतन्त्रतापूर्वक एवं आवश्कतानुसार परिवर्तन कर सकता है।

5. प्राइमरी शिक्षा का विस्तार (Expansion of Primary Education) – उन इलाकों में जहाँ स्कूल जाने वाले बच्चों की संख्या कम है, वहाँ एक अध्यापकीय स्कूलों की स्थापना करके प्राइमरी शिक्षा का विस्तार किया जा सकता है।

6. माता-पिता के साथ सम्बन्ध (Relation with Parents)–एक अध्यापकीय स्कूल में शिक्षक के बच्चों के माता-पिता के साथ मैत्रीपूर्ण सम्बन्ध हो जाते हैं। जिससे दोनों मिलकर बच्चों की विभिन्न समस्याओं को हल कर सकते हैं।

7. शिक्षा की मानीटोरियल प्रणाली (Monitorial System of Education)– इस प्रणाली में बड़ी कक्षा के विद्यार्थियों को कुछ समय के लिए छोटी कक्षा के विद्यार्थियों को पढ़ाना पड़ता है। शिक्षक मॉनीटर की सहायता से सभी कक्षाओं को क्रमानुसार पढ़ाता है। इस प्रकार एक ही अध्यापक इस प्रणाली के अन्तर्गत चार-पाँच कक्षाओं का शिक्षण कार्य चलाता है। शिक्षक-कक्षाओं में क्रमानुसार शिक्षण तभी करता है जब शेष कक्षाओं को या तो याद करने का या लिखने का कोई कार्य प्रदान कर दिया जाता है या कक्षा में नियुक्त मॉनीटर द्वारा शेष कक्षाओं को पढ़ाया जाता है। इस प्रकार अध्यापक शिक्षण कार्य को संचालित करता है।

शिक्षा की वर्तमान आवश्यकताओं एवं व्यवस्था की समस्याओं के कारण एक अध्यापकीय विद्यालयों को बन्द करने के प्रयास किए जा रहे हैं। लेकिन उपरोक्त परिस्थितियों के कारण आज भी इन विद्यालयों का अस्तित्व बना हुआ है। यदि हम प्राथमिक शिक्षा के सार्वभौमिक लक्ष्य को प्राप्त करना चाहते हैं तो एक अध्यापकीय स्कूलों को चालू रखना होगा।

प्रसिद्ध शिक्षाविद् पारुलेकर के शब्दों में, "जो इन विद्यालयों को बन्द या समाप्त करने का समर्थन करते हैं, वे भारतीय शिक्षा-प्रणाली के ढाँचे में इसकी अनिवार्यता को नहीं देख पा रहे। इस समस्या का ठीक हल यह है कि इनको समाप्त करने की बजाय इनका सुधार किया जाए।"

बहुकक्षा शिक्षण की समस्याएँ (Problems of Multigrade Teaching) – बहु:कक्षा शिक्षण में शैक्षिक एवं व्यवस्था सम्बन्धी अनेक प्रकार की समस्याएँ होती हैं :

(A) शैक्षिक समस्याएँ (Educational Problems) – बहु-कक्षीय शिक्षण में अध्यापक को विभिन्न प्रकार की शैक्षिक समस्याएँ आती हैं जो निम्नलिखित हैं :

(i) विभिन्न कक्षाओं को पढ़ाने की समस्या (Problem of Teaching Multiclasses) – एक अध्यापकीय स्कूल में एक शिक्षक को एक समय में विभिन्न कक्षाओं में शिक्षण-कार्य करना पड़ता है। एक समय में चार-पाँच कक्षाओं को पढ़ाना असंभव ही नहीं बल्कि असैद्धान्तिक भी है।

इस समस्या का समाधान कक्षाओं की संख्या कम करके किया जा सकता है। अर्थात् यदि I और II कक्षा को और III एवं IV कक्षा को मिला दिया जाए तो अध्यापक को केवल दो कक्षाओं को ही पढ़ाना पड़ता है। इस प्रकार पाँच कक्षाओं वाले प्राथमिक स्कूल में पहली कक्षा को अलग छोड़कर II एवं III और IV एवं V को मिलाने से शिक्षक को तीन कक्षाओं को पढ़ाना पड़ेगा।

कक्षाओं की समस्या को पारी-प्रणाली द्वारा भी दूर किया जा सकता है। अध्यापक तीन कक्षाओं को सुबह और दो कक्षाओं को शाम को पढ़ा सकता है। प्रत्येक पारी तीन घण्टे की होनी चाहिए।

अध्यापक के बोझ को बहुकक्षीय शिक्षण द्वारा भी कम किया जा सकता है। इसमें पाठ्यक्रम को दो भागों में बाँटा जाता है। 'क' भाग में नैतिक शिक्षा, शारीरिक प्रशिक्षण, शिल्प-कार्य जैसे विषयों को एक साथ पढ़ाया जाता है 'ख' भाग में लिखने-पढ़ने और गणित का शिक्षण विभिन्न कक्षाओं को अलग-अलग दिया जाता है।

बड़ी कक्षा के बुद्धिमान विद्यार्थियों को मॉनीटर बनाकर उनके द्वारा छोटी कक्षाओं का शिक्षण-कार्य करवाकर अध्यापक के बोझ को कम कर सकते हैं। इस तरह बच्चों में उत्तरदायित्व एवं परस्पर सहयोग की भावना विकसित की जा सकती है।

अध्यापक को विद्यार्थियों में स्वयं-शिक्षण (Self Study) की विधि विकसित करनी चाहिए। आरम्भ की दो कक्षाओं में यह विधि प्रभावशाली नहीं होती परन्तु तीसरी से पाँचवीं कक्षा तक इसका प्रयोग किया जा सकता है। जैसे श्रुत-लेख (Dictation) की अशुद्धियाँ बच्चों को अपने-आप पुस्तक में से देखकर निकालनी चाहिए।

(ii) समय-सारणी की समस्या (Problem of Time-table) – बहु-कक्षीय शिक्षण में समय-सारिणी का बनाना बहुत कठिन काम है। क्योंकि एक शिक्षक को विभिन्न कक्षाओं के सभी विषय पढ़ाने होते हैं। समय-सारिणी बनाते समय कुछ बातों को ध्यान में रखना चाहिए–

(*i*) पाठ्यक्रम के सभी विषयों को उचित महत्त्व प्राप्त हो।

(*ii*) यह निश्चित होना चाहिए कि कौन-सी कक्षा किस समय अध्यापक द्वारा पढ़ाई जाएगी, मॉनीटर द्वारा पढ़ाई जाएगी या विद्यार्थी अपने-आप काम करेंगे।

(*iii*) खेलने व पढ़ने का समय निश्चित होना चाहिए।

(*iv*) सामान्य पाठ्यक्रम का समय सभी कक्षाओं के लिए निश्चित होना चाहिए। समय-सारिणी के निर्माण में NCERT, शिक्षा विभाग एव अध्यापक शिक्षण महाविद्यालय से सहायता प्राप्त की जा सकती है।

(iii) पाठ्यक्रम की समस्या (Problem of Curriculum)–एक अध्यापकीय स्कूल में सुविधाएँ कम होती हैं इसलिए इनका पाठ्यक्रम सरल, कम बोझिल और ग्रामीण परिस्थितियों पर आधारित होना चाहिए। लेकिन यह निम्न स्तर का नहीं होना चाहिए। यदि पाठ्यक्रम निम्न स्तर का होगा वो छात्र मिडल स्कूल के पाठ्यक्रम के साथ अपने-आपको समायोजित नहीं कर सकेंगे। कुछ शिक्षाविदों के अनुसार एक अध्यापकीय स्कूल का पाठ्यक्रम बहु-अध्यापकीय स्कूल जैसा होना चाहिए। उचित पाठ्यक्रम का निर्माण करने के लिए अध्यापकों को मार्गदर्शन प्रदान करना चाहिए। मार्ग-दर्शन प्रदान करने के लिए उचित साहित्य का निर्माण राजकीय शिक्षा संस्थानों एवं राष्ट्रीय शिक्षा अनुसंधान एवं प्रशिक्षण परिषद द्वारा किया जाना चाहिए।

(iv) दाखिले की समस्या (Problem of Admission) – प्राथमिक शिक्षा के सार्वभौमिक लक्ष्य की प्राप्ति हेतु एक अध्यापकीय स्कूलों में सारे साल दाखिला चलता रहता है। जो अपव्यय एवं अवरोधन का कारण बनता है। शिक्षक को विभिन्न समस्याओं का सामना करना पड़ता है। इसमें प्रवेश का समय निश्चित होना चाहिए। पहली कक्षा में एक समान उम्र के बच्चों को दाखिल करने के लिए पूर्व रजिस्ट्रेशन प्रणाली का प्रयोग करना चाहिए।

(B) प्रशासनिक समस्याएँ (Administrative Problems) – बहु-कक्षीय शिक्षण की प्रशासनिक समस्याएँ शैक्षणिक समस्याओं से कम महत्त्वपूर्ण नहीं हैं। मुख्य समस्याएँ निम्नलिखित हैं–

1. छुट्टी देना (Grant of leave) – एक अध्यापकीय स्कूल में छुट्टी देने की समस्या अत्यन्त विकट है। यदि अध्यापक छुट्टी पर चला जाए तो स्कूल बन्द हो जाता है। इस समस्या को दूर करने के लिए यदि अध्यापक लम्बी छुट्टी पर जाता है तो उसके स्थान पर दूसरा अध्यापक भेज देना चाहिए। अध्यापक एक या दो दिन की छुट्टी पर जाए तो मॉनीटर द्वारा काम चला लेना चाहिए। मुम्बई में 20 से 25 एक अध्यापकीय स्कूलों का ग्रुप बनाकर एक ऐसे अध्यापक की व्यवस्था की गई है जो छुट्टी पर जाने वाले अध्यापक के स्थान पर काम करता है। ऐसे विद्यालयों के अध्यापकों के लिए विशेष अवकाश नियम बनाए जाने चाहिए जिससे शिक्षक जल्दी-जल्दी अवकाश न ले सकें और उसके स्थान पर आने वाला शिक्षक भी समय पर आकर अपना कार्यभार पूरी जिम्मेदारी के साथ संभाल ले।

2. अध्यापकों की नियुक्ति तथा तबदीली (Posting and Transfer of Teachers) – एक अध्यापकीय स्कूलों में अध्यापकों की नियुक्ति तथा तबदीली की बड़ी समस्या है। इन स्कूलों के लिए प्रशिक्षित अध्यापकों की जरूरत होती है क्योंकि इन स्कूलों का कार्य कठिन होता है। गाँवों में सुविधाएँ उपलब्ध न होने के कारण प्रशिक्षित अध्यापक इन इलाकों में कार्य करना पसन्द नहीं करते। अत: अच्छे अध्यापकों का अभाव इन स्कूलों की मुख्य समस्या है। इस समस्या को दूर करने के लिए प्रत्येक प्रशिक्षित अध्यापक का एक अध्यापकीय स्कूल में 3 से 5 वर्ष तक कार्य करना अनिवार्य होना चाहिए। गाँवों में काम करने वाले अध्यापकों को अतिरिक्त भत्ते देने चाहिए। केवल कुशल अध्यापकों का ऐसे स्कूलों में तबादला करना चाहिए जो वहाँ जाकर रचनात्मक कार्य कर सकें।

3. निरीक्षण (Supervision) – एक अध्यापकीय स्कूलों के गाँव में स्थित होने के कारण उनके निरीक्षण की अवहेलना कर दी जाती है। इन स्कूलों का ब्लॉक शिक्षा अधिकारी, उपजिला शिक्षा अधिकारी या जिला अधिकारी द्वारा निरीक्षण होना चाहिए। तीन महीने में एक बार निरीक्षण अवश्य होना चाहिए। निरीक्षक को अच्छा मित्र, मार्ग दर्शक एवं दार्शनिक होना चाहिए।

4. अध्यापकों का प्रशिक्षण (Training of Teachers) – एक अध्यापकीय स्कूलों के अध्यापकों को विशिष्ट प्रकार का प्रशिक्षण मिलना चाहिए। अभिनव कोर्सों की व्यवस्था होनी चाहिए ताकि अध्यापकों को स्कूल की समस्याओं और उनके समाधान की विधियों से अवगत कराया जा सके। शिक्षण की विशिष्ट विधियों का ज्ञान देना चाहिए।

प्राथमिक शिक्षा की सार्वभौमिकता के लक्ष्य को प्राप्त करने के लिए एक अध्यापकीय स्कूलों के अस्तित्व को बनाए रखना अनिवार्य है। इन स्कूलों की कमियों को दूर करना चाहिए क्योंकि ये स्कूल हजारों छोटे-छोटे गाँवों में नया जीवन पैदा करने में सहायक हो सकते हैं, इसलिए इनका अस्तित्व बनाए रखना आवश्यक है।

अभ्यास 10

सृजनात्मक शिक्षण
(Creative Teaching)

"अध्यापक द्वारा विद्यमान ज्ञान को नवीन रूप प्रदान करके पढ़ाना सृजनात्मक शिक्षण कहलाता है।"

हम सभी जानते हैं कि बालक में सजृनात्मकता की योग्यता अन्त:निहित होती है, परन्तु उसका विकास तभी संभव है जब अध्यापक का शिक्षण सृजनात्मकता पूर्ण हो। वास्तव में सृजनात्मक शिक्षण उसके गुणों से सम्बन्धित होता है, परन्तु यहाँ हमें इसे एक संप्रत्यय के रूप में परिभाषित करना है। उदाहरण के लिए टकमैन (Tuckman) ने 1995 में यह संकेत दिया था कि एक कुशल अध्यापक को परिभाषित करना अत्यधिक जटिल कार्य है अर्थात आसान कार्य नहीं है। इसी प्रकार ऑरनस्टिन (Ornstein) ने साहित्य को पढ़ने के पश्चात् कहा कि "अध्यापक की प्रभावशीलता से सम्बन्धित कुछ तथ्यों को स्थापित किया गया है।"

वास्तव में सृजनात्मक शिक्षण सृजनात्मकता से ही सम्बन्धित है क्योंकि इसका अभिप्राय यह है कि विद्यमान ज्ञान को एक नया रूप देकर उपयोगी परिणाम प्राप्त करना। सृजन वह अवधारणा है जिसमें उपलब्ध साधनों से नवीन या अनजानी वस्तु, विचार या धारणा का जन्म होता है। सृजनात्मकता से अभिप्राय रचना सम्बन्धी योग्यता तथा नवीन उत्पाद की रचना आदि से होता है। मनोवैज्ञानिक दृष्टिकोण से सृजनात्मक स्थिति अन्वेषणात्मक होती है।

अमाबिले (Amabile) ने 1996 में यह सुझाव दिया, "एक उत्पाद या प्रत्युत्तर को उस सीमा तक सृजनात्मक माना जाएगा (क) हाथ में लिये गए कार्य के लिए यह नवीन तथा उपयुक्त दोनों, उपयोगी , सही या मूल्यांकन अनुक्रिया है (ख) कार्य एलगोरिथिमिक की अपेक्षा अनुसंधान है।"

("A product or response will be judged creative to the extent to that (a) it is both a novel and appropriate, useful, correct or, valuable response to the task in hand and (B) the task is heuristic rather than algorithimic")

शिक्षण निश्चित रूप से अनुसंधान है और शिक्षण के संदर्भ में यह उत्पाद या प्रत्युत्तर

या अनुक्रिया वह सब कुछ है जो सकारात्मक ढंग से विद्यार्थी के अधिगम में योगदान देती है। इसीलिए मैं इसकी साधारण क्रियात्मक परिभाषा देती हूँ :

सृजनात्मक शिक्षण तब होता है जब एक अध्यापक अपने विद्यमान ज्ञान को एक नवीन रूप में उपयोगी परिणाम प्राप्त करने के लिए प्रयोग करता है जो विद्यार्थियों के अधिगम में सहायता करती है। यह शिक्षण कार्य प्रारम्भ करने से पहले नियोजित भी हो सकता है या अधिगम परिस्थितियों की मांग के अनुसार अनुक्रिया के रूप में खोज हो सकता है।

(Creative teaching occurs when a teacher combined each knowledge in some hard form to get useful results in terms of facilitating student's learning. This may be either planned before the act of teaching, or invented as a response to the demands of learning situations.)

सृजनात्मक शिक्षण, अनुरूपण, खेल तथा भूमिका निर्वाह (Creative Teaching, Simulation, Games and Role Playing)

सृजनात्मक, सहभागी शिक्षण तकनीक विद्यार्थियों के अधिगम को अधिक-से-अधिक बढ़ावा देने में महत्त्वपूर्ण औजारों का कार्य करती है। शिक्षण में ऐसे महत्त्वपूर्ण औजार-अनुरूपण, खेल तथा, भूमिका निर्वाह हैं। ये उपागम सामूहिक कार्य को प्रोत्साहन देते हैं, जिसके परिणामस्वरूप बालक खेल-खेल में ही अर्थपूर्ण अधिगम प्राप्त कर लेते हैं।

अनुकरण करना उतना ही पुराना है जितना इस धरती पर मनुष्य। अनुकरण की प्रक्रिया मनुष्य में ही नहीं होती, अपितु पशु भी अपने बच्चों को अनुकरण विधि से सिखाते हैं। एडम्स ने अनुकरण को इस प्रकार परिभाषित किया है, "अनुकरण एक नियन्त्रित विस्तृत प्रविधि है जिसके अन्तर्गत वास्तविक संसार की परिस्थिति को प्रतिबिम्बित किया जा सकता है। यह एक नाट्य पूर्ण जीवन का विचार है जिसे वास्तविक अनुभवों के अधिगम के लिए प्रयोग किया जाता है।"

("Simulation is a controlled detailed mode intended to reflect a situation found in a real world. It is a dramatic view of life existing for the serious purpose of learning about real experiences.")

उदाहरण : जीविकोपार्जन दिन और बनावटी शादी का अनुभव

भूमिका निर्वाह भी अनुकरण का ही एक रूप है, परन्तु इसमें हारने वाले तथा जीतने वाले दोनों ही होते हैं। भूमिकाएँ अधिक संरचित होती हैं तथा इसमें विशिष्ट समय, नियमों तथा सामग्री के साथ निश्चित भागीदार होते हैं।

गेम भी एक क्रीड़ा/खेल की भाँति होता है, परन्तु इसका एक अन्त होता है और इसमें भ्रम शामिल होता है। गेम दो टीमों के बीच खेला जा सकता है या किसी अवैयक्तिक शक्ति के विरुद्ध भी खेला जा सकता है।

इसमें किसी भी बालक को भाग लेने के लिए बाध्य नहीं किया जाता। इसमें प्रतियोगिताएँ सकारात्मक दृष्टिकोण से खेली जाती हैं और ये खोज करने, जाँच करने व अधिगम प्राप्त करने को प्रोत्साहन देती हैं। विभिन्न अनुरूपण परिस्थितियों, खेलों, भूमिका निर्वाहों द्वारा बालकों में जीवन सम्बन्धी कौशलों का विकास किया जा सकता है।

साधारणतया जब अध्यापक निर्देशन देते हैं उनमें कम-से-कम कल्पना-शील विचार सम्मिलित होते हैं तथा बालकों में रट्टा लगाने की प्रवृत्ति का विकास बचपन से ही आरम्भ हो जाता है।

सृजनात्मक शिक्षण में यदि किसी कार्य के लिए हम सीमाएँ लगा दें कि इस कार्य को तुम औपचारिक ढंग से न दोहराकर कुछ नवीन ढंग से करोगे तो यह प्रक्रिया उनकी सृजनात्मक शक्ति का विकास करेगी और नवीन अधिगम प्रक्रिया का विकास होगा। यह माना जाता है कि विद्यार्थी सु-संरचित तथा सु-संगठित सामग्री का अधिगम आसानी से प्राप्त कर लेते हैं परन्तु असंगठित तथा असंरचित सामग्री का अधिगम प्राप्त करने में उन्हें देरी लगती है।

अनुकृत्ति प्राकृतिक है - क्या यह अच्छा है?
(Imitation is Natural – Is It Good)

वर्तमान समय की आवश्यकता है कि विद्यार्थियों को सुदृढ़ मूल्यों सहित आलोचनात्मक चिन्तक बनाया जाए। इस लक्ष्य को प्राप्त करने के लिए नकल करने की प्रवृत्ति का सहारा नहीं लिया जा सकता और जब हम शिक्षण में अनुकृत्ति का प्रयोग करते है तो हमें इसकी सीमाएँ निर्धारित कर देनी चाहिए तथा इसके पूरक के रूप में ऐसे उपागमों का प्रयोग करना चाहिए जिसमें खोज, समस्या समाधान तथा आलोचनात्मक समीक्षा प्रक्रिया शामिल हो।

जब हम अनुकृत्ति से सीखते हैं तो हम सन्तुष्ट बन जाते हैं। इस प्रवृत्ति से न केवल विद्यार्थी ही बल्कि अध्यापक भी आसानी से दूसरी इकाई पर काम करना प्रारंभ कर देते हैं। इससे विद्यार्थियों को अपनी सृजनात्मक योग्यता का प्रयोग करने के अवसर प्राप्त नहीं होते। परन्तु इसके साथ-साथ यह भी सत्य है कि सभी अनुकृतियाँ या दोहराई बुरी नहीं होती, परन्तु दोहराई तथा नकल आवश्यक रूप से सृजनात्मक नहीं होती।

उदाहरण :

यहाँ एक चतुर्भुज में 9 बिन्दु संगठित किए गए हैं। अपनी पेंसिल की नोक को उठाए बिना क्या तुम इससे ऐसी चार सीधी रेखाएँ खींच सकते हो जो इन सभी बिन्दुओं को आपस में मिलाएँ।

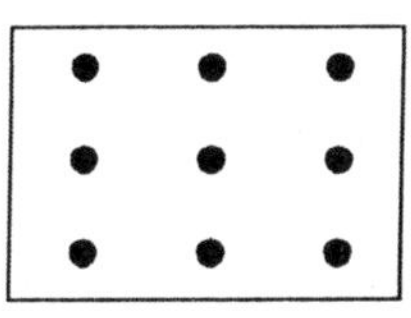

जब अध्यापक ऐसी समस्याएँ विद्यार्थियों के समक्ष रखता है तो विद्यार्थी कुछ समय के पश्चात प्रयत्न करना छोड़ देते हैं तथा अध्यापक स्वयं इस समस्या का हल दे देता है इसका प्रभाव क्या होगा कि विद्यार्थियों में स्वयं प्रयत्न करने की आदत का विकास नहीं होगा और वे अध्यापक की अनुकृत्ति करना ही सीख जाएंगे। कुछ अध्यापकों का यह भी

मानना है कि इससे नकल करके बनाने के कौशल का विकास होगा। यह इस प्रकृति पर निर्भर होगा—बंदर देखता है तथा करता है (Monkey see and monkey does). परन्तु इसकी सबसे बड़ी सीमा यह है कि विद्यार्थियों में सृजनात्मकता का विकास नहीं होगा। हम विद्यार्थियों को सीमा में बाँध देते हैं और उन्हें उससे बाहर निकलने का अवसर प्राप्त नहीं होता।

सृजनात्मक शिक्षण के तत्त्व (Elements of Creative Teaching)

सृजनात्मक शिक्षण के लिए अध्यापक को विभिन्न तत्त्वों की आवश्यकता होती है:

1. जब आवश्यक हो विद्यार्थियों की और ध्यान देना।
2. विद्यार्थियों से अधिक-से-अधिक सम्पर्क स्थापित करना।
3. विद्यार्थियों में सकारात्मक विश्वास बनाए रखना।
4. मनोवैज्ञानिक प्रवृत्ति पर बल देना।
5. अधिगम को उपयुक्त तथा अर्थपूर्ण बनाना।

इन तत्त्वों की पूर्ति के लिए अध्यापक को विभिन्न संसाधनों पर निर्भर रहना चाहिए तथा विभिन्न व्यूह-रचनाएँ बनाने के लिए उन संसाधनों को संगठित करना होगा। ये संसाधन तथा व्यूह-रचनाएँ उसे व्यावसायिक ज्ञान, कौशलों, विश्वासों के व्यक्तिगत समूहों तथा अपने व्यक्तित्व तथा शरीर विज्ञान शास्त्र से प्राप्त हो सकती हैं। अध्यापक द्वारा प्रयोग किए जाने वाले संसाधन अत्यन्त विस्तृत हैं परन्तु उन्हें हम निम्नलिखित 6 वर्गों में बाँट सकते हैं :

1. प्रस्तुतीकरण शैली (Presentation Style) – अध्यापक विद्यार्थियों के मन, विश्वासों तथा मनोविज्ञान को स्पष्टता, अर्थ प्रदान करने के लिए तथा प्रभावित करने के लिए शब्दों, आवाजों शारीरिक भाषा के साथ-साथ निरीक्षण तथा श्रवण क्रिया का प्रयोग कर सकता है। उसके प्रस्तुतीकरण की शैली-जितनी अधिक प्रभावी होगी उतना ही विद्यार्थियों का अधिगम अधिक होगा।

2. उदाहरण का प्रयोग (Use of Examples) – विभिन्न तथ्यों, संप्रत्ययों, सिद्धांतों व प्रक्रियाओं को समझाने के लिए उदाहरणों का प्रयोग किया जाए क्योंकि इससे उनमें स्वयं परिभाषित करने की सृजनात्मकता का विकास होगा।

3. क्रियाएँ (Activities) – यह अक्षरश: सत्य है कि क्रियाएं अधिगम को अधिक स्थायी व प्रभावी बनाती हैं। अध्यापक द्वारा दिए गए निर्देशन से प्राप्त अधिगम को स्थायी बनाने के लिए आवश्यक है कि उसको प्रयोग करने के लिए विभिन्न प्रकार की क्रियाओं का आयोजन किया जाना चाहिए। इससे वे अधिगम को एकीकृत करने में भी सम्पन्न होंगे।

4. कहानियों का प्रयोग (Use of Stories) – अध्ययन सामग्री को रुचिकर बनाने के लिए प्राथमिक स्तर पर अध्यापक के द्वारा कहानी-कथन विधि का प्रयोग किया जाना

चाहिए। विद्यार्थियों के ज्ञान, बोध एवं भावनात्मक प्रवृत्तियों को कहानियों के द्वारा बढ़ाया जा सकता है।

5. हँसी-मजाक का प्रयोग (Use of Humour) – प्राथमिक स्तर पर वही शिक्षण विधि उत्तम मानी जाती है जिसमें हँसी-मजाक का प्रयोग हो क्योंकि इस स्तर पर बालक प्यार की भाषा को ही अच्छे ढंग से समझते हैं। बालकों के साथ मेल-जोल बढ़ाने के लिए हँसी-मजाक का प्रयोग आवश्यक है। इसी की सहायता से बालक को नवीनता की ओर ले जाया जा सकता है तथा खेल-खेल में ही वे अपना कार्य नवीन-से-नवीन ढंग से कर जाते हैं और उनकी सृजनात्मकता का विकास होता है।

6. दृश्य-श्रव्य सामग्री का प्रयोग (Use of Audio-Visual Material) – प्राथमिक स्तर पर केवल भाषण विधि का प्रयोग अधिगम को बढ़ावा नहीं देता। इस स्तर पर बालक को अपनी इन्द्रियों का प्रयोग करना सिखाया जाता है और इसके लिए दृश्य-श्रव्य सामग्री का प्रयोग करना आवश्यक है। इससे बालकों की रचनात्मक प्रवृत्ति का भी विकास होता है।

सृजनात्मक शिक्षण प्राय: दो ढंग से उदीयमान होता है—पहला, यह पाठ योजना प्रक्रिया में विकसित हो सकता है। पाठ योजना बनाते समय अध्यापक अपने मन में कुछ संभावनाएँ रखता है तथा विभिन्न संसाधनों—क्रिया, उदाहरण, कहानी आदि—के प्रयोग से सृजनात्मक व्यूह-रचनाएं तैयार करता है। उदाहरण के लिए यदि विद्यार्थियों को न्यूटन के गति के द्वितीय नियम के बारे में पढ़ाया जाना है तो अध्यापक इसके लिए दो परिस्थितियाँ प्रदान करता है। पहली एक गेंद दूसरी गेंद से भारी है तथा दूसरी जिसमें एक बालक को प्रशिक्षण दिया गया तथा बालकों की किक मारने की क्षमता को बढ़ाया गया। विद्यार्थियों को प्रत्येक परिस्थिति में त्वरण के रूप में गेंद पर प्रभाव के रूप में निर्णय लेने के लिए कहा गया तथा एक सिद्धांत बनाया गया। इसमें व्यूह रचना विद्यार्थियों का ध्यान बनाने तथा अधिगम को अर्थपूर्ण बनाना था जिसके लिए एक उदाहरण, एक क्रिया, हँसी-मजाक तथा एक जीवन्त प्रस्तुतीकरण शैली का प्रयोग किया गया। निरीक्षण से यह कार्य पर हस्तांरित हुआ और अधिकतर विद्यार्थी नियम को शीघ्रता से समझ गए। यह सृजनात्मक शिक्षण था क्योंकि यह नवीन था और इसमें विद्यार्थियों के अधिगम में उपयोगी परिणाम प्राप्त हुए।

दूसरा सृजनात्मक शिक्षण प्राय: परिस्थितियों पर निर्भर करता है। अध्यापन एक गतिशील मानवीय प्रक्रिया है जिसमें विद्यार्थियों की अनुक्रियाओं को पहले से ही अनुमानित नहीं किया जा सकता। अध्यापक को बार-बार सोचना पड़ता है, अपनी क्रियाओं को बार बार निर्मित करना पड़ता है, विद्यार्थियों की क्रियाओं का निरीक्षण करना पड़ता है तथा वास्तविकता को समझना पड़ता है। ऐसी परिस्थितियों में अध्यापक प्राय: अपने व्यावसायिक ज्ञान का प्रयोग करता है तथा परिस्थितियों के अनुसार कुछ अलग करता है, परन्तु ऐसा संभव नहीं है कि हर बार ऐच्छिक परिणाम ही प्राप्त हो। ऐसी परिस्थिति में अध्यापक को सृजनशील बनना पड़ता है। इसके अतिरिक्त यह नवीन अधिगम अध्यापक के व्यावसायिक

ज्ञान के भण्डार का भाग बन जाता है जिसे वह भविष्य में अपने अध्यापन कार्य में प्रयोग कर सकता है।

जैन्सन (Jenson) ने ठीक ही कहा है। कि ''मस्तिक तथा अधिगम की दृष्टि से हम सबसे उत्तम यदि कुछ कर सकते हैं तो वह है अपने अधिगमकर्त्ताओं को सिखाएँ कि चिन्तन कैसे किया जाता है।''

("The best thing we can do, from the point of view of the brain and learning, is to teach our learners how to think.")

हम जितना अधिक-से-अधिक स्कूली जीवन को वास्तविक जीवन से संबंधित बनाएंगे, हमारा मस्तिष्क उतना अधिक अपनी क्षमताओं का प्रयोग करेगा।

अतः सृजनात्मक शिक्षण में विज्ञान, कला, क्राफ्ट, गतिशीलता आदि सभी कुछ सम्मिलित है। सृजनात्मक निपुणता एक प्रक्रिया है तथा सृजनात्मक शिक्षण एक नियमित आदर्श है परन्तु अन्तिम उद्देश्य के रूप से अप्राप्य है। वास्तव में यह सृजनात्मता-कुशलता से भिन्न नहीं है जिस पर मानवीय क्रियाएँ निर्भर करती हैं परन्तु यह वह है जो शिक्षण को एक चुनौती पूर्ण कार्य बनाती है। अतः विद्यार्थियों के अधिगम को अर्थपूर्ण तथा स्थायी बनाने के लिए अध्यापक को प्राथमिक स्तर पर सृजनात्मक शिक्षण का प्रयोग करना चाहिए। सृजनात्मक बनने की अभिप्रेरणा प्रत्येक अध्यापक के नियन्त्रण में है क्योंकि इसी से वे अपनी व्यक्तिगत पहचान बनाते हैं तथा अपनी व्यावसायिक प्रक्रियाओं का प्रबन्धन करते हैं।

अध्याय 11

अधिगमकर्त्ता केन्द्रित उपागम
(Learner Centered Approaches)

''अधिगमकर्त्ता केन्द्रित आगम आज के समय की आवश्यकता है।''

अध्यापक केन्द्रित उपागम में अध्यापक की भूमिका मुख्य होती है। अध्यापक ही पाठ्यक्रम, शिक्षण विधियों, एवं मूल्यांकन विधियों के बारे में निर्णय लेता है जबकि अधिगमकर्त्ता केन्द्रित उपागम में विद्यार्थी की भूमिका मुख्य होती है। इस उपागम में बच्चे की रुचि, योग्यता एवं आवश्यकता के अनुसार शिक्षा की व्यवस्था की जाती है। इस प्रकार की शिक्षा विद्यार्थी का चहुँमुखी विकास करती है। बालक को ऐसा शैक्षिक वातावरण प्रदान करना चाहिए जहाँ उसकी स्वाभाविक प्रवृत्तियों का स्वतन्त्र रूप से विकास हो।

राष्ट्रीय शिक्षा नीति (1968) के अनुसार प्राथमिक स्तर की शिक्षा बाल केन्द्रित शिक्षा होनी चाहिए। 'प्राथमिक शिक्षा' के लिए राष्ट्रीय पाठ्यक्रम (1986) में बाल केन्द्रित शिक्षा को ध्यान में रखते हुए शिक्षक की भूमिका में परिवर्तन करने के लिए कहा है। शिक्षण-अधिगम क्रियाओं की व्यवस्था इस प्रकार से होनी चाहिए जिससे बालकों में उत्सुकता पैदा हो और स्वतन्त्र चिन्तन का विकास हो। कुछ मुख्य अधिगमकर्त्ता केन्द्रित उपागम निम्नलिखित हैं–

(A) अभिक्रमित अधिगम (Programmed Learning)

(B) कंप्यूटर सह अनुदेशन (Computer Assisted Instruction)

(C) स्वामित्व अधिगम (Mastery Learning)

(A) अभिक्रमित अधिगम (Programmed Learning) – सीखने की क्रिया को प्रभावी व सरल बनाने के लिए अभिक्रमित अधिगम का योगदान महत्त्वपूर्ण है। यह विधि सुकरात विधि से मिलती है। सुकरात को इस नवीन विचारधारा का जन्मदाता भी कहा जाता है। एक पूर्ण रूप से सुव्यवस्थित और वैयक्तिक (individualized) अनुदेशनात्मक प्रविधि के रूप यह न केवल प्रभावपूर्ण कक्षा शिक्षण के लिए लोकप्रिय हुई है बल्कि इससे स्वाध्याय एवं स्व-शिक्षण भी सरल हो गया है। अभिक्रमित अधिगम को आधुनिक रूप में प्रस्तुत करने का श्रेय प्रैसे तथा स्किनर को जाता है। स्किनर के अनुसार,

सीखने की किया में पुनर्बलन का प्रयोग अधिक-से-अधिक करना चाहिए क्योंकि इसके प्रयोग से सीखने में रुचि उत्पन्न होती है तथा ज्ञान स्थायी बनता है।

अर्थ (Meaning)

1. स्मिथ एवं मुरे का विचार–''अभिक्रमित अधिगम एक ऐसी प्रक्रिया है जिसके द्वारा सिखाई जाने वाली सामग्री को क्रमबद्ध चरणों में व्यवस्थित किया जाता है। यह विद्यार्थी को परिचित पृष्ठभूमि से जटिल अवधारणाओं, नियमों तथा बोध की ओर अग्रसर करती है।''

("Programmed learning is the process of arranging material to be learned into a sequential steps. It moves the student from a familiar background into complex set of concepts, principles and understanding."
—Smith & Moore)

2. एडगर डेल के अनुसार–''अभिक्रमित अनुदेशन ऐसा विधिवत क्रमबद्ध एवं स्व-अनुदेशनात्मक कार्यक्रम है जिसका उद्देश्य कथित व्यवहार के अधिगम को सुनिश्चित बनाना है।''

("Programmed instruction is a systematic step by step, self-instructional programme aimed to ensure the learning of stated behaviour."
—Edgar Dale)

3. एस्पिच एवं विलियम्स–''अभिक्रमित अुनदेशन से अभिप्राय: अनुभवों की उस नियोजित श्रृंखला से है जो उद्दीपक-अनुक्रिया सम्बन्ध के संदर्भ में प्रभावशाली माने जाने वाली दक्षता की ओर अग्रसर करती है।''

("Programmed instruction is a planned sequence of experiences, leading to proficiency in terms of stimulus response relationship."
—Espich and Williams)

इन परिभाषाओं से ज्ञात होता है कि यह सीखने की एक नवीन विधि है जो छात्राओं को उनकी व्यक्तिगत विभिन्नताओं के अनुसार सीखने का अवसर प्रदान करती है। छात्र स्वयं अध्ययन द्वारा सीखता है। सीखने की प्रक्रिया में छात्र लगातार तत्पर रहता है। इसमें छात्रों के व्यवहार परिवर्तन पर ही विशेष बल दिया जाता है। विद्यार्थियों को उनकी गलतियाँ दूर करने के लिए तात्कालिक प्रतिपुष्टि प्रदान की जाती है।

अभिक्रमित अधिगम के मूलभूत सिद्धांत
(Fundamental Principles of Programmed Instruction)

(*i*) लघु पद सिद्धान्त (Principle of Small Steps)–इसका अर्थ है विषय-वस्तु को छोटे-छोटे पदों में विभाजित कर विद्यार्थियों के समक्ष प्रस्तुत करना। यह माना जाता है कि यदि सीखने वाले के लिए सामग्री खण्डों में प्रस्तुत की जाए तो वह उसे अच्छी तरह से सीख सकता है। हर छोटे पद को फ्रेम कहते हैं।

(*ii*) सक्रिय अनुक्रिया का सिद्धांत (Principle of Active Responding)—सक्रिय अनुक्रिया से अभिप्राय है–विद्यार्थी का अधिगम प्रक्रिया में पूर्णरूप से संलिप्त

होना। इस सिद्धान्त के अनुसार यदि किसी विद्यार्थी को कुछ सीखना है तो उसे अनुक्रिया अवश्य करनी होगी। आगामी फ्रेम की ओर बढ़ने से पहले पूर्व-फ्रेमों का बोध आवश्यक होता है।

(*iii*) तत्काल प्रतिपुष्टि का सिद्धान्त (Principle of Immediate Reinforcement) – यदि अधिगमकर्त्ता को उसके परिणामों की जानकारी तुरन्त प्राप्त हो जाए तो सीखने वाला अच्छी तरह से सीख सकता है। तत्काल प्रतिपुष्टि उसे सीखने के लिए अभिप्रेरित करती है। इसीलिए विद्यार्थी को तत्काल प्रतिपुष्टि प्रदान करनी चाहिए।

(*iv*) स्वगति का सिद्धान्त (Principle of Self-pacing)–इस सिद्धान्त का आधार व्यक्तिगत विभिन्नताएँ हैं। यह इस मूल धारणा पर आधारित है कि अधिगमकर्ता उस अवस्था में अच्छी तरह कार्य करता है जब उसे उसकी अपनी गति से सीखने तथा आगे बढ़ने का अवसर प्राप्त हो।

(*v*) छात्र परीक्षण का सिद्धांत (Principle of Student Testing)–यदि शिक्षक अपने विद्यार्थियों का निरन्तर मूल्यांकन करता है तो वह अपने कार्यक्रम की दुर्बलताओं का पता लगा सकता है और विद्यार्थियों के निष्पादन में संशोधन कर सकता है। अधिगम सम्बन्धी अच्छे परिणामों की प्राप्ति के लिए छात्रों का लगातार मूल्यांकन करना जरुरी है।

अभिक्रमित अधिगम के प्रकार
(Types of Programmed Learning)

रेखीय अभिक्रम (Linear Programming)	शाखात्मक अभिक्रम (Branching Programming)	अवरोह अभिक्रम (Mathetics Programming)

रेखीय अभिक्रम (Linear Programming) – रेखीय शैली के जन्मदाता बी.एफ. स्किनर को माना जाता है। यह स्किनर द्वारा प्रतिपदित क्रिया-प्रसूत अनुबन्धन के सिद्धान्त पर आधारित है। रेखीय शैली इस धारणा पर आधारित है कि यदि अधिगकर्त्ता को हर वांछित अनुक्रिया के लिए उचित पुनर्बलन प्रदान किया जाए तो धीरे-धीरे उसे इच्छित अंतिम व्यवहार तक पहुँचाया जा सकता है।

रेखीय अभिक्रम का शाब्दिक अर्थ है सीधी रेखा का अभिक्रम जिसमें विद्यार्थी प्रारंभिक व्यवहार से अंतिम व्यवहार तक सीधी रेखा में चलता है। विषय-वस्तु को छोटे-छोटे फ्रेमों में शृंखलाबद्ध किया जाता है। विद्यार्थी एक फ्रेम से दूसरे फ्रेम की तरफ बढ़ता है। विद्यार्थी हर फ्रेम के प्रति अपनी अनुक्रिया व्यक्त करता है। जैसे ही विद्यार्थी अनुक्रिया करता है वैसे ही उसे अनुक्रिया सही या गलत होने की सूचना मिल जाती है। गलत अनुक्रिया को वह ठीक करता है और सही जवाब होने पर अगले फ्रेम की ओर बढ़ता है इस प्रकार अधिगमकर्त्ता विषयवस्तु के सभी अभिक्रमित पदों में निहित अधिगम अनुभवों को ग्रहण करने में समर्थ हो जाता है।

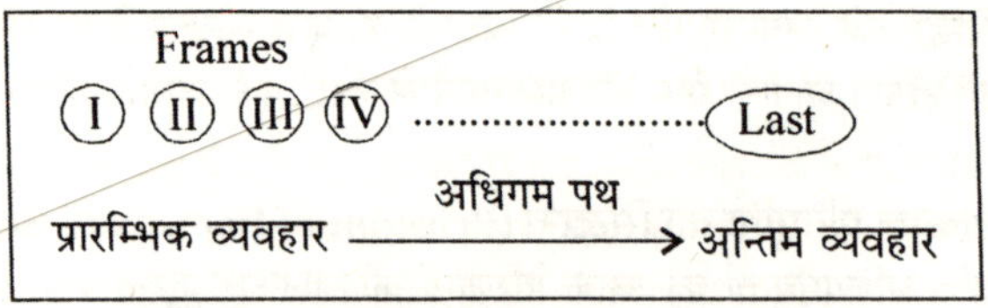

चित्र 11.1 : रेखीय अभिक्रम में पदों की व्यवस्था

रेखीय अभिक्रम को बाह्य अभिक्रम भी कहते हैं क्योंकि इस प्रणाली का नियन्त्रण अभिक्रम निर्माणकर्त्ता के हाथ में होता है। यह अभिक्रम यह मानकर चलता है कि गलतियाँ विद्यार्थियों के सीखने में रुकावट पैदा करती है। त्रुटि-दर को कम करने के लिए विषय-वस्तु को छोटे-छोटे पदों में विभाजित किया जाता है। ताकि विद्यार्थी हर पद के प्रति सही अनुक्रिया व्यक्त करें।

रेखीय अभिक्रम का उदाहरण

संप्रत्यय–कोण और उसके प्रकार

फ्रेम-I – जिन कोणों का मान 90° से कम होता है न्यून कोण कहलाते हैं।
60° का कोण ---- कोण है

फ्रेम-II – जिन कोणों का मान 90° से अधिक और 180° से कम होता है, उन्हें अधिक कोण कहते हैं।
120° का कोण ---- कोण कहलाता है।

फ्रेम-III – 180° का कोण सरल ------ कहलाता है।

रेखीय अभिक्रम में पदों के प्रकार (Types of Frames) – रेखीय अभिक्रम में पद चार प्रकार के होते हैं :

1. प्रस्तावना पद (Introductory Frame) – इन पदों का कार्य पूर्व व्यवहारों से नवीन व्यवहारों को सम्बन्धित करना है। इन पदों में अनुबोधकों (Prompts) का अधिक प्रयोग किया जाता है ताकि विद्यार्थी सही अनुक्रिया कर सकें।

2. शिक्षण पद (Teaching Frame) – इन पदों का कार्य विद्यार्थियों को नया ज्ञान प्रदान करना है। इन पदों की अनुक्रियाओं का सम्बन्ध अन्तिम व्यवहारों से होता है। शिक्षण पदों में पूर्ण अनुबोधक प्रयोग किए जाते हैं।

3. अभ्यास पद (Practice Frame) – इनका मुख्य लक्ष्य सीखे गए नए ज्ञान का अभ्यास करना है ताकि धारण (Retention) अधिक हो सके। इन पदों में आधे अनुबोधकों को शामिल किया जाता है।

4. परीक्षण पद (Testing Frame) – इन पदों का मुख्य कार्य विद्यार्थियों का मूल्यांकन करना है ताकि यह पता लग सके कि उन्होंने शिक्षण एवं अभ्यास पदों से कितना सीखा है। यहाँ किसी भी प्रकार के अनुबोधकों का प्रयोग नहीं किया जाता।

रेखीय अभिक्रम की विशेषताएँ (Characteristics of Linear Programming)

1. विषय-वस्तु को छोटे-छोटे पदों में शृंखलाबद्ध रूप में प्रस्तुत किया जाता है।
2. छात्र हर पद या फ्रेम के प्रति अपनी अनुक्रिया व्यक्त करते हैं। अनुक्रिया के तुरन्त बाद उसे पुनर्बलन प्रदान किया जाता है।
3. प्रत्येक विद्यार्थी को अपनी योग्यता व सीखने की गति के अनुरूप आगे बढ़ने की स्वतन्त्रता होती है।
4. रेखीय अभिक्रम में फ्रेमों के साथ संकेत दिए जाते हैं ताकि त्रुटि दर को कम किया जा सके।
5. रेखीय अभिक्रम में रचनात्मक (रिक्त स्थानों की पूर्ति) अनुक्रियाओं का ही प्रयोग होता है।
6. अधिगमकर्त्ता को तब तक दूसरे पद पर नहीं जाने दिया जाता है जब तक वह पहले पद में पारंगत न हो जाए।
7. यह रेखीय अभिक्रम इसलिए है क्योंकि इसमें सभी विद्यार्थी के अनुकरण के लिए एक ही रास्ता होता है।

रेखीय अभिक्रम की सीमाएँ (Limitations of Linear Programming)

यह व्यूह-रचना अपने में पूर्ण नहीं है। इसकी कुछ सीमाएँ हैं-

1. यह अधिक महँगी विधि है। इसमें समय भी बहुत अधिक लगता है।
2. यह सभी स्कूल-विषयों के लिए सामग्री पैदा करने में सहायक नहीं है।
3. प्रत्येक छात्र को एक ही क्रम का अनुसरण करना पड़ता है। यह अभिक्रम व्यक्तिगत विभिन्नताओं के सिद्धान्त पर आधारित नहीं है।
4. प्रतिभाशाली छात्र इसमें अधिक रुचि नहीं लेते हैं।
5. रेखीय अभिक्रम अधिगमकर्त्ता को पर्याप्त रूप से सोचने-विचारने, मौलिकता प्रदर्शित करने व सृजनात्मकता के अवसर प्रदान नहीं करता।
6. यह अभिक्रम उत्तरों में विभेदीकरण का अवसर प्रदान नहीं करता जिससे छात्रों में विभेदीकरण योग्यता का विकास नहीं होता ।

शाखीय अभिक्रम (Branching Programming)

शाखीय अभिक्रम के जन्मदाता नार्मन.ए. क्राउडर हैं। इसे आंतरिक अभिक्रम भी कहते हैं क्योंकि इसमें अधिगमकर्त्ता को निर्णय लेने का अवसर दिया जाता है ताकि वह अनुदेशन को अपनी आवश्यकताओं के अनुरूप ढाल सके अर्थात स्वयं अधिगम चुन सके।

इस अभिक्रम में विषय-वस्तु को बड़े-बड़े पदों में विभक्त किया जाता है। फ्रेम का आकार एक या दो पैराग्राफ से लेकर एक पृष्ठ तक हो सकता है। पद या फ्रेम को प्रस्तुत

करने के बाद छात्र उसे ध्यानपूर्वक पढ़ते या सुनते हैं। इसके पश्चात विद्यार्थी के सामने बहु-विकल्पीय प्रश्न रखे जाते हैं। विद्यार्थी उनमें से एक सही उत्तर का चयन कर लेता और फिर उस पद में दिए गए संकेत के अनुसार आगे बढ़ता है। अगर छात्र ने सही विकल्प चुना है तो उसे अधिगम सम्बन्धी अगला पद प्रदान किया जाता है। यदि वह गलत उत्तर देता है तो उसे निदानात्मक फ्रेम की ओर संकेत किया जाता है जहाँ उसे उसकी गलती के कारणों के बारे में बताया जाता है। निदानात्मक कार्य के बाद विद्यार्थी को फिर मौलिक फ्रेम की ओर निर्देशित किया जाता है ताकि वह सही उत्तर देने का दूसरा प्रयत्न कर सके। इस विधि में विद्यार्थी एक ही रास्ता नहीं अपनाते बल्कि शाखाओं में बँट जाते हैं। शाखात्मक अभिक्रम को निम्न प्रकार से प्रकट किया जा सकता है।

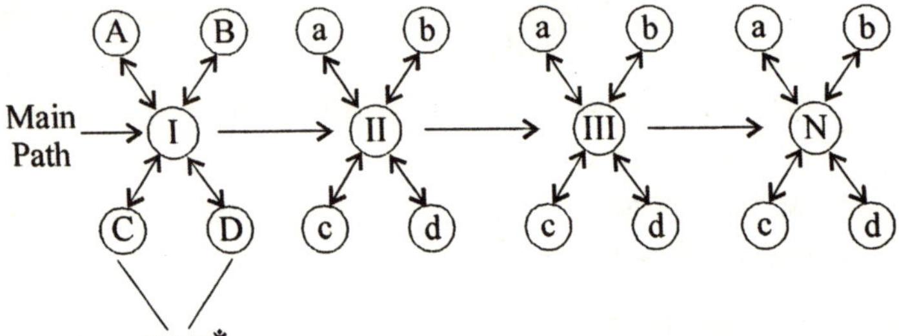

शाखीय अभिक्रम के प्रकार (Types of Branching) – शाखीय अभिक्रम दो प्रकार का होता है—

1. पीछे की तरफ शाखा निर्माण (Backward Branching) – इस अभिक्रम में विद्यार्थी फ्रेम नं 1 से फ्रेम नं 2 की ओर तभी बढ़ता है जब वह ठीक उत्तर चुनता है। यदि वह गलत जवाब चुनता है। तो उसे विषय वस्तु का अधिक बोध कराया जाता है। उसके बाद विद्यार्थी फिर फ्रेम नं 1 पर जाता है फ्रेम नं 1 पर जाने के बाद वह विषयवस्तु को दुबारा अर्थात् पुनः पढ़कर प्रश्न का सही जवाब देने का प्रयत्न करता है। इस तरह गलती करने वाला विद्यार्थी एक फ्रेम को दो बार पढ़ता है।

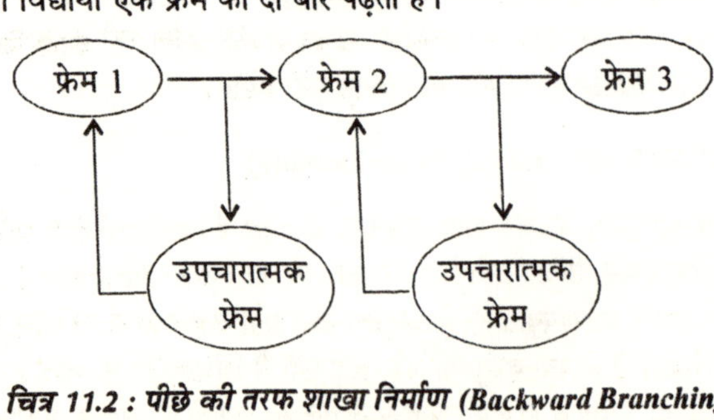

चित्र 11.2 : पीछे की तरफ शाखा निर्माण (Backward Branching)

2. आगे की तरफ शाखा निर्माण (Forward Branching) – इस अभिक्रम में विद्यार्थी हमेशा नए फ्रेम की तरफ बढ़ता है चाहे उसका उत्तर ठीक हो या गलत। ठीक उत्तर चुनने पर वह सीधा नए फ्रेम पर जाता और गलत उत्तर देने पर वह उपचारात्मक फ्रेम से होता हुआ नए फ्रेम पर जाता है।

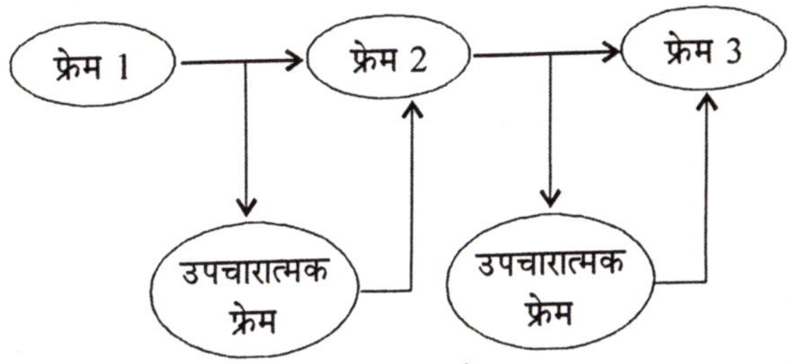

चित्र 11.3 : आगे की तरफ शाखा निर्माण (Forward Branching)

उपरोक्त अधिगम चक्र की तब तक पुनरावृत्ति होती रहती है जब तक छात्र सम्पूर्ण अधिगम सामग्री पर आधारित विभिन्न पदों की विषयवस्तु की अच्छी तरह जानकारी प्राप्त न कर लें। इस समस्त प्रक्रिया में विद्यार्थी अपनी गति से सीखता हुआ आगे बढ़ता है।

शाखीय अभिक्रम पुस्तक रूप में प्रस्तुत किए जाते हैं। इन पुस्तकों को उत्कट पाठ्य-पुस्तक (Scrambled Book) कहते हैं क्योंकि इसके पृष्ठ सामान्य क्रम में नहीं होते। विद्यार्थी को उत्तर के चयन के अनुसार विभिन्न पृष्ठों की ओर निर्देशित किया जाता है।

शाखीय अभिक्रम की विशेषताएँ/उपयोगिताएँ (Characteristics / Advantages of Branching Programming)

1. शाखीय अभिक्रम में प्रत्येक विद्यार्थी को अपनी योग्यता के अनुसार सीखने के अवसर मिलते हैं।
2. फ्रेम का आकर बड़ा होने के कारण विषय-वस्तु को रोचक एवं उपयोगी ढंग से प्रस्तुत करने का अवसर मिलता है।
3. यह अभिक्रम परम्परागत ट्यूटोरियल विधि पर आधारित है। छात्रों की कठिनाइयों एवं गल्तियों का पता लगा कर उनका उचित निदान एवं उपचार किया जाता है।
4. यह विद्यार्थियों में विभेदीकरण योग्यता, सृजनात्मकता, समस्या समाधान योग्यता का विकास करता है।
5. इसमें बहुचयनात्मक प्रश्न पूछे जाते हैं। यदि छात्र ठीक उत्तर का चयन करता है तो उसके उत्तर की पुष्टि की जाती है। यदि वह गलत उत्तर का चयन करता है तो उसे उस सामग्री की ओर अग्रसर किया जाता है जहाँ पता चलता है कि उसका उत्तर गलत क्यों है।
6. शाखीय अभिक्रम में गलतियाँ ढूंढने और उनके संशोधन पर बल दिया जाता है।

7. इसका प्रयोग उच्च शिक्षण उद्देश्यों की प्राप्ति के लिए किया जाता है।
8. शाखीय अभिक्रम का निर्माण कार्य सरल होता है।
9. इसमें विद्यार्थी अधिक सचेत रहते हैं और विषय-वस्तु की ओर ज्यादा ध्यान देते हैं।
10. इसका प्रयोग प्रत्ययात्मक (Conceptual) तथा विवरणात्मक (Descriptive) दोनों प्रकार की विषय वस्तु के अनुदेशन के लिए किया जाता है।

शाखीय अभिक्रम की सीमाएँ (Limitations of Branching Programming)

1. यह छोटे बच्चों के लिए उपयोगी नहीं है। इसका प्रयोग छठी कक्षा के पश्चात किया जाता है।
2. बहुविकल्पीय प्रश्न होने के कारण कई बार विद्यार्थी विषय-वस्तु को समझे बिना ही अनुमान लगाकर उत्तर देते हैं। इससे बच्चों में गलत आदत का विकास होता है।
3. यह अभिक्रम परम्परागत शिक्षण की तुलना में काफी महंगा है क्योंकि शाखीय अभिक्रम में कार्यक्रम को प्रस्तुत करने के लिए उत्कट पुस्तक (Scrambled book) फिल्म, टेप आदि का प्रयोग किया जाता है।
4. उत्कट पुस्तक में पृष्ठ क्रम से नहीं होते जिसके कारण विद्यार्थी उसे पढ़ना पसन्द नहीं करते।
5. शाखीय अभिक्रम का प्रयोग हर विषय और प्रकरण को पढ़ाने के लिए नहीं किया जा सकता।
6. फ्रेम में निहित सम्पूर्ण विषय-वस्तु के लिए बहुविकल्पीय प्रश्नों का निर्माण करना एक कठिन कार्य है।
7. यह अभिक्रम सभी विद्यार्थियों की व्यक्तिगत आवश्यकताओं के अनुकूल नहीं है क्योंकि हर विद्यार्थी के लिए शाखाओं की संख्या निश्चित करना मुश्किल होता है।

शाखीय अभिक्रम के उदाहरण

उपविषय – फूल के भाग

विषय-वस्तु

हरी पत्तियाँ

रंगीन पंखुडियाँ

अभिक्रम पृष्ठ – I

पुंकेसर

स्त्रीकेसर

 फूल के इस भाग को

(a) हरी पत्तियाँ कहते हैं।
(b) स्त्रीकेसर कहते हैं।
(c) रंगीन पंखुड़ियाँ कहते हैं।
(d) पुंकेसर कहते हैं।

उत्तर

(a) - - - - पृष्ठ 3 देखिए
(b) - - - - पृष्ठ 4 देखिए
(c) - - - - पृष्ठ 8 देखिए
(d) - - - - पृष्ठ 12 देखिए

माना हमने (b) पर निशान लगाया तो हम पृष्ठ 4 पर जाएंगे जहाँ लिखा होगा आपका उत्तर सही नहीं है। सही उत्तर के लिए आप पुनः पृष्ठ पर दी जाने वाली सामग्री को ध्यानपूर्वक पढ़े।

यदि हमने (d) पर निशान लगाया है तो हम पृष्ठ 12 पर जाएंगे जहाँ लिखा होगा आपका उत्तर सही है। उत्तर सही होने की स्थिति में दूसरा प्रश्न पूछा जाएगा।

जैसे पुंकेसर-

(a) फूल का नर भाग है - - - - - देखिए पृष्ठ - 10
(b) फूल का मादा भाग है - - - - - देखिए पृष्ठ - 2
(c) फूल का अनावश्क भाग है - - - - देखिए पृष्ठ - 5

(B) कंप्यूटर की सहायता द्वारा अनुदेशन
(Computer Assisted Instruction (CAI))

कंप्यूटर अनुदेशनात्मक पद्धति का एक उपकरण है जिसका प्रयोग व्यक्तिगत अनुदेशन के लिए किया जाता है। शिक्षण के क्षेत्र में अनुदेशन पद्धति, शोध कार्यों तथा परीक्षा प्रणाली को कंप्यूटर ने अधिक प्रभावित किया है। कंप्यूटर को विद्युत मस्तिष्क भी कहते हैं क्योंकि यह पूर्व-व्यवहारों के आधार पर अनुकूल अनुदेशनों का चयन करता है। यह निर्णय कंप्यूटर द्वारा ही लिया जाता है। कंप्यूटर सहायक अनुदेशन ट्यूटोरियल कार्य एवं अभ्यास के साथ प्रत्यक्ष रूप से सम्बन्धित है और अनुदेशन में बहुत सहायता करता है। यह अभिक्रमित अनुदेशन का प्रयोग करता है। परन्तु साथ में यह सम्प्रेषण सिद्धान्त, प्रणाली सिद्धान्त, श्रव्य-दृश्य अवधारणाओं तथा अधिगम सिद्धान्त का भी प्रयोग करता है।

कंप्यूटर सहायक अनुदेशन की विशेषताएँ (Characteristics of CAI)

1. दो तरफा अन्तर्क्रिया (Double sided Interaction) – कंप्यूटर सह-अनुदेशन में शिक्षार्थी और कंप्यूटर की दो तरफा अन्तर्क्रिया निहित है। इसका उद्देश्य विद्यार्थी की स्मृति में अधिगम को स्थिर करना है।

2. व्यक्तिगत अनुदेशन (Individualised Instruction) – यह व्यक्तिगत अनुदेशन की तकनीक है क्योंकि कंप्यूटर की क्रिया विद्यार्थी की व्यक्तिगत अनुक्रिया पर निर्भर करती है।

3. विविधता (Variety) – कंप्यूटर सहायक अनुदेशन में विविधता आती है क्योंकि कंप्यूटर विद्यार्थी के कार्य के अनुसार नए कार्यक्रम का चुनाव करता है।

4. ठीक अनुक्रिया (Right Responding) – यह अनुदेशन ठीक अनुक्रिया पर विशेष बल देता है।

5. विद्यार्थी की अनुक्रियाएँ (Responses of Students) – कंप्यूटर सहायक अनुदेशन विद्यार्थी की अनुक्रियाओं को स्वीकार कर उनका मूल्यांकन करता है।

6. अनुदेशनात्मक कार्यक्रम (Instructional Programme) – यह एक ऐसी अनुदेशनात्मक तकनीक है जिसमें कंप्यूटर विद्यार्थी को अनुदेशन देता है, उसक निर्देशन करता है, मूल्यांकन करता है जब तक विद्यार्थी क्षमता के निश्चित स्तर को प्राप्त नहीं कर लेता। यह अनुदेशन विद्यार्थी के अनुकूल बड़ा भी हो सकता है और छोटा भी।

7. रुचिकर (Interesting) – कम्प्यूटर द्वारा जटिल विषय-वस्तु को भी सरल एवं रुचिकर बनाया जा सकता है।

(B) कम्प्यूटर एवं शिक्षण प्रक्रिया (Computer and Teaching Process)– लारेंस स्टॉलूरो एवं डेविस के द्वारा एक ऐसा शिक्षण प्रतिमान तैयार किया गया जिसमें अध्यापक की जगह कंप्यूटर का प्रयोग अनुदेशन के प्रस्तुतीकरण के लिए किया जाता है। यह प्रतिमान कंप्यूटर अनुदेशन को दो अवस्थाओं में बाँटता है-

1. पूर्व-शिक्षण अवस्था (Pre-teaching Stage) – इस अवस्था में अनुदेशनात्मक उद्देश्यों की प्राप्ति के लिए विद्यार्थियों के पूर्व-ज्ञान के आधार पर कंप्यूटर द्वारा विद्यार्थियों का चयन किया जाता है। विद्यार्थी तब तक दूसरी अवस्था की तरफ नहीं बढ़ सकता जब तक वह पूर्व-ज्ञान की शर्त को पूरा नहीं करता।

2. शिक्षण अवस्था (Teaching Stage) – सबसे पहले कंप्यूटर द्वारा विद्यार्थियों के सामने एक कार्यक्रम प्रस्तुत किया जाता है जिसमें विषय-वस्तु एवं प्रश्न होते हैं। विद्यार्थी विषय-वस्तु को पढ़कर प्रश्नों का जवाब देता है। उत्तर देने के बाद विद्यार्थी उसका मूल्यांकन करता है। जवाब ठीक होने पर नया प्रश्न पूछा जाता है और गलत उत्तर होने की स्थिति में उपचारात्मक प्रश्न किया जाता है। इस तरह अनुदेशन प्रक्रिया चलती रहती है।

विद्यार्थी अनुक्रिया विभिन्न तरीके से प्रस्तुत कर सकता है। वह अपना उत्तर टाइप कर सकता है, तालिका को दबा सकता है, फोटो इलैक्ट्रिक पैन के साथ लिख सकता है आदि।

कंप्यूटर सह-अनुदेशन में विषय-वस्तु विद्यार्थियों की आवश्यकता एवं प्रारम्भिक व्यवहार के अनुसार प्रस्तुत की जाती है। कंप्यूटर एक ही विषय-वस्तु को विभिन्न रूपों में प्रस्तुत कर सकता है। यह केवल विषय वस्तु का ही प्रस्तुतीकरण नहीं करता बल्कि विद्यार्थी के व्यवहार को भी नियंत्रित करता है। इसके द्वारा विद्यार्थी अपनी गति एवं योग्यता के अनुसार शिक्षण करते है, उन्हें तात्कालिक पृष्ठपोषण प्राप्त होता है। विद्यार्थी को अपनी योग्यता के अनुसार विषय-वस्तु चुनने की स्वतन्त्रता होती है।

शिक्षा के क्षेत्र में कम्प्यूटर सह-अनुदेशन का प्रयोग (Use of Computer Assisted Instruction in Education)

आज शिक्षा के क्षेत्र में कंप्यूटर का प्रयोग बढ़ता जा रहा है। शिक्षा के हर क्षेत्र में कंप्यूटर सहायक अनुदेशन का प्रयोग किया जाता है–

(1) परीक्षा प्रणाली (Examination Systems) – शिक्षा प्रक्रिया के दो मुख्य कार्य हैं–शिक्षण एवं परीक्षा। इन दोनों कार्यों को करने के लिए कम्प्यूटर सहायक अनुदेशन का प्रयोग किया जाता है। कंप्यूटर द्वारा परीक्षाफल शीघ्र, सही ढंग से तैयार किया जा सकता है। भारत में विश्वविद्यालय, स्कूल शिक्षा बोर्ड, और परीक्षा परिषदें परीक्षाफलों को तैयार करने के लिए कंप्यूटर की सहायता लेती हैं।

(2) शोध-कार्य (Research Work) – शोध-कार्यों व शोध-तथ्यों के विश्लेषण के लिए भी कंप्यूटर का प्रयोग किया जाता है। इसके द्वारा प्राप्त परिणाम शुद्ध एवं विश्वसनीय होते हैं। जिस क्षेत्र में अनुसंधानकर्त्ता शोध कर रहा है उससे सम्बन्धित सूचनाएँ एवं आँकडे कंप्यूटर की सहायता से प्राप्त कर सकता है।

(3) शैक्षिक एवं व्यावसायिक निर्देशन (Educational and Vocational Guidance) – निर्देशन एवं परामर्श के लिए भी कंप्यूटर का प्रयोग किया जाता है। शैक्षिक निर्देशन के लिए छात्रों की कमजोरियों का निदान कर उनके उपचार के लिए अनुदेशन दिया जाता है। व्यावसायिक निर्देशन के लिए छात्रों की क्षमताओं, व्यावसायिक रुचियों, अभिरुचिओं, योग्यताओं को कार्ड पर अंकित कर कंप्यूटर को दे दिया जाता है। कंप्यूटर सूचनाओं के आधार पर निर्देशन प्रदान करता है।

(4) अनुरूपण (Simulation) – कंप्यूटर द्वारा वास्तविक जीवन की यथार्थ स्थितियों का अनुरूपण कर विद्यार्थियों की कार्य-कुशलता को बढ़ाया जा सकता है। विद्यार्थियों की रुचि एवं अभिप्रेरणा में वृद्धि होती है।

(5) पुनरावृत्ति एवं अभ्यास (Repetition and Practice) – यदि विद्यार्थियों को कोई पाठ समझ न आए तो कंप्यूटर पर कई बार उसकी पुनरावृत्ति की जा सकती है।

कंप्यूटर सह-अनुदेशन का प्रयोग अभ्यास के लिए भी किया जाता है। अभ्यास करते समय यदि विद्यार्थी के सामने कोई समस्या आती है तो उपचारात्मक कार्यक्रम प्रस्तुत कर उसकी समस्या हल की जाती है।

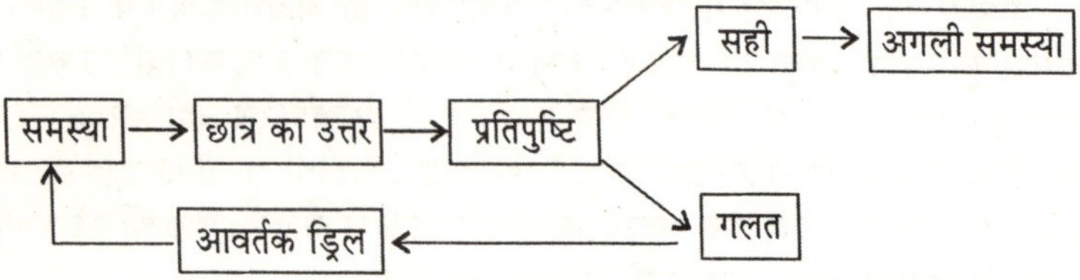

इसका प्रयोग मुख्य रूप से अंकगणित, व्याकरण, इतिहास आदि विषयों को पढ़ाने/सिखाने के लिए किया जाता है।

6. शिक्षण एवं अनुदेशन (Teaching and Instruction) – कंप्यूटर सह-अनुदेशन व्यक्तिगत अनुदेशनात्मक विधि है। विद्यार्थी अपनी गति, योग्यता एवं क्षमता के अनुरूप शिक्षण प्राप्त करते हैं। विद्यार्थियों के पूर्व-ज्ञान के आधार पर अनुदेशनात्मक सामग्री का चयन कंप्यूटर द्वारा किया जाता है। एक ही प्रकरण से सम्बन्धित विषय-वस्तु को विद्यार्थियों के पूर्व-ज्ञान के आधार पर विभिन्न रूपों में प्रस्तुत किया जाता है।

7. वास्तविक शिक्षण (Real Teaching) – कंप्यूटर द्वारा विषय-वस्तु का वास्तविक शिक्षण किया जा सकता है। मौखिक व्याख्या प्रस्तुत करने के लिए श्रव्य टेप और दृश्य प्रस्तुत करने के लिए Cathode Ray Tube का प्रयोग किया जाता है।

8. विकलांगों को शिक्षा (Education of Handicapped) – गूंगे, बहरे, विकंलागों को शिक्षा देने के लिए कंप्यूटर सह-अनुदेशन का प्रयोग किया जा सकता है। यह विद्यार्थियों की आवश्यकता के अनुसार अधिगम संसाधनों एवं सामग्री का चयन करता है। कंप्यूटर द्वारा विकलांग बच्चों की विषय-वस्तु में रुचि उत्पन्न की जा सकती है। क्योंकि यह विद्यार्थी एवं विषय-वस्तु की प्रत्यक्ष अन्तर्क्रिया प्रस्तुत करता है। भाषण विधि द्वारा किए गए शिक्षण में कमजोर विद्यार्थी निष्क्रिय हो जाते हैं। जबकि कंप्यूटर सह-अनुदेशन में विद्यार्थी सक्रिय रूप से भाग लेते हैं।

9. शैक्षणिक क्रीडाएँ (Educational Games) – यह CAI की सबसे प्रभावशाली तकनीक है। ऐसे कंप्यूटर गेम सॉफ्टवेयर तैयार किए जा चुके हैं जो मनोरंजन के साथ-साथ शिक्षा भी प्रदान करते हैं। सियेरा (Sierra) नॉलेज एडवेन्चर (Knowledge Adventure) इत्यादि माइक्रोसाफ्ट कम्पनी द्वारा तैयार किए गए शैक्षणिक गेम सॉफ्टवेयर हैं। यह बच्चों में सहयोग की भावना का विकास भी करती है क्योंकि दो या दो से अधिक बच्चे एक ही कंप्यूटर पर गेम खेल सकते है।

कंप्यूटर सहायक अनुदेशन की सीमाएँ (Limitations of Computer Assisted Instruction)

***(i)* मंहगा (Expensive)** – कंप्यूटर सह–अनुदेशन महंगी प्रक्रिया है क्योंकि इसके लिए कंप्यूटरों की आवश्यकता पड़ती है। कंप्यूटर खरीदना और खराब होने पर उनकी मुरम्मत कराना महंगी प्रक्रिया है।

***(ii)* भावात्मक वातावरण की कमी (Absence of Emotional Climate)** – वास्तविक शिक्षण में अध्यापक अपने व्यवहार द्वारा कक्षा में सहयोगात्मक, भावात्मक एवं स्नेहपूर्ण वातावरण का निर्माण कर सकता है। कंप्यूटर द्वारा अनुदेशन प्रदान करने से इस तरह के वातावरण का अभाव रहता है।

***(iii)* सभी विषयों के लिए उपयोगी नहीं (Not Useful for All Subjects)** – सभी विषयों एवं प्रकरणों के लिए कंप्यूटर कार्यक्रम तैयार करना संभव नहीं है।

***(iv)* गलत आदतों का विकास (Development of Bad Habits)** –कम्प्यूटर सह–अनुदेशन स्वअनुदेशन तकनीक है। स्वअनुदेशनात्मक होने के कारण कई बार विद्यार्थियों में गलत आदतों का विकास हो जाता है जैसे अनुशासनहीनता, लापरवाही, समय का अपव्यय आदि।

***(v)* भावात्मक उद्देश्यों की प्राप्ति नहीं** (Non-achievement of Affective Objectives) – कंप्यूटर अनुदेशन द्वारा केवल ज्ञानात्मक एवं मनोक्रियात्मक उद्देश्यों की प्राप्ति होती है। इससे भावात्मक उद्देश्यों की प्राप्ति नहीं होती।

इतनी कमियाँ होने के बावजूद भी कंप्यूटर सहायक अनुदेशन के बहुत लाभ हैं। कंप्यूटर शिक्षण एवं अधिगम का स्वचालित यन्त्र है। इसका प्रयोग शोध–कार्य परीक्षा परिणामों को तैयार करने, शैक्षिक एवं व्यावसायिक निर्देशन, शिक्षण एवं अनुदेशन, विद्यार्थियों के पूर्व–ज्ञान को जाँचने, उनकी योग्यताओं के अनुसार विषय–वस्तु का चयन करने, गणना करने आदि के लिए किया जाता है। CAI के क्रियान्वयन के समय अध्यापक की भूमिका सूचना वितरक की बजाय मार्गदर्शक के रूप में अधिक होती है। अतः उसे विषयवस्तु की पूर्ण जानकारी होने के साथ–साथ कंप्यूटर हार्डवेयर एवं सॉफ्टवेयर में भी निपुण होना जरूरी है।

(C) स्वामित्व/प्रवीणता/पारगंत अधिगम व्यूह–रचना (Master Learning Approach)

पारगंत अधिगम का अर्थ है अधिगम पर पूर्ण रूप से अधिकार कर लेना या जितना अधिगम किया जाए उसमें पूर्ण रूप से पारगंत होना। इस तकनीक का विकास छात्रों को अधिगम सम्बन्धी समस्त पहलुओं पर दक्षता प्राप्त करने के लिए किया गया जिससे कम समय में अधिकतम अधिगम हो सके। इसके अन्तर्गत सामान्य कक्षा–शिक्षण, पुनर्बलन प्रविधि, सुधारात्मक तथा व्यक्तिगत अधिगम त्रुटियों को सम्मिलित किया जाता है। विषय

में कमजोर विद्यार्थियों को अतिरिक्त समय दिया जाता है। यह तकनीक हर विद्यार्थी को अपनी गति से पढ़ने की सुविधा प्रदान करती है। प्रत्येक छात्र में ज्यादा-से-ज्यादा अधिगम करने के लिए यह तकनीक मुख्यत: दो चीजों पर बल देती है—उपयुक्त समय, अनुदेशनात्मक सामग्री। इसके द्वारा विद्यार्थी विषय-वस्तु पर 90% तक पारगंत हासिल कर सकते हैं। विद्यार्थियों में आत्मविश्वास बढ़ता है। इसके अन्तर्गत-

(*i*) शिक्षण की पाठ्य-वस्तु को छोटी-छोटी इकाइयों में विभाजित किया जाता है।

(*ii*) अनुदेशन के उद्देश्यों की पहचान की जाती है तथा अधिगम उपलब्धियों के स्वरूप को व्यावहारिक रूप में समझने का प्रयास किया जाता है।

(*iii*) प्रत्येक अधिगम इकाई तथा उद्देश्य को ध्यान में रखकर पारगंत स्तर निर्धारित किया जाता है।

(*iv*) सभी विद्यार्थियों को एक समान तरीके से पढ़ाया जाता है और उसके पश्चात् प्रवीणता का मूल्यांकन किया जाता है।

(*v*) मूल्यांकन / निष्पत्ति परीक्षण के आधार पर यह जाना जाता है कि किन विद्यार्थियों ने पारगंत स्तर प्राप्त कर लिया है। उन विद्यार्थियों को आगे के अध्ययन के लिए पुनर्बलन प्रदान किया जाता है। जो विद्यार्थी पारगंत स्तर प्राप्त नहीं कर पाते, उनकी अधिगम कठिनाइयों को जानने के लिए उन्हें निदानात्मक परीक्षा दी जाती है।

(*vi*) अधिगम की कठिनाइयों के आधार पर उन्हें विभिन्न समूहों में बाँट दिया जाता है और उसी के अनुसार सुधारात्मक अनुदेशन की व्यवस्था की जाती है। छात्रों के विभिन्न समूहों को वैकल्पिक अधिगम सामग्री उपलब्ध कराई जाती है और उन्हें अध्ययन हेतु अतिरिक्त समय दिया जाता है। सुधारात्मक शिक्षण के कई तरीके हैं जैसे स्वअध्ययन, शिक्षकों के द्वारा छोटे-छोटे समूहों के लिए अनुदेशों को संगठित करना, समकक्ष समूह (Peergroup) से अनुशिक्षण जोडियों को संगठित करना आदि। इस प्रकार के शिक्षण के बाद पुन: परीक्षण किया जाता है।

(*vii*) प्रत्येक अधिगम इकाई की कठिनाइयों के लिए सुधारात्मक शिक्षण तथा अनुदेशन के अन्त में निष्पत्ति परीक्षण किया जाता है और विद्यार्थियों का स्तरीकरण किया जाता है। इस प्रकार सभी विद्यार्थियों द्वारा पारगंत स्तर प्राप्त करने का प्रयास किया जाता है।

अत: पारगंत अधिगम तकनीक में विद्यार्थियों की कमजोरियों तथा स्वामित्व-स्तर को ध्यान में रखा जाता है। इसमें पुन: शिक्षण, सुधारात्मक अनुदेशन तथा अनुवर्ग शिक्षण प्रविधियों द्वारा विद्यार्थियों की कमजोरी को दूर करने का प्रयास किया जाता है। यह तकनीक स्कूल विषयों में निष्पत्ति के संतोषजनक स्तर को प्राप्त करने में भी सहायता करती है।

अध्याय 12

पाठ योजना और इकाई योजना (Lesson Planning and Unit Planning)

'पाठ योजना व इकाई योजना ऐसे दर्पण हैं जिसमें अध्यापक की शिक्षण विधियाँ प्रतिबिम्बित होती हैं।'

पाठ योजना वास्तव में कार्यों की योजना है। यह प्रभावी शिक्षण का हृदय है। यदि अध्यापक बालक का सर्वांगीण विकास करना चाहता है तो उसके लिए शिक्षण में योजना निर्माण की आवश्यकता है। अतः पाठ योजना शिक्षण अधिगम प्रक्रिया को सफल और प्रभावी बनाने में पूर्ण रूप से उत्तरदायी है। शिक्षक को शिक्षण की तीन अवस्थाओं में से गुजरना पड़ता है।

1. शिक्षण से पहले की अवस्था (Pre-teaching stage)
2. शिक्षण अवस्था (Teaching stage)
3. शिक्षण के से बाद की अवस्था (Post-teaching stage)

पाठ योजना शिक्षण से पहले की अवस्था से सम्बन्ध रखती है। पाठ योजना तैयार करते समय शिक्षक शिक्षण से सम्बन्धित विभिन्न क्रियाओं का नियोजन करता है। पाठ योजना को भिन्न-भिन्न शिक्षाशास्त्रियों ने अपने-अपने ढंग से परिभाषित किया है।

1. सैंड्स के अनुसार (Sands View) – पाठ योजना वास्तव में कार्यों की योजना है। अतः इसमें अध्यापक का क्रियात्मक दर्शन, उसका दर्शन सम्बन्धी ज्ञान, अपने विद्यार्थियों के बारे में उसका ज्ञान, शैक्षणिक उद्देश्यों के प्रति उसका दृष्टिकोण, उसका विषय-वस्तु संबंधी ज्ञान और प्रभावी विधियों के प्रयोग संबधी उसकी योग्यता सम्मिलित है।''

("A lesson plan is actually a plan of action. It includes the working philosophy of the teacher, her knowledge of philosophy, her information about pupils, her comprehension of the objectives of education, her knowledge of the material to be taught and her ability to utilise effective methods".)

2. बाइनिंग और बाइनिंग के अनुसार (Views of Bining & Bining) – ''दैनिक पाठ योजना के निर्माण में उद्देश्यों को परिभाषित करना, पाठय-वस्तु का चयन तथा

क्रमबद्ध रूप में व्यवस्थित करना और प्रस्तुतीकरण की विधियों एवं प्रक्रिया का निर्धारण करना है।''

("Daily lesson planning involves defining the objectives, selecting and arranging the subject-matter and determining the method and procedure.")

3. गुड़ का विचार (View of Good) – ''पाठ योजना वास्तव में शिक्षण रूपरेखा है जिसमें लक्ष्यों, अपेक्षित बिन्दुओं, पूछे जाने वाले प्रश्नों, संदर्भ सामग्री, दत्त कार्यों आदि का समावेश होता है।''

('A lesson plan is actually a teaching outline which includes objectives, points to be made, question to be asked, references to materials, assignments etc.)

अतः पाठयोजना एक ऐसा दर्पण है जिसमें यह प्रतिबिम्बित होता है कि अध्यापक को शिक्षण के समय क्या करना है? उसके कार्य का उद्देश्य क्या है? उस उद्देश्य की प्राप्ति के लिए उसे किन प्रक्रियाओं तथा साधनों का प्रयोग करना है? और विद्यार्थियों का इस प्रक्रिया में किस तरह सक्रिय योगदान लेना है?

पाठ-योजना की आवश्यकता एवं महत्त्व
(Need and Importance of Lesson Planning)

पाठ-योजना प्रभावी शिक्षण की आधारशिला है। इसका शिक्षण में बहुत महत्त्व है जैसे-

1. शिक्षण उद्देश्यों की स्पष्टता (Clarity of Teaching Objectives) – शिक्षक को पहले से ही ज्ञान होगा कि उसे अपने शिक्षण की सहायता से किन उद्देश्यों की पूर्ति करनी है।

2. समस्याओं का ज्ञान (Knowledge of Problem) – पाठ को पढ़ाते समय आने वाली समस्याओं तथा कठिनाइयों के बारे में, उनके हल के बारे में शिक्षक पहले से ही सोच-विचार कर लेता है।

3. रोचक शिक्षण (Interested Teaching) – पाठ को सरल,स्पष्ट, रुचिकर व प्रभावशाली बनाने के लिए उपयुक्त विधियों तथा तकनीकों का चयन पहले ही कर लिया जाता है।

4. शिक्षण क्रियाओं की पूर्व जानकारी (Previous Knowledge of Teaching Activities) – कक्षा में शिक्षक की सफलता उसकी तैयारी पर निर्भर करती है। पाठयोजना बनाने पर अध्यापक को इस बात की जानकारी होगी की पाठ का प्रकरण क्या है? प्रस्तुतीकरण की विधि क्या है? सहायक सामग्री का प्रयोग कब, कहाँ और कैसे करना है। इस प्रकार की जानकारी पहले से ही होने पर अध्यापक में आत्मविश्वास बढ़ता है।

5. शिक्षण कार्य को निश्चित दिशा प्रदान करना (Provides Definite Direction to the Teaching Process) – पाठ-योजना शिक्षक को एक निश्चित दिशा प्रदान करती है और वह उसी के अनुरूप कार्य करता है।

6. व्यवस्थित ज्ञान (Organised Knowledge) – पाठ-योजना छात्रों को क्रमबद्ध तथा व्यवस्थित ज्ञान प्रदान कर अधिगम को प्रभावशाली बनाता है।

7. संपूर्ण पाठ्य-वस्तु पर समान बल (Equal Weightage to All Contents)– अध्यापक विषय की सभी इकाइयों को ध्यान में रखकर उपलब्ध समय के अनुसार पहले से ही योजना बना लेता है कि किस इकाई व पाठ को कितना समय दिया जाना चाहिए।

8. शिक्षण तथा अधिगम में सम्बन्ध स्थापित करना (Establish Relationship between Teaching and Learning) – पाठ-योजना शिक्षण तथा अधिगम में सम्बन्ध स्थापित करती है। शिक्षण के सिद्धान्तों का प्रयोग अधिगम को प्रभावशाली बनाता है।

9. अपव्यय को रोकना (Prevention of Wastage) – पाठ-योजना अपव्यय को रोकती है क्योंकि यह शिक्षक को अस्त-व्यस्त रूप से पढ़ाने से रोकती है और अनावश्यक बातों से बचाती है।

10. प्रभावशाली शिक्षण प्रक्रिया का चुनाव (Selection of Effective Teaching Procedure) – पाठ-योजना अध्यापक को ऐसी प्रभावी शिक्षण प्रक्रिया चुनने में सहायता करती है जो विद्यार्थी की आदतों तथा सूचनाओं को वांछित दिशा की ओर अग्रसर करती है।

अतः पाठ-योजना शिक्षण प्रक्रिया में महत्त्वपूर्ण सुधार लाने में सहायता करती है। जैसा डेविस ने कहा भी है ''पाठ-योजना को निश्चित रूप से तैयार किया जाना चाहिए, क्योंकि अध्यापक की प्रगति में अनिर्मितता से अधिक कुछ भी घातक नहीं है।''

पाठ योजना के प्रमुख उपागम (Various Approaches of Lesson Planning) – पाठ-योजना बनाने के लिए विभिन्न शिक्षाशास्त्रियों ने अपने-अपने शैक्षिक कार्यों से संबंधित शैक्षिक सिद्धान्तों के आधार पर अनेक उपागमों का विकास किया है उनमें से कुछ निम्नलिखित हैं-

हरबर्ट उपागम (Herbartian Approach) – जे.एफ.हरबर्ट और उसके साथियों ने पाठ-योजना के मुख्य रूप से छः पदों पर अधिक बल दिया है और आज भी इनका प्रयोग पाठ-योजना में किया जाता है-

1. तैयारी (Preparation)
2. प्रस्तुतीकरण (Presentation)
3. संबधीकरण (Association)
4. सामान्यीकरण (Generalization)
5. प्रयोग (Application)
6. पुनरावृत्ति (Recapitulation)

1. तैयारी (Preparation) – तैयारी का अर्थ है विद्यार्थियों को नए ज्ञान की प्राप्ति के लिए तैयार करना। जिस प्रकार बीज बोने से पहले जमीन को तैयार किया जाता है उसी प्रकार बच्चे को भी नए ज्ञान को प्राप्त करने के लिए तैयार किया जाता है। इस पद में अध्यापक केवल उपविषय से संबधित विद्यार्थियों के पूर्व-ज्ञान की ज्ञानकारी प्राप्त कर उसे नवीन ज्ञान से संबंधित करता है। इसमें दो तत्त्व निहित हैं-

(*i*) पूर्व ज्ञान का परीक्षण (Testing of Previous Knowledge) – अध्यापक प्रश्न पूछकर विद्यार्थियों के पूर्व-ज्ञान की जाँच कर सकता है। इस चरण को परिचयात्मक चरण भी कहा जाता है। परंतु यह बहुत लंबा नहीं होना चाहिए।

(*ii*) उद्देश्य की घोषणा (Announcement of the Aim) – यदि पाठ का परिचय प्रभावपूर्ण हो तो उससे पाठ का उद्देश्य स्पष्ट हो जाता है। उद्देश्य की घोषणा स्पष्ट, संक्षिप्त तथा सरल होनी चाहिए।

2. प्रस्तुतीकरण (Presentation) – इस चरण में अध्यापक विषय-सामग्री को विद्यार्थियों के समक्ष प्रस्तुत करता है। विषय-वस्तु को उचित क्रम में प्रस्तुत करने के लिए वह विभिन्न सहायक साधनों जैसे व्याख्या, स्पष्टीकरण, वर्णन, विवरण, दृष्टान्त आदि का प्रयोग करता है। विषय-वस्तु प्रस्तुत करते समय अध्यापक को विद्यार्थियों के स्तर पर आना चाहिए।

3. संबंधीकरण (Association) – इसमें पूर्व-ज्ञान को नवीन ज्ञान के साथ तथा नए विचारों के साथ संबधित किया जाता है। कुछ चुने हुऐ उदाहरण एवं तथ्य विद्यार्थियों के सामने प्रस्तुत किए जाते हैं और उन्हें उन पर विचार करके किसी निष्कर्ष पर पहुँचने के लिए कहा जाता है।

4. सामान्यीकरण (Generalization) – इस पद में अध्यापक विषय-सामग्री की सूझ-बूझ विकसित करने के लिए विद्यार्थियों को सम्मिलित करता है। अध्यापक का काम विद्यार्थियों में सु-एकत्रित, एवं सुनियोजित संबंधित सामग्री से सामान्य सिद्धान्तों की रचना की योग्यता प्रदान करना है।

5. प्रयोग (Application) – जिस ज्ञान का प्रयोग नहीं होता वह शीघ्र ही चेतनता से ओझल हो जाता है। प्रयोग द्वारा नए तथ्य विद्यार्थियों के मस्तिष्क में स्थित हो जाते हैं और उनकी मानसिक रचना का अभिन्न अंग बन जाते हैं।

6. पुनरावृत्ति (Recapitulation) – यह इस प्रक्रिया का अन्तिम पद है। इसके द्वारा अध्यापक यह जानने का प्रयत्न करता है कि विद्यार्थी विषय-वस्तु को समझ पाए हैं या नहीं। पुनरावृत्ति कई ढंग से की जा सकती है जैसे उपयुक्त प्रश्न पूछना, संक्षिप्त वस्तुनिष्ठ प्रश्नों का प्रयोग आदि। हमारी दैनिक पाठ-योजनाएँ मुख्यत: हरबर्ट के सोपानों का ही अनुगमन करती हैं; लेकिन यह कोई निश्चित प्रक्रिया नहीं है, अध्यापक चाहे तो अपनी विधि का प्रयोग भी कर सकता है।

पाठ-योजना के हरबर्ट उपागम के लाभ
(Merits of Herbart Approach of Lesson Planning)

1. यह शिक्षण के ज्ञानात्मक उद्देश्यों की प्राप्ति में सहायक है।
2. यह पाठ-योजना का सरल उपागम है।
3. यह सभी विषयों के शिक्षण में उपयोगी है।
4. यह नवीन ज्ञान प्रदान करने के लिए विद्यार्थियों के पूर्व ज्ञान का प्रयोग करता है।

सीमाएँ (Limitation) –यद्यपि यह पाठ-योजना का सबसे प्रसिद्ध उपागम है फिर भी इसकी कुछ सीमाएँ हैं-

1. यह अध्यापक केन्द्रित उपागम है।
2. इसमें ज्ञानात्मक उद्देश्यों पर अधिक बल दिया जाता है और क्रियात्मक एवं भावात्मक उद्देश्यों की अवहेलना की गई है।
3. यह शिक्षण को केवल स्मृति स्तर तक सीमित रखता है।
4. शिक्षण क्रियाएँ कम अर्थपूर्ण होती हैं। विद्यार्थी नीरसता का अनुभव करते हैं और विषय-सामग्री में उनकी रुचि समाप्त हो जाती है।
5. इसमें शिक्षण के समय विद्यार्थियों को विचार-विमर्श के अवसर प्रदान नहीं किए जाते।

हरबर्ट सोपानों पर आधारित पाठ-योजना की रूप-रेखा
(An Outline of Lesson Plan on the Basis of Herbart Steps)

1. विषय, प्रकरण, कक्षा एवं तिथि (Subject, Topic, Class, Date) –अध्यापक को पाठ-योजना लिखते समय विषय, प्रकरण, कक्षा और तिथि का उल्लेख करना चाहिए।

2. शिक्षण के सामान्य उद्देश्य (General Objectives) – अध्यापक को विद्यार्थियों के स्तर के अनुकूल अपने विषय के शिक्षण के सामान्य उद्देश्यों का उल्लेख करना चाहिए। सामान्य उद्देश्यों की प्राप्ति पाठ-योजना द्वारा नहीं हो सकती।

3. विशिष्ट उद्देश्य (Specific Objectives) – विशिष्ट शिक्षण उद्देश्यों का सम्बन्ध इस तथ्य से होता है कि अध्यापक कक्षा के समय में क्या प्राप्त करने की आशा करता है। विशिष्ट उद्देश्य ज्ञान, बोध, प्रयोग व कौशल के साथ सम्बन्धित होते हैं। विशिष्ट उद्देश्यों का निर्माण प्रकरण की प्रकृति तथा विद्यार्थियों के स्तर के आधार पर किया जाता है।

4. अनुदेशनात्मक सामग्री (Instructional Aids) – इस पद में डस्टर, चॉक, चॉकबोर्ड के अतिरिक्त उस सामग्री का उल्लेख किया जाता है जो शिक्षण को प्रभावी बनाने के लिए प्रयोग में लाई जाती है।

5. पूर्व-ज्ञान (Previous Knowledge) – इस पद में पढ़ाई जाने वाली पाठ्य-वस्तु से सम्बन्धित विद्यार्थियों में पाई जाने वाली सामान्य जानकारी को अंकित किया जाता है।

6. प्रस्तावना (Introduction) – इस पद में विद्यार्थी के पूर्व-ज्ञान को नवीन ज्ञान से संबधित किया जाता है। अध्यापक इसमें विद्यार्थी को नवीन ज्ञान प्राप्त करने से पहले अभिप्रेरित करता है। प्रस्तावना प्रश्न नवीन विषय-वस्तु का आधार प्रस्तुत करते हैं। चित्र, मानचित्र, चार्ट अथवा माडल की सहायता से भी प्रस्तावना की जा सकती है। अन्तिम प्रश्न विचारोत्तेजक (Thought Provoking) होना चाहिए जो नवीन ज्ञान की दिशा में विद्यार्थी को विचार करने के लिए तैयार करता है।

7. उद्देश्य कथन (Statement of the Aim) – इस पद में शिक्षक अपने उद्देश्य की घोषणा करता है कि आज हम इस प्रकरण का अध्ययन करने जा रहे हैं। उद्देश्य कथन संक्षिप्त एवं विशिष्ट होना चाहिए। कथन इस रूप में विशिष्ट होना चाहिए कि प्रकरण में विद्यार्थी जो कुछ अध्ययन करने जा रहे हैं उसकी सूचना संक्षेप में दे दी जाए जैसे आज हम प्रदूषण का अर्थ एवं उसके प्रकार एवं कारणों के विषय में पढ़ेंगे।

8. प्रस्तुतीकरण (Presentation) – यह पाठ-योजना का सबसे महत्त्वपूर्ण पद है। इसमें शिक्षक निर्धारित उद्देश्यों की प्राप्ति हेतु निर्धारित शिक्षण-सामग्री को विद्यार्थियों के समक्ष प्रस्तुत करता है। विषय-वस्तु का प्रस्तुतीकरण क्रमबद्ध ढंग से होना चाहिए। इसमें निम्नलिखित क्रियाओं की योजना बनाई जाती है।

(*i*) शिक्षण बिन्दु (Teaching Points) – इसमें विषय-वस्तु को क्रमबद्ध बिन्दुओं में विश्लेषित कर लिया जाता है।

(*ii*) शिक्षक क्रियाएँ (Teacher's Activities) – यह अध्यापक द्वारा कक्षा में की जाने वाली शैक्षिक क्रियाओं की पूर्वयोजना है।

(*iii*) विद्यार्थी क्रियाएँ (Pupils' Activities) – इसके अन्तर्गत विद्यार्थियों द्वारा की जाने वाली क्रियाओं का उल्लेख किया जाता है जैसे अध्यापक द्वारा पूछे गए प्रश्नों के उत्तर।

9. चॉकबोर्ड कार्य (Chalkboard Work) – जैसे-जैसे अध्यापक पाठ के प्रमुख बिन्दुओं को विकसित करे, उन्हें चॉकबोर्ड पर अंकित करता जाए। उस बिन्दु के स्पष्टीकरण हेतु परिभाषा, उदाहरण, रेखाचित्र आदि भी अंकित करने चाहिए। इस प्रकार पाठ के विकास के साथ-साथ चॉकबोर्ड कार्य अंकित हो जाएगा।

10. मूल्यांकन (Evaluation) – पाठ के उद्देश्यों की प्राप्ति किस सीमा तक हुई व पाठ कितना सफल रहा? यह जानने के लिए मूल्यांकन करना अत्यन्त आवश्यक है। मूल्यांकन से पहले श्यामपट्ट सार को मिटा देना चाहिए। मूल्यांकन के लिए प्रश्न इस प्रकार करने चाहिए कि उसमें समस्त पाठ की पाठ्यवस्तु शामिल हो तथा निर्धारित प्रत्येक उद्देश्य की जाँच हो जाए।

11. गृह-कार्य (Home-work) – गृह-कार्य का प्रयोजन पढ़ाये गए प्रकरण का अभ्यास एवं अध्ययन करना होता है। यह विद्यार्थियों की क्षमता एवं रुचि के अनुसार होना चाहिए तथा इसकी जाँच भी की जानी चाहिए

इस प्रकार इन पदों के अनुसार पाठ-योजना का विकास किया जाता है।

पाठ-योजना

विषय – पर्यावरण अध्ययन   कक्षा – VIII
उपविषय – नदी के कार्य   अवधि – 40 मिनट

सामान्य उद्देश्य (General Aims) –

1. विद्यार्थियों में तर्क व आलोचनात्मक व्यवहार को विकसित करना।
2. विद्यार्थियों की मानसिक शक्ति का विकास करना।
3. विद्यार्थियों की रचनात्मक प्रवृत्तियों को प्रोत्साहित करना।
4. विद्यार्थियों की पर्यावरण अध्ययन में रुचि उत्पन्न करना।

व्यवहारगत उद्देश्य (Behavioural Objectives)

1. छात्र नदी के कार्यों के बारे में जान जाएंगे।

2. नदी किस प्रकार से अपरदन व निक्षेपण के कार्य करती है, छात्र इसके बारे में जानेंगे।

सामान्य सहायक सामग्री (General Aids) – सामान्य कक्षा, चॉक, चॉक बोर्ड, झाड़न, संकेतक।

अनुदेशनात्मक सहायक सामग्री (Instructional Aids) – नदी के कार्यों को दिखाता हुआ चार्ट।

पूर्व-ज्ञान परिकल्पना (Previous Knowledge Assumed) – छात्र नदी के कार्यों के बारे में अवश्य कुछ जानते हैं।

प्रस्तावना (Introduction) – छात्राध्यापिका विद्यार्थियों के पूर्व-ज्ञान की जाँच के लिए निम्नलिखित प्रश्न पूछेगी –

1. हम सौरमण्डल के कौन से ग्रह पर रहते हैं?
2. पृथ्वी के कितने प्रतिशत भाग पर जल पाया जाता है?
3. जल के स्रोत कौन-कौन से है?
4. नदी क्या-क्या कार्य करती है?

उपविषय उद्घोषणा (Announcement of the Topic) – अंतिम प्रश्न पूछने के बाद छात्राध्यापिका घोषणा करेगी कि आज हम नदी के कार्यों के बारे में पढ़ेंगे।

प्रस्तुतीकरण (Presentation) – छात्राध्यापिका पाठ का विकास व्याख्यान एवं प्रश्नोत्तर विधि से करेगी। पाठ के विकास के लिए विद्यार्थियों का सहयोग लिया जाएगा तथा पाठ में रुचि बनाए रखने के लिए मुख्य बिंदुओं को चॉकबोर्ड पर लिखा जाएगा।

शिक्षण बिन्दु	छात्राध्यापिका क्रियाएँ	छात्र क्रियाएँ	चॉकबोर्ड कार्य
नदियाँ	छात्राध्यापिका विषय-वस्तु की व्याख्या करती है- नदियाँ पर्वतीय या पहाड़ी प्रदेशों से निकलकर निम्न भूमि प्रदेशों में बहती हुई समुद्रों में जाकर मिल जाती है। जिन नदियों में पूरे साल जल रहता है उन्हें सदानीरा कहते हैं। उद्‌गम से लेकर मुहाने तक नदी के मार्गों को ऊपरी, मध्य और निचले भागों में विभाजित किया जाता है।		सदानीरा नदियाँ
ऊपरी मार्ग	ऊपरी मार्ग में नदी के जल का बहाव कैसा होता है ? जल की गति तीव्र होने के कारण इस भाग में अपरदन की क्रिया सबसे अधिक होती है अपरदन द्वारा नदी घाटी गहरी होकर V अक्षर की आकृति के समान बन जाती है।	ऊपरी मार्ग में जल की गति तीव्र होती है।	तीव्र गति  'V'अक्षर के आकार की घाटी
जल प्रताप	कभी-कभी जल के मार्ग में कठोर शैल आ जाती है जिससे नदी का जल उसे काट-नहीं पाता लेकिन नीचे और कम कठोर शैल आसानी से कट जाती है। इस प्रकार जल प्रपात बन जाते हैं।		जल प्रपात जल की दिशा
मध्य मार्ग विसर्प	प्र. विसर्प किसे कहते हैं? ऊपरी मार्ग की अपेक्षा मध्य मार्ग में जल कम होता है। यहाँ नदी घाटी काफी चौड़ी हो जाती है। नदी को धारा मोड़ बनाकर बहने लगती है जिसे विसर्प कहते हैं। जब बाढ़ के कारण पानी अधिक हो जाता है तो नदी अपना किनारा तोड़कर बहने लगती है	जब नदी की धारा मोड़ बना कर बहने लगती है तो उसे विसर्प कहते हैं। बाढ़कृत मैदान	विसर्प नदी विसर्प 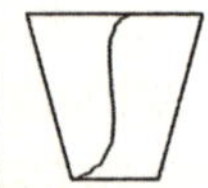 विसर्प
बाढ़कृत मैदान	और पूरे मैदान का क्षेत्र पानी में डूब जाता है। नदी धारा के दोनों ओर मैदान को बाढ़कृत मैदान कहते हैं।		बाढ़कृत मैदान

शिक्षण बिन्दु	छात्राध्यापिका क्रियाएँ	छात्र क्रियाएँ	चॉकबोर्ड कार्य
निचला मार्ग	निचले मार्ग में नदी का मुख्य कार्य क्या है? निचले भाग में निक्षेपण की क्रिया	निचले मार्ग में नदी मुख्यत: निक्षेपण का कार्य करती है।	निक्षेपण
निक्षेपण	मुख्य होती है। इस भाग से पानी व घाटी के तल का ढाल सबसे कम होता है। जिससे नदी के सामने थोड़ा-सा अवरोध आने पर यह अपना मोड़ मोड़ लेती है। अत: इस भाग में मुख्य नदियाँ कई उपनदियों में बँट जाती हैं।		
डेल्टा	इन उपनदियों का विस्तार बहुत बड़े क्षेत्र में होता है। यह कई धाराओं में बँट जाती है। इसलिए इसे डेल्टा कहते हैं, क्योंकि इसकी आकृति ग्रीक के Δ के समान होती है। ये बहुत ही उपजाऊ क्षेत्र हैं।		मरुभूमि
	प्र० भारत में किन-किन नदियों द्वारा डेल्टा बनाए गए हैं।	कृष्णा, कावेरी गोदावरी आदि	कृष्णा, कावेरी, गोदावरी
	भारत में गोदावरी, कृष्णा, कावेरी नदियों ने डेल्टा बनाए हैं। नील नदी का डेल्टा विश्व प्रसिद्ध है।		नील नदी

सामान्यीकरण (Generalization) – नदी के ऊपरी भाग में अपरदन का कार्य अधिक होता है जिसके कारण 'V' आकार की घाटी तथा जल प्रपात बनता है। मध्य भाग में विसर्प तथा बाढ़ के मैदान बनते हैं और निचले भाग में डेल्टा बनते हैं।

पुनरावृत्ति (Recapitulation) – छात्राध्यापिका विद्यार्थियों द्वारा प्राप्त ज्ञान को जाँचने के लिए निम्नलिखित प्रश्न पूछेगी –

1. जल प्रपात कैसे बनते हैं?
2. नदी के ऊपरी भाग में अपरदन किस प्रकार की आकृतियाँ बनाता है।
3. बाढ़ के मैदान किस प्रकार बनते हैं?
4. डेल्टा क्या है?

गृह-कार्य (Home-works) – नदी अपरदन तथा निक्षेपण के कार्यों पर संक्षिप्त नोट लिखो।

इकाई योजना
(Unit Planning)

इकाई योजना का प्रतिपादन प्रोफेसर एच.सी. मॉरीसन के द्वारा किया गया। इसलिए इसे मॉरीसन उपागम भी कहते हैं। मॉरीसन ने विषय-वस्तु को छोटी-छोटी इकाइयों में बाँटने पर बल दिया है। हर इकाई पूरी व सार्थक होनी चाहिए और विद्यार्थियों के पूर्व-ज्ञान से सम्बन्धित होनी चाहिए, जब विद्यार्थी एक इकाई में निहित विषय-वस्तु का अच्छी तरह ज्ञान प्राप्त कर ले, उसके पश्चात् ही अध्यापक को दूसरी इकाई की तरफ बढ़ना चाहिए।

मॉरीसन के अनुसार (Morrison View) – ''इकाई संगठित विज्ञान तथा कला के पर्यावरण का बोधात्मक एवं महत्त्वपूर्ण तत्त्व है।''

("Unit is a comprehensive and significant aspect of the environment of an organised science and art.")

रिस्क के शब्दों में (Risk's View) – ''इकाई में पूर्व-नियोजित अनुभव और क्रियाएँ निहित हैं जो किसी समस्या परिस्थिति, रुचि या वांछित परिणाम पर आधारित होती है।''

("Unit consists of various experiences and activities planned in advance which is centered upon some problem situation, interest or desired outcome.")

वैज़्ले के अनुसार (Wesley's View) – ''इकाई सूचना एवं अनुभव का संगठित रूप है जिसका निर्माण विद्यार्थी के महत्त्वपूर्ण अधिगम को प्रभावित करने के लिए किया जाता है।''

("The unit is an organised body of information and experiences designed to effect significant outcomes of the learner.")

इकाई उपागम के सोपान (Steps of Unit Approach) – मॉरीसन ने पाठ योजना की इकाई विधि के लिए पाँच सोपानों का वर्णन किया है–

1. खोज (Exploration)
2. प्रस्तुतीकरण (Presentation)
3. आत्मीकरण (Assimilation)
4. संगठन (Organisation)
5. अभिव्यक्तिकरण (Recitation)

1. खोज (Exploration) – इस पद में अध्यापक का अर्थ प्रश्नों के द्वारा या परस्पर चर्चा के द्वारा विद्यार्थियों के पूर्व-ज्ञान-रुचियों, सामान्य योग्यताओं तथा अभिरुचियों की खोज करना है। पूर्व-ज्ञान की जानकारी के बिना इसे नवीन ज्ञान से संगठित करना कठिन होता है। पूर्व-ज्ञान इकाई से संबंधित होना चाहिए। यह पद हरबर्ट विधि के प्रस्तावना पद से मिलता-जुलता है।

2. प्रस्तुतीकरण (Presentation) – इस पद में विषय-वस्तु को छोटी-इकाइयों में विभिन्न विधियों की सहायता से क्रमानुसार विद्यार्थियों के समक्ष प्रस्तुत किया जाता है। प्रत्येक इकाई को प्रस्तुत करने के पश्चात मूल्यांकन द्वारा विद्यार्थियों के अधिगम की जाँच की जाती है। यदि परिणाम संतोषजनक न हो तो विषय-वस्तु को तब तक दोहराया जाता है जब तक विद्यार्थी उसे समझ न लें।

3. आत्मीकरण (Assimilation) – इसका सम्बन्ध ज्ञान के स्थायीकरण से होता है। प्रस्तुतीकरण के दौरान विद्यार्थी जिस ज्ञान को प्राप्त करते हैं, आत्मीकरण के पद में उसी ज्ञान को वे स्थायी रूप प्रदान करते हैं। विद्यार्थी विषय-सामग्री का गहन अध्ययन करते हैं। इसके लिए वे पुस्तकालयों व प्रयोगशाला की सहायता लेते हैं। अपनी शंकाओं का समाधान करते हैं। वे विषय-वस्तु का प्रत्यास्मरण करके तथा तर्क-वितर्क प्रविधियों का प्रयोग करके अपने अर्जित ज्ञान को स्थायी रूप प्रदान करते हैं।

4. संगठन (Organisation) – इस पद में विद्यार्थी को विषय-वस्तु पुनः प्रस्तुत करने का अवसर दिया जाता है। विद्यार्थी अपनी भाषा में विषय-वस्तु लिखते हैं और विषय-वस्तु पर अधिकार प्राप्त कर लेता है। व्याकरण तथा गणित जैसे विषयों में पुनः प्रस्तुति का महत्त्व नहीं होता।

5. अभिव्यक्तिकरण (Recitation) – इस पद में विद्यार्थी अपने सहपाठियों और अध्यापक के सामने इकाई की विषय-वस्तु का मौखिक वर्णन करता हे। यह अभिव्यक्ति मौखिक ही नहीं, बल्कि लिखित या श्यामपट्ट कार्य के रूप में भी हो सकती है। इससे विद्यार्थियों में आत्मविश्वास बढ़ता है। इसे निपुणता अभिव्यक्तिकरण भी कहते हैं।

इकाई योजना के लाभ (Merits of Unit Planning)

1. यह योजना विद्यार्थियों में स्वअधिगम की आदत का विकास करता है।
2. शिक्षण अधिगम प्रक्रिया सरल एवं रुचिकर बनती है।
3. यह विद्यार्थी तथा अध्यापक के बीच में अन्तःक्रिया के अवसर प्रदान करता है।
4. पाठ्यक्रम की विषय-वस्तु को इकाइयों एवं उपइकाइयों में विभाजित कर उसे सरल बनाया जाता है।
5. इसमें विद्यार्थी विषय-वस्तु को केवल याद ही नहीं करते बल्कि उसे अच्छी तरह समझ कर सीखते हैं।
6. यह उपागम इकाई में प्रस्तुत विषय-वस्तु में निपुणता प्राप्त करने के उद्देश्य को सामने रखता है।
7. यह विद्यार्थी केन्द्रित है। इसमें विद्यार्थी की विशेषताओं एवं आवश्यकताओं को ध्यान में रखा जाता है।

इकाई योजना की सीमाएँ (Limitations of Unit Planning)

1. इकाई की योजना सरल कार्य नहीं है।

2. नवीनता की कमी बनी रहती है।
3. समय बहुत अधिक लगता है।
4. शिक्षण यान्त्रिक बन जाता है।

इकाई योजना की आवश्यक विशेषताएँ (Essential Features of a Unit Plan) – एक अच्छी इकाई द्वारा कुछ प्रश्नों के उत्तर दिए जाने आवश्यक है जैसे—

- क्यों अर्थात् उद्देश्य ?
- क्या अर्थात् विषय सामग्री ?
- कैसे अर्थात् शिक्षण की विधियाँ एवं तकनीक ?
- किसके साथ अर्थात् आवश्यक सहायक सामग्री ?
- कैसे होगा अर्थात् मूल्यांकन प्रक्रिया ?

इकाई योजना का प्रारूप (Format of Unit Plan)

कक्षा –

इकाई का नाम –

इकाई के लिए आवश्यक कालांश –

इकाई व उपइकाई	शिक्षण बिन्दु	व्यवहारगत उद्देश्य	शिक्षण अधिगम परिस्थितियां	शिक्षण सामग्री	मूल्यांकन	गृहकार्य

मॉरीसन उपागम पर आधारित पाठ-योजना (Lesson Plan Based on Morrison Approach)

कक्षा – सातवीं

इकाई – प्रदूषण

इकाई के लिए आवश्यक कालांश –

अनुमानित पूर्व-ज्ञान (Previous Knowledge Assumed) – अध्यापक यह अनुमान लगाता है कि विद्यार्थी प्रदूषण के बारे में सामान्य जानकारी रखते हैं।

मुख्य उद्देश्य (Major Objectives)

1. विद्यार्थी प्रदूषण के बारे में जान जाएँगे।
2. वे प्रदूषण के विभिन्न प्रकारों के बारे में समझ सकेंगे।
3. प्रदूषण का मानव जीवन पर पड़ने वाले प्रभाव को समझ जाएँगे।
4. प्रदूषण के कारणों के बारे में जान जाएँगे।

उप-इकाइयाँ	शिक्षण बिन्दु	व्यवहारगत उद्देश्य	शिक्षण विधियाँ तकनीक, उपागम
प्रदूषण और उसके प्रकार	प्रदूषण का अर्थ और उसके प्रकार • वायु प्रदूषण • ध्वनि प्रदूषण • जल प्रदूषण • भूमि प्रदूषण	• विद्यार्थी प्रदूषण का अर्थ समझ जाएंगे • प्रदूषण के कारणों को जान जाएंगे • वातावरण पर पड़ने वाले प्रभाव को जान जाएंगे • मानव जीवन पर पड़ने वाले प्रभावों को समझ जाएंगे • प्रदूषण को दूर करने के उपायों के बारे में जान जाएंगे।	• अध्यापक समूह में में कार्य प्रदान करेगा • विभिन्न उदाहरणों द्वारा दृष्टान्त प्रस्तुत करेगा • विद्यार्थी सभी क्रियाओं में भाग लेंगे • चित्रों की सहायता से से व्याख्या करेगा • अध्यापक समूह में कार्य प्रदान करेगा।

अनुदेशनात्मक सामग्री (Instructional Aids)

1. प्रदूषण के प्रकारों को दर्शाता चार्ट।
2. विभिन्न प्रदूषण के कारणों को दर्शाती पारदर्शी शीट (Transparency)।
3. जल प्रदूषण का मॉडल।

मूल्यांकन (Evaluation) – प्रदूषण एवं उसके प्रकार से संबधित पाठ्य-वस्तु पर आधारित उद्देश्यों की जाँच हेतु निबन्धात्मक, लघुतरात्मक एवं वस्तुनिष्ठ प्रश्न दिए जाएंगे।

इस प्रकार विभिन्न पाठ योजनाओं तथा इकाई योजनाओं की सहायता से शिक्षक अपनी शिक्षण प्रक्रिया को पहले से ही तैयार कर सकता है। समस्त शिक्षण प्रक्रिया की व्यवस्था के पक्ष को सुदृढ़ करने के लिए पाठ-योजना व इकाई-योजना का होना अत्यन्त महत्वपूर्ण माना जाता है। ये वास्तव में शिक्षण प्रक्रिया की व्यवस्था का व्यावहारिक रूप ही होती हैं। ये योजनाएं शिक्षण कार्य को निश्चित दिशा प्रदान करती हैं। इनसे ही शिक्षक में आत्म-विश्वास विकसित होता है।

अध्याय 13

शिक्षक व्यवहार के प्रकार–प्रत्यक्ष और अप्रत्यक्ष (Types of Teacher Behaviour – Direct and Indirect)

''शिक्षक का व्यवहार शिक्षक की क्रियाएँ होती हैं जो कक्षा के संदर्भ में होती हैं।''

कक्षा में शिक्षण–अधिगम प्रक्रिया को प्रभावशाली बनाने के लिए व विषय–वस्तु को प्रस्तुत करने के लिए अध्यापक कक्षा में विभिन्न प्रकार की क्रियाएँ सम्पन्न करता है जैसे कभी वह व्याख्यान देता है, कभी प्रश्न पूछता है, कभी सहायक सामग्री का प्रयोग करता है, कभी विद्यार्थियों को उत्तर देने के लिए प्रोत्साहित करता है, कभी चॉकबोर्ड पर लिखता है आदि। अत: कक्षा में अध्यापक का व्यवहार दो प्रकार का होता है–शाब्दिक और अशाब्दिक। अध्यापक के यह दोनों व्यवहार शिक्षक व्यवहार कहलाते हैं।

शिक्षक व्यवहार एक सामाजिक अन्त:क्रिया है। शिक्षक और छात्रों के पारस्परिक अन्त:क्रिया को शिक्षण कहते हैं। उसका शिक्षण कितना प्रभावपूर्ण रहा इसका वस्तुनिष्ठ मूल्यांकन उसके कक्षा–व्यवहार अथवा विद्यार्थियों के साथ होने वाले अन्त:क्रिया के माध्यम से किया जा सकता है। कक्षा व्यवहार को इस प्रकार के विश्लेषण या मूल्यांकन को अन्त:क्रिया विश्लेषण कहते हैं। अत: अन्त:क्रिया विश्लेषण से अभिप्राय उस तकनीक से है जिसके अन्तर्गत कक्षा में घटने वाली घटनाओं का वस्तुनिष्ठ एवं व्यवस्थित निरीक्षण करती है और जिसे अध्यापक के कक्षा व्यवहार का समुचित अध्ययन करने के लिए प्रयोग में लाया जाता है।

अन्त:क्रिया विश्लेषण प्रणाली में दो क्रियाओं का समावेश होता है:

1. अंकन प्रक्रिया – कक्षा घटनाओं का अभिलेखन करना।

2. अंकन–अर्थापन प्रक्रिया – अभिलिखित सूचनाओं को व्यवस्थित करना एवं परिणामों का विश्लेषण करना। यह ऐसी तकनीक है जो कक्षा में अध्यापक के शाब्दिक व्यवहार के परिणामात्मक एवं गुणात्मक आयामों को प्रकट करती है। यह तकनीक इस धारणा पर आधारित है कि कक्षा में अध्यापक का अधिकांश प्रभाव उसके शाब्दिक कथनों से सम्बन्धित होता है और अधिकांश अशाब्दिक प्रभाव शाब्दिक प्रभाव से सम्बन्धित होता

है। शाब्दिक व्यवहार का अशाब्दिक व्यवहार की अपेक्षा अधिक विश्वसनीयता से निरीक्षण किया जा सकता है और उसे रिकॉर्ड किया जा सकता है।

अन्त:क्रिया विश्लेषण की विभिन्न विधियों में फ्लैन्डर्स अन्त:क्रिया विश्लेषण प्रणाली सबसे ज्यादा प्रसिद्ध है। आगे हम उसी के बारे में चर्चा करेंगे।

फ्लैन्डर्स अन्त:क्रिया विश्लेषण प्रणाली
(Flander's System of Interaction Analysis)

इस प्रणाली का विकास नेड.ए.फ्लैन्डर्स (Ned. A. Flanders) के द्वारा 1959 में मिनीसोटा विश्वविद्यालय में किया गया। इस प्रणाली में कक्षा के समूचे शाब्दिक व्यवहारों को 10 श्रेणियों में वर्गीकृत किया गया है। इन 10 श्रेणियों को तीन मुख्य खण्डों में बाँटा गया है:

1. अध्यापक वार्ता (Teacher Talk) – 7 श्रेणियाँ
2. विद्यार्थी वार्ता (Student Talk) – 2 श्रेणियाँ
3. मौन अथवा विभ्रान्ति (Silence or confusion) – 1 श्रेणी

कक्षा में अध्यापक का व्यवहार दो प्रकार का होता है—अप्रत्यक्ष एवं प्रत्यक्ष। अप्रत्यक्ष व्यवहार के अन्तर्गत वे सभी शाब्दिक व्यवहार आते हैं जो विद्यार्थियों को अनुक्रिया करने के अधिक-से-अधिक अवसर प्रदान करते हैं। इसके विपरीत शाब्दिक व्यवहार में विद्यार्थियों की स्वतन्त्रता पर अंकुश लगाया जाता है। अध्यापक वार्ता की सात श्रेणियों में से पहली चारी श्रेणियों का सम्बन्ध अप्रत्यक्ष प्रभाव से जबकि पिछली तीन श्रेणियों का प्रत्यक्ष प्रभाव से सम्बन्ध होता है। छात्र वार्ता की दो श्रेणियाँ एवं मौन तथा विभ्रान्ति की केवल एक श्रेणी होती है।

फ्लैन्डर्स की दस श्रेणियाँ (Flander's Ten Categories)

शाब्दिक व्यवहार
- अध्यापक वार्ता (7)
  - (4) अप्रत्यक्ष प्रभाव
  - (3) प्रत्यक्ष प्रभाव
- विद्यार्थी वार्ता (2)
  - (8) अनुक्रिया
  - (9) उपक्रम या पहल करना
- 10. मौन अथवा विभ्रान्ति (1)

अध्यापक वार्ता

अप्रत्यक्ष वार्ता (Indirect Talk)

1. भावनाओं को स्वीकार करना
2. प्रशंसा एवं प्रोत्साहन
3. विचारों को स्वीकार करना

4. प्रश्न पूछना

प्रत्यक्ष वार्ता (Direct Talk)

5. व्याख्या देना
6. निर्देशन देना
7. आलोचना करना एवं अधिकार दिखाना।

उपरोक्त तालिका में देखने से सभी वर्ग अलग-अलग दिखाई देते हैं परन्तु इनमें कक्षा की समूची अन्तःक्रिया समाहित है। इन वर्गों की व्याख्या निम्नलिखित है—

1. भावनाओं को स्वीकार करना (Accepting Feelings) – इस वर्ग में अध्यापक छात्रों की भावनाओं को स्वीकार करता है। छात्रों की भावनाएँ स्वीकारात्मक भी हो सकती हैं और नकारात्मक भी।

2. प्रशंसा अथवा प्रोत्साहित करना (Praises or Encourages) – इस चरण में अध्यापक विद्यार्थियों की प्रशंसा करता है तथा उन्हें प्रोत्साहित करता है। कभी वह शाब्दिक रूप से जैसे ठीक, शाबाश या कभी अशाब्दिक रूप से जैसे गर्दन हिलाना, हूँ की आवाज करना आदि के द्वारा विद्यार्थियों को प्रोत्साहित कर सकता है।

3. विचारों को स्वीकार करना (Accepting Ideas) – इस वर्ग में अध्यापक छात्रों के विचारों को स्वीकार कर उन्हें विकसित करता है, दोहराता है या दूसरी शब्दावली में व्यक्त करता है।

4. प्रश्न पूछना (Asking Questions) – अध्यापक विषय-वस्तु से सम्बन्धित प्रश्न छात्रों से पूछता है।

5. व्याख्या देना (Lecturing) – भाषण द्वारा अध्यापक विषय-वस्तु से सम्बन्धित तथ्यों व अपने विचारों को विद्यार्थियों के समक्ष प्रस्तुत करता है।

6. निर्देशन देना (Giving Direction) – विद्यार्थियों को कक्षा में कुछ करने के लिए कहना निर्देश देना कहलाता है। जैसे आप बैठकर काम करो।

7. आलोचना करना एवं अधिकार दिखाना (Criticising or Justifying Authority) – जब अध्यापक विद्यार्थी के किसी अनुचित व्यवहार के लिए उसकी आलोचना करता है जैसे अध्यापक कहे कि यह मुझे पसन्द नहीं।

8. छात्र वार्ता अनुक्रिया (Pupil Talk Response) – अध्यापक द्वारा पूछे गए प्रश्नों के उत्तर में विद्यार्थियों का कथन अनुक्रिया कहलाता है। इसमें विद्यार्थियों को अपने विचार व्यक्त करने में सीमित स्वतन्त्रता दी जाती है।

9. छात्र वार्ता में पहल (Pupil talk Initiation) – इस वर्ग में विद्यार्थी स्वयं अपनी इच्छा से बात करते हैं जैसे कोई प्रश्न पूछना, विचार प्रकट करना।

10. मौन अथवा विभ्रान्ति (Silence or Confusion) – इस वर्ग में वह स्थिति शामिल है जब कक्षा में मौन या अस्त-व्यस्तता का वातावरण होता है। इस स्थिति में निरीक्षण के लिए वातावरण होता है। इस स्थिति में निरीक्षण के लिए सम्प्रेषण को समझना कठिन हो जाता है।

फ्लैण्डर्स अन्त:क्रिया विश्लेषण की प्रक्रिया
(Procedure of Flanders Interaction Analysis)

इस तकनीक में दो प्रक्रियाएँ निहित है :

1. अंकन प्रक्रिया (Encoding) 2. अंकन-अर्थापन (Decoding)

1. अंकन प्रक्रिया (Encoding Process) – अंकन प्रक्रिया में कक्षा की घटनाओं की रिकार्डिंग और दस वर्गों का अंकन करके निरीक्षण तालिका तैयार की जाती है। इस कार्य के लिए निरीक्षणकर्त्ता को निम्न बातों का ध्यान रखना चाहिए :

1. निरीक्षणकर्त्ता को अभिलेखन कला में निपुण होना चाहिए। उसे विभिन्न श्रेणियों का पूरा ज्ञान होना चाहिए ताकि एक निश्चित अवधि में प्रदर्शित व्यवहार को देखकर वह तुरंत निर्णय ले सके कि उस श्रेणी का क्या क्रमांक है।

2. निरीक्षक को कक्षा में ऐसी जगह पर बैठाना चाहिए जहाँ से वह हर कक्षा-गतिविधि को देख-सुन सके।

3. निरीक्षक को कक्षीय व्यवहार का वर्गीकरण करते समय निष्पक्ष रहना चाहिए। उदाहरण के तौर पर यदि अध्यापक ने विद्यार्थी की प्रशंसा की है तो उसे अंकित करना चाहिए।

4. हर तीन सेकण्ड के बाद उसे अन्त:क्रिया के वर्ग का क्रमांक लिखना चाहिए। एक मिनट में 20-25 निरीक्षणों का अंकन निरीक्षक को अपने आलेख पत्र में करना होता है।

5. श्रेणी क्रमांकों का अंकन एक ही कालम में एक के बाद एक के क्रम में जिस तरह व्यवहार घटित हो रहे हैं, वैसे करने चाहिए। इस प्रकार अंकन करने से निरीक्षक यह निर्णय ले सकता है कि कक्षा में व्यवहार किस क्रम में घटित हो रहे हैं।

6. जब वह निश्चित करने में कठिनाई हो कि कौन-सा व्यवहार निश्चित रूप से किस श्रेणी में आना चाहिए तो उस व्यवहार को 5वीं श्रेणी से दूर की श्रेणी में अंकित करना चाहिए। उदाहरणार्थ यदि निरीक्षक को '5' और '7' क्रमांकों के बीच चुनाव करना हो तो 7 तथा 3 और 4 के बीच चुनाव करने में 3 का चुनाव करना चाहिए।

अंकन अर्थापन प्रक्रिया (Decoding Process)

इसमें दो प्रक्रियाएँ निहित हैं –

(*i*) अन्त:क्रिया मैट्रिक्स की रचना (*ii*) अन्त:क्रिया मैट्रिक्स की व्याख्या

(*i*) अन्त:क्रिया मैट्रिक्स की रचना (Construction of Interaction Matrix)– कक्षीय व्यवहार को रिकार्ड करने के पश्चात उनकी व्याख्या करने के लिए अन्त:क्रिया मैट्रिक्स तैयार की जाती है। आलेख-पत्र में अंकित वर्ग-क्रमांकों को मैट्रिक्स में भरा जाता है। इस मैट्रिक्स में 10 पंक्तियाँ और 10 स्तंभ होते हैं। प्रत्येक क्रंमाक को दो बार जोड़े बनाने के लिए काम में लाया जाता है। एक बार तो अपने से पहले क्रंमाक के साथ और दूसरी बार अपने से बाद के क्रमांक के साथ। प्रत्येक युग्म अंक को उचित कक्षिका (Cell)

में भरा जाता है। मैट्रिक्स की पंक्तियाँ युग्म के पहले क्रमांक को दर्शाती हैं जबकि स्तम्भ उसके दूसरे क्रमांक को। आलेख पत्र के आरम्भ और अन्त में श्रेणी 10 अंकित की जाती है ताकि शुरू और अंत की श्रेणी के युग्म बनाए जा सकें।

आओ, मैट्रिक्स बनाने की प्रक्रिया को उदाहरण द्वारा स्पष्ट करें।

मान लीजिए निरीक्षक ने 4,8,10,1,3,6,8,9,2 वर्गों को रिकार्ड किया है। अब इनके आरम्भ और अंत में 10 जोड़ कर युग्म बनाएंगे।

निरीक्षण श्रेणी क्रम	युग्म बनाने के लिए श्रेणीक्रम	युग्म
4 8 10 1 3 6 8 9 2	10 4 8 10 1 3 6 8 9 2 10	10, 4 – I Pair 4, 8 – II 8, 10 – III 10, 1 – IV 1, 3 – V 3, 6 – VI 6, 8 – VII 8, 9 – VIII 9, 2 – IX 2, 10 – X

अब इन युग्मों को मैट्रिक्स में भरना चाहिए।

वर्ग	1	2	3	4	5	6	7	8	9	10	Total	%
1			/								1	10
2										/	1	10
3						/					1	10
4								/			1	10
5											0	0
6								/			1	10
7											0	0
8									/	/	2	20
9		/									1	10
10	/			/							2	20
Total	1	1	1	1	0	1	0	2	1	2	10	100

यह जानने के लिए कि मैट्रिक्स की रचना ठीक हुई या नहीं, पंक्तियों और स्तम्भों की आवृत्तियों का कुल योग समान होना चाहिए।

(*ii*) अन्त:क्रिया मैट्रिक्स की व्याख्या (Interpretation of Interaction Matrix) – मैट्रिक्स की रचना के बाद उसकी व्याख्या करके शिक्षक व्यवहार तथा कक्षा अन्त:क्रिया विश्लेषण करने का प्रयत्न किया जाता है। मैट्रिक्स के द्वारा अध्यापक वार्ता, छात्र वार्ता, मौन अथवा विभ्रान्ति का प्रतिशत अनुपात निकालकर यह पता लगाया जा सकता है कक्षा शिक्षण में अध्यापक का योगदान कितना था और कक्षा अन्त:क्रिया कैसी थी।

1. अध्यापक वार्ता अनुपात (Teacher Talk)

$$TT = \frac{(1+2+3+4+5+6+7)\times 100}{\text{कुल श्रेणी} \quad (N)} = \frac{5}{10}\times 100 = 50$$

$$\text{अप्रत्यक्ष प्रभाव} = \frac{(1+2+3+4)}{N}\times 100 \qquad = \frac{4}{10}\times 100 = 40$$

$$\text{प्रत्यक्ष प्रभाव} = \frac{(5+6+7)}{N}\times 100 \qquad = \frac{1}{10}\times 100 = 10$$

2. छात्र वार्ता अनुपात = (Pupil Talk)

$$PT = \frac{(8+9)}{N}\times 100 \qquad = \frac{3}{10}\times 100 = 30$$

3. मौन अथवा विभ्रान्ति अनुपातः

$$\frac{(10)}{N}\times 100 = \frac{2}{10}\times 100 = 20$$

ऊपर की गई व्याख्या से हम निष्कर्ष निकालते हैं :

1. अध्यापक वार्ता अधिक है इसलिए वह सक्रिय है।
2. छात्रों का भी शिक्षण में सक्रिय योगदान है।
3. अध्यापक-विद्यार्थी अन्त:क्रिया प्रभावशाली है।
4. अध्यापक का अप्रत्यक्ष प्रभाव उसके प्रत्यक्ष प्रभाव से अधिक है।

फ्लैन्डर्स अन्त:क्रिया विश्लेषण के लाभ (Advantages of Flander's Interaction Analysis) – यह पद्धति छात्र तथा अध्यापक के व्यवहार का निरीक्षण करने के लिए अच्छी है। इस संदर्भ में बुच ने कहा है–"शिक्षण में गुणात्मक सुधार लाने की सही दिशा में यह एक साहसपूर्ण कदम है।" इसके गुण निम्नलिखित हैं :

1. शिक्षक के व्यवहार को सुधारने के लिए यह प्रतिपुष्टि प्रदान करती है।
2. यह प्रशिक्षण तकनीकियों जैसे सूक्ष्म-शिक्षण अनुरूपित शिक्षण में एक पूरक तकनीक के रूप में कार्य करती है।

3. अध्यापक के शाब्दिक व्यवहार और कक्षा अन्त:क्रिया विश्लेषण की यह एक विश्वसनीय एवं वस्तुनिष्ठ तकनीक है।
4. शिक्षण व्यवहारों के सिद्धान्तों के प्रतिपादन में यह तकनीक सहायता करती है।
5. कक्षा में जो कुछ भी घटित होता है उसका विश्लेषण कर उसे समझने में सहायता मिलती है।

फ्लैन्डर्स अन्त:क्रिया की सीमाएँ (Limitations of Flanders's Interaction Analysis)

1. यह प्रणाली समय, धन, शक्ति की दृष्टि से अधिक खर्चीली है।
2. छात्रों तथा अध्यापक में वर्ग विभाजन एक जैसा नहीं है। अध्यापक के लिए सात वर्ग है जबकि छात्रों के लिए सिर्फ दो।
3. मौन तथा विभ्रान्ति को समान स्थान देना उचित नहीं।
4. इसके लिए प्रशिक्षित निरीक्षकों की आवश्यकता होती है जो आसानी से उपलब्ध नहीं होते।
5. इस प्रणाली में शिक्षक-छात्र क्रियाओं का अंकन होता है परन्तु प्रतिक्रियाओं के अंकन की कोई व्यवस्था नहीं है।
6. कई क्रियाओं जैसे भाषा में आदर्श वाचन, विज्ञान में प्रयोग आदि का इस विधि में वर्गीकरण नहीं हुआ।
7. यह विधि अध्यापक के शाब्दिक व्यवहार का निरीक्षण करती है। अशाब्दिक व्यवहार को इस प्रणाली में कोई स्थान नहीं दिया गया है।
8. यह विधि शिक्षण व्यवहार की संरचना का संकीर्ण रूप है। संपूर्ण कक्षा व्यवहार को 10 श्रेणियों में विभाजित करना उचित नहीं है।
9. यह प्रणाली अच्छे या बुरे शिक्षण व्यवहारों का निर्णय नहीं करती।
10. इस विधि में कक्षा के अन्दर विद्यार्थियों की परस्पर अन्त:क्रिया के लिए कोई स्थान नहीं है।

ऊपर वर्णित सीमाओं के बावजूद भी यह अन्त:क्रिया शिक्षक के व्यवहार को मापने की उत्तम विधि है और शिक्षक की कक्षा में व्यवहार पद्धति ही विद्यार्थियों की व्यवहार पद्धति के निर्माण में आधार का काम करती है। यह कक्षा में होने वाली सभी घटनाओं का एक क्रमबद्ध तथा वैज्ञानिक अध्ययन है। इसमें विषय वस्तु का मापन नहीं होता, केवल शिक्षक तथा विद्यार्थियों के बीच, विद्यार्थियों और विद्यार्थियों के बीच होने वाली अन्त:क्रियाओं का ही अध्ययन किया जाता है। अन्य शब्दों में, इस विधि से शिक्षक के प्रभाव को आंका जा सकता है।

अध्याय 14

मापन एवं मूल्यांकन का संप्रत्यय
(Concept of Measurement and Evaluation)

''विद्यार्थियों के व्यवहार में विद्यालय द्वारा लाए गए परिवर्तन के संबंध में सूचनाओं का संकलन तथा उनकी व्याख्या करने की प्रक्रिया मूल्यांकन है।''

– क्विलन एवं हैन्ना

सम्पूर्ण शिक्षा प्रक्रिया की गुणवत्ता विस्तृत रूप से मूल्यांकन की गुणवत्ता पर निर्भर करती है। निष्पत्ति का मूल्यांकन प्रत्येक शिक्षण-अधिगम प्रक्रिया का अन्तरिम भाग होता है।

मापन का संप्रत्यय (Concept of Measurement)

शैक्षिक मापन के अन्तर्गत विभिन्न चरों का मापन किया जाता है। इन चरों में योग्यताएँ, रुचियाँ, मूल्य, अभिवृत्तियों तथा मनोवैज्ञानिक शीलगुण इत्यादि महत्त्वपूर्ण हैं। इन चरों के आधार पर यह स्पष्ट होता है कि मापन के द्वारा, विद्यार्थी के लगभग समग्र व्यक्तित्व का अध्ययन किया जाता है। मापन क्षेत्र अत्यन्त व्यापक है। मापन में चरों को मात्रात्मक रूप प्रदान किया जाता है।

डॉ. महेश भार्गव के अनुसार ''मापन क्रिया, विभिन्न निरीक्षणों, वस्तुओं अथवा घटनाओं को कुछ विशिष्ट नियमों के अनुसार सार्थक एवं संगत रूप से संकेत चिह्न अथवा अंकित संकेत प्रदान करने की प्रक्रिया है।''

("Measurement is the process of assigning symbols or numerals to observations, objects or events in some meaningful or consistent manner according to rules."–**Mahesh Bhargva**.)

हैल्मस्टेडटर (Helmstedter) के शब्दों में, ''मापन को एक प्रक्रिया के रूप में परिभाषित किया जाता है जिसमें किसी व्यक्ति या पदार्थ में निहित विशेषताओं का आंकिक वर्णन होता है।''

("Measurement has been defined as the process of obtaining a numerical description of the extent to which a person or thing possesses some characteristics.")

इस प्रकार शिक्षा में मापन से अभिप्राय है कि विद्यार्थी की क्रियाओं को मात्रात्मक रूप प्रदान करना।

मापन की विशेषताएँ (Characteristics of Measurement)

मापन की कुछ विशेषताएँ निम्नलिखित हैं–

1. मापन का क्षेत्र अत्यन्त व्यापक है।
2. मापन एक प्रक्रिया है।
3. मापन के माध्यम से प्राप्त होने वाले निष्कर्ष विश्वसनीय तथा वस्तुनिष्ठ होते हैं।
4. मापन के अन्तर्गत प्रमापीकृत परीक्षणों का प्रयोग भी किया जाता है।
5. मापन के द्वारा विद्यार्थी के व्यवहार से सम्बन्धित विभिन्न चरों का अध्ययन किया जाता है।

मापन यद्यपि अत्यन्त महत्त्वपूर्ण प्रक्रिया है परन्तु यह स्वयं में पूर्ण नहीं है। इसके माध्यम से विद्यार्थी के सम्पूर्ण व्यक्तित्व का मापन किया जाना संभव नहीं है। इसके द्वारा गुण को केवल मात्रात्मक रूप ही प्रदान किया जा सकता है, उसका क्या अभिप्राय है स्पष्ट नहीं किया जा सकता।

मापन के तत्त्व (Elements of Measurement)

मापन एक महत्त्वपूर्ण प्रक्रिया है और आज यह सम्भव हो चुका है कि विद्यार्थी से सम्बन्धित विभिन्न गुणों का मापन किया जा सके, परन्तु फिर भी, उससे सम्बन्धित कुछ गुण ऐसे हैं जिनका आज भी मात्रात्मक रूप से मापन किया जाना संभव नहीं है। मापन के प्रमुख तत्त्व निम्नलिखित हैं :

1. गुणों की पहचान व परिभाषीकरण (Identification and Defining the Qualities) – मापन प्रक्रिया के माध्यम से किसी भी वस्तु अथवा व्यक्ति के गुणों का मात्रात्मक मापन किया जा सकता है परन्तु यह ध्यान रखना चाहिए कि इस प्रक्रिया के द्वारा समस्त गुणों का मापन संभव नहीं है। विद्यार्थी की बुद्धि, अभिवृत्ति, रुचि आदि का मात्रात्मक मापना संभव नहीं है। अत: मापन से पूर्व व्यक्ति के गुणों की पहचाान व उन गुणों का परिभाषीकरण आवश्यक है। गुणों की पहचान करना तो सरल है परन्तु गुणों का परिभाषीकरण अत्यन्त जटिल कार्य है क्योंकि गुणों की व्याख्या प्राय: अनेक दृष्टियों से की जा सकती है। उदाहरण के लिए विद्यार्थी की बुद्धि का मापन करने से पूर्व यह जान लेना आवश्यक है कि बुद्धि से हमारा तात्पर्य क्या है ? क्या बुद्धि अमूर्त विचारों का नाम है ? या बुद्धि चयन एवं विभेद करने की शक्ति है ? क्या बुद्धि नवीन परिस्थितियों में समायोजन की योग्यता है आदि।

2. गुणों को अभिव्यक्त करने वाले संक्रिय विन्यास का निर्धारण (Determination of Set of Operation Expresssing the Qualities or Attributers) – मापन प्रक्रिया का दूसरा महत्त्वपूर्ण तत्त्व उन संक्रिय विन्यासों का निर्धारण करना है, जिनके

माध्यम से गुणों को अभिव्यक्त किया जाता है। उदाहरणार्थ यदि हम किसी विद्यालय के विद्यार्थियों की सहनशीलता का मापन करना चाहते हैं तो हमारे सम्मुख सर्वप्रथम प्रश्न उठता है कि बच्चों के लिए सहनशीलता का अभिप्राय क्या है? इसलिए हमें सहनशीलता की सर्वसम्मत परिभाषा देनी होगी तथा यह देखना होगा कि बच्चों में उसकी उपस्थिति एवं अनुपस्थिति ज्ञात करने के लिए किन संक्रियाओं का प्रयोग किया जा सकता है।

3. गुणों को मात्रात्मक रूप देना (Providing Qualitative Form to Qualities or Attributes) – मापन प्रक्रिया का तीसरा महत्त्वपूर्ण तत्त्व है गुणों के मापन को मात्रात्मक रूप प्रदान करना, जो संक्रियाओं के द्वारा प्राप्त किया जाता है। यह इसलिए आवश्यक है क्योंकि मनोवैज्ञानिक गुणों के मापन में इकाइयों का प्रयोग नहीं किया जाता है। अतः प्रत्यक्ष रूप से उन्हें भौतिक गुणों के मापन के समान नहीं माना जा सकता। यह कहना अत्यन्त कठिन होता है कि दो व्यक्तियों की बुद्धि एक समान है। इसलिए मनोवैज्ञानिक गुणों को कुछ ऐसी परिभाषाएँ देनी होती हैं जो उनकी मात्रात्मकता को व्यक्त कर सकें।

मापन का महत्त्व (Importance of Measurement)

भौतिक क्षेत्र में मापन मात्रात्मक रूप में व्यक्त किया जा सकता है परन्तु मनोवैज्ञानिक क्षेत्र में ऐसा करना कठिन कार्य है। यद्यपि यह सत्य है कि इस प्रक्रिया के द्वारा, व्यक्ति के समग्र व्यक्तित्व अथवा संपूर्ण व्यवहार का मापन नहीं किया जा सकता है तथा मनोवैज्ञानिक मापन की प्रक्रिया कठिन है, परन्तु यह भी सत्य है कि मनोवैज्ञानिक मापन के क्षेत्र में तीव्र गति से प्रगति हो रही है। वे साधन, जो मनोवैज्ञानिक मापन में सहायक होते हैं, निरन्तर उनका निर्माण किया जा रहा है जैसे व्यक्तित्व परीक्षण, रुचि परीक्षण, अभिवृत्ति परीक्षण आदि। ये परीक्षण प्रमापीकृत होते हैं तथा इनके द्वारा प्राप्त होने वाले परिणाम वैध तथा विश्वसनीय माने जाते हैं।

मापन विभिन्न गुणों व अभिवृत्तियों का विकास करने से सम्बन्धित प्रतिकारकों को ज्ञात करने में सहायक होता है। अतः मापन एक ऐसी प्रक्रिया है जिसके आधार पर किसी वस्तु विशेष के गुणों को परिमाण में परिवर्तित कर दिया जाता है। इसके महत्त्व को मुख्यतः तीन भागों में बाँटा जा सकता है :

(*i*) सफलता का आधार बताना।
(*ii*) निदान करना।
(*iii*) किसी चर के परिणाम के आधार पर भविष्यवाणी करना।

इस प्रकार मापन के परिणाम के आधार पर ही किसी व्यक्ति की भविष्य की स्थिति का पता लगाया जा सकता है। विभिन्न व्यक्तियों के गुणों की, व्यक्तित्व की तुलना की जा सकती है। मापन के परीक्षणों की सहायता से न केवल विभिन्न कठिनाइयों का ही पता लगाया जा सकता है अपितु उनके निराकरण एवं नियन्त्रण की संभावनाओं को भी उत्पन्न किया जा सकता है। अनुसंधान के क्षेत्र में भी मापन का उपयोग कम नहीं है।

मूल्यांकन का संप्रत्यय (Concept of Evaluation)

मूल्यांकन शिक्षा के सम्पूर्ण कार्यक्रम का एक महत्त्वपूर्ण भाग है और यह विषय में उपलब्धि मापन की अपेक्षा उद्देश्यों के विस्तृत विस्तार के मापन का प्रयास करता है। यह केवल मूल्यांकन प्रक्रिया ही है जो उद्देश्य की प्राप्ति की सीमा, कक्षा-कक्ष में प्रदान किए जाने वाले शिक्षण अधिगम अनुभवों की प्रभावशीलता तथा शिक्षा के लक्ष्यों की प्राप्ति के ढंगों को निश्चित करती है। मूल्यांकन एक गहन संप्रत्यय है जिसके अन्तर्गत वे सभी साधन एवं प्रयत्न सम्मिलित होते हैं जो अपेक्षित हैं। वांछनीय उपलब्धियों की प्रभावशीलता तथा गुणवत्ता को निश्चित करते हैं। मूल्यांकन एक ऐसी प्रक्रिया है जिसके द्वारा हम निम्नलिखित प्रश्नों के उत्तर ज्ञात करने की कोशिश करते हैं :

(*i*) हमारा उद्देश्य क्या है?

(*ii*) हम वास्तव में क्या कर रहे हैं?

(*iii*) हमारे लक्ष्यों की तुलना में साधन कितने हैं?

(*iv*) हम अपने लक्ष्यों की प्राप्ति के लिए प्रक्रिया में किस प्रकार सुधार कर सकते हैं?

शैक्षिक अनुसंधान के विश्वकोष में राइटिंगस्टोन (Wrighting Stone in Encyclopaedia of Educational Research) के द्वारा कहा गया है, ''मूल्यांकन सापेक्षिक रूप से एक नवीन तकनीकी शब्द है। जिसे परम्परागत परीक्षणों और परीक्षा की तुलना में एक अधिक व्यापक मापन संप्रत्यय के रूप में प्रयुक्त किया जाने लगा है।''

("Evaluation is relatively a new technical term introduced to designate a more comprehensive concept of measurement than is applied in conventional tests and examination.")

मोफात के शब्दों में, ''मूल्यांकन एक सतत प्रक्रिया है और यह विद्यार्थियों की औपचारिक शैक्षिक उपलब्धि से अधिक से सम्बन्धित होती है। यह व्यक्ति के उस विकास में रुचि रखता है जिसका संबंध व्यक्ति की भावनाओं, विचारों एवं कार्यों के संदर्भ में उसके व्यवहार में लाए जाने वाले परिवर्तन से हो।''

("Evaluation is a continuous process of and is concerned with more than the formal academic achievment of students. It is interested in the development of the individual in terms of the desirable change in relation to his feelings and actions." Moffatt)

उपर्युक्त परिभाषाओं के आधार पर हम यह कह सकते हैं कि मूल्यांकन सतत् रूप से चलने वाली प्रक्रिया है। इस प्रक्रिया के अभाव में शिक्षा प्रणाली को सफल बनाने की कल्पना भी नहीं की जा सकती है। इस प्रक्रिया के आधार पर यह ज्ञात हो जाता है किसी विशिष्ट उद्देश्य के संदर्भ में शिक्षा की प्रक्रिया किस सीमा तक सफल हो सकी है।

मूल्यांकन की विशेषताएँ (Characteristics of Evaluation)

1. मूल्यांकन के माध्यम से विभिन्न व्यवहारों का तुलानात्मक अध्ययन किया जा सकता है।

2. यह एक सुव्यस्थित प्रक्रिया है।
3. यह एक निर्णयात्मक प्रक्रिया है।
4. इस प्रक्रिया का क्षेत्र अत्यन्त व्यापक है।
5. इस प्रक्रिया के आधार पर न केवल विद्यार्थियों की शैक्षिक उपलब्धि का मापन ही किया जाता है अपितु यह उनकी उन्नति में भी सहायक होती है।
6. इस प्रक्रिया के अन्तर्गत विभिन्न योग्यताओं की जाँच के लिए, प्रमुख रूप से प्रश्नों को सम्मिलित किया जाता है।
7. यह पूर्णतया उद्देश्य केन्द्रित प्रक्रिया है।

इस प्रकार मूल्यांकन एक व्यापक एवं पूर्णतया व्यवस्थित प्रक्रिया है। यह व्यवहार का तुलनात्मक अध्ययन करने तथा विद्यार्थियों में निहित योग्यताओं की वस्तुनिष्ठ जानकारी प्रदान करने में सहायक है।

मापन एवं मूल्यांकन में अन्तर (Difference between Measurement and Evaluation)

मूल्यांकन वह प्रक्रिया है जिसके द्वारा विद्यार्थियों की उपलब्धियों को जाँचा जाता है। इसके लिए हमें उपलब्धि का स्तर ज्ञात होना अनिवार्य है। उपलब्धि का स्तर मापन द्वारा ज्ञात किया जाता है। मापन का सम्बन्ध योग्यता या गुण की मात्रा जानने से है। मूल्यांकन का संबंध किसी योग्यता या गुण की मात्रा ज्ञात करने के बाद यह तय करता है कि योग्यता या गुण समुचित मात्रा में है या नहीं। अत: मूल्यांकन में मापन तथा मूल्य निर्धारण दोनों सम्मिलित हैं।

मूल्यांकन (Evaluation)	मापन (Measurement)
1. मूल्यांकन का क्षेत्र अत्यन्त व्यापक है। इसमें अनेक गुणों का मापन निहित है।	1. मापन का क्षेत्र मूल्यांकन की तुलना में संकुचित है। इसमें विद्यार्थी के सभी गुणों का मापन नहीं किया जा सकता।
2. मूल्यांकन में समय अधिक लगता है क्योंकि इसके लिए किसी एक परीक्षण के द्वारा नहीं अपितु अनेक परीक्षणों का प्रयोग किया जाता है।	2. इसमें समय कम लगता है क्योंकि इसमें एक गुण का मापन करने के लिए एक ही परीक्षण का प्रयोग किया जाता है।
3. यह मात्रात्मक तथा गुणात्मक दोनों प्रकार का हो सकता है।	3. यह प्राय: मात्रात्मक ही होता है।
4. इसमें धन तथा शक्ति अधिक व्यय होती है।	4. इसमें धन तथा शक्ति का कम व्यय होता है।
5. इसमें व्यक्ति की समग्रता का का मूल्यांकन किया जाता है।	5. यह व्यक्ति के पृथक-पृथक गुणों का मापन करता है।

मूल्यांकन के उद्देश्य (Objectives /Purposes of Evaluation)

मूल्यांकन के विभिन्न उद्देश्य हैं। प्रत्येक अध्यापक को मूल्यांकन के प्रमुख उद्देश्यों को ध्यान में रखना चाहिए, जो निम्नलिखित हैं :

1. विद्यार्थियों की आवश्यकताओं एवं स्तरों को पहचानना।
2. एक कक्षा से दूसरी कक्षा में उन्नति के लिए स्तरों (Standards) की स्थापना करना।
3. यह जानना कि विद्यार्थी किस सीमा तक अधिगम अनुभवों के लिए तैयार हैं।
4. पाठ्यक्रम के उन तत्त्वों को जानना जिनमें पढ़ाते समय दोहराई की आवश्यकता होती है।
5. विद्यार्थियों की कमजोरियों तथा कठिनाईयों में सुधार के लिए उपचारात्मक शिक्षण विधियाँ तैयार करना।
6. अध्यापकों एवं विद्यार्थियों को मेहनत के लिए प्रेरित करना जिसके परिणामस्वरूप वे कुशलता के उच्च स्तर को प्राप्त कर सकें।
7. केवल महाविद्यालयों में ही नहीं अपितु व्यावसायिक प्रशिक्षण तथा उद्योग सम्बन्धी संस्थाओं में भी दाखिले के लिए आधार प्रदान करना।
8. विद्यार्थियों की ज्ञानात्मक, भावात्मक एवं क्रियात्मक योग्यताओं की जाँच करना।
9. विद्यार्थियों के अधिगम कौशल में सुधार लाना।
10. अनुदेशन व्यूह-रचना में सुधार लाना।
11. विद्यार्थियों को पढ़ाई जाने वाली विषय-सामग्री की उपयोगिता का मूल्यांकन करना।
12. विद्यार्थियों की भावनाओं (संवेगों) तथा बुद्धि को दिशा देने की अध्यापक की इस प्रकार से सहायता करना कि उनमें संकुचित पक्षपात, स्वार्थपरता, ईर्ष्या या बुरी कामना आदि का विकास न होने पाए।
13. समुदाय के प्रति स्कूल के कार्यक्रम का मूल्यांकन करना।
14. इकाइयों तथा इकाई के संगठनों की प्रभाविता को मापना।
15. व्यक्तिगत विद्यार्थियों को निर्देशन देना।
16. किसी विशेष सामग्री की प्रभावशीलता के बारे में निर्णय लेना।
17. अभिप्रेरणा को सुदृढ़ बनाना।

इन उद्देश्यों की पूर्ति मूल्यांकन के द्वारा की जानी चाहिए। मूल्यांकन का मूल उद्देश्य केवल शिक्षण अधिगम प्रक्रिया में सहायता करना ही नहीं है अपितु पाठ्यक्रम तथा शैक्षिक नीतियों एवं कार्यक्रमों में सुधार लाना भी है। अत: प्रक्रिया में प्रत्येक तत्त्व की प्रभावशीलता को जाँचने के लिए मूल्यांकन आवश्यक है।

मूल्यांकन की आवश्यकता एवं महत्त्व (Need and Importance of Evaluation)

शिक्षा एक प्रक्रिया है जिसके द्वारा विद्यार्थी में परिवर्तन लाए जाते हैं। मूल्यांकन

तकनीकों के उपयुक्त प्रयोग के द्वारा अध्यापक यह निश्चित कर सकता है कि विद्यार्थियों ने कितनी सूचनाएँ प्राप्त की हैं? उनकी अभिवृत्ति में कितना परिवर्तन आया है? उनकी कार्यप्रणाली में कितना सुधार आया है? एक नई इकाई कितनी महत्त्वपूर्ण सिद्ध होगी? और नवीन शिक्षण–विधि कितनी प्रभावी थी? मूल्यांकन अत्यधिक महत्त्वपूर्ण है क्योंकि–

1. उद्देश्यों के स्पष्टीकरण में सहायक (Helpful in Clarifying Objectives)– शिक्षा प्रणाली का एक महत्त्वपूर्ण तत्त्व है उद्देश्यों का निर्माण और दूसरा महत्त्वपूर्ण तत्त्व है मूल्यांकन। मूल्यांकन उद्देश्यों पर आधारित होता है। शिक्षण अधिगम प्रक्रिया इन्हीं उद्देश्यों की प्राप्ति पर निर्भर करती है। अध्यापक शिक्षा में उनकी उपयोगिता को ध्यान में रखते हुए विषय के प्रत्येक प्रकरण के उद्देश्यों को समझने का प्रयास करता है।

2. विद्यार्थियों की प्रगति के बारे में ज्ञान प्रदान करता है (Provides Knowledge about the Progress of the Students) – मूल्यांकन अत्यधिक महत्त्वपूर्ण है क्योंकि यह शिक्षण अधिगम प्रक्रिया के द्वारा प्राप्त ज्ञान के बारे में विद्यार्थियों की उन्नति का संकेत देता है। एक ओर अध्यापक विद्यार्थियों की शक्तियों एवं कमजोरियों के बारे में जान जाता है और दूसरी ओर विद्यार्थी यह जान जाते हैं कि वे कहाँ हैं और उनके प्रयत्न कहाँ तक सफल हो पाए हैं।

3. परामर्श का आधार (Basis of Guidance) – मूल्यांकन व्यक्तिगत विभिन्नताओं जैसे योग्यताओं, अभिवृत्तियों, रुचियों, उपलब्धियों और व्यक्तित्व के अन्य पक्षों के बारे में जानने में अध्यापक की सहायता करता है। विभिन्न परीक्षाओं के द्वारा विभिन्न क्षेत्रों में विद्यार्थियों की उन्नति के आधार पर, उन्हें शैक्षिक एवं व्यावसायिक परामर्श प्रदान किया जा सकता है। यह व्यक्तिगत कमजोरियों को दूर करने के लिए उपचारात्मक अनुदेशन तैयार करने में मार्गदर्शन के लिए आधार प्रदान करता है।

4. विद्यार्थियों के वर्गीकरण में सहायक (Helpful in Classification of Students) – मूल्यांकन विद्यार्थियों की योग्यताओं को जानने में अध्यापक की सहायता करता है और वह विभिन्न परीक्षाओं में उनकी उपलब्धि के अनुसार उनका वर्गीकरण कर सकता है। यह इसी के अनुसार उसे अपनी शैक्षिक प्रक्रिया के चयन करने में सहायक होगा। इससे समरूप उन्नति को निश्चित करेगा और शैक्षिक अपव्यय को रोकेगा।

5. दाखिले का आधार (Basis of Admission) – मूल्यांकन विभिन्न परीक्षाओं के द्वारा विद्यार्थियों की क्षमताओं, योग्यताओं तथा उपलब्धि को जानने में सहायता करता है। परिणाम के आधार पर उन्हें अगली कक्षा में दाखिला दिया जाता है। यह एक विशेष अध्ययन पाठ्यक्रम के लिए न्यूनतम आवश्यक उपलब्धि के बारे में जानकारी देता है जो किसी एक विशेष स्तर पर कुशलता की दीवार होती है जिसे विद्यार्थी को पार करना होता है।

6. शिक्षा के योजना निर्माण का आधार (Basis of Planning of Education) – मूल्यांकन की सहायता से हम यह निर्णय कर सकते हैं कि हमने विषय के उद्देश्यों को

किस सीमा तक प्राप्त कर लिया है। इस प्रकार का निर्णय हमें शिक्षण-प्रणाली की योजना का निर्माण करने में सहायक होगा कि हमें कहाँ परिवर्तन की आवश्यकता है।

7. प्रोत्साहन प्रदान करने में सहायक (Helpful in Providing Incentives)– मूल्यांकन विद्यार्थियों के लिए प्रोत्साहन प्रदान करने में सहायता करता है क्योंकि परीक्षा विद्यार्थी के समक्ष एक लक्ष्य निर्धारित करती है। वे उपलब्धि के उच्चतम स्तर तक पहुँचने का भरसक प्रयत्न करते हैं। जब वे यह उपलब्धि प्राप्त कर लेते हैं, तो यह उन्हें अधिक मेहनत करने के लिए प्रेरणा देता है।

8. अध्यापक की कुशलता के परीक्षण में सहायक (Helpful in Testing the Efficiency of the Teacher) – अध्यापक के द्वारा विद्यार्थियों को पढ़ाने के लिए जिस शिक्षण विधि का प्रयोग किया जाता है उसकी प्रभावशीलता को मूल्यांकन की सहायता से जाँचा जा सकता है। यदि परिणाम अच्छे न हों, तो यह प्रतीत होता है कि शिक्षण विधि में परिवर्तन की आवश्यकता है। इस प्रकार अध्यापक मूल्यांकन के द्वारा अपने शिक्षण की सफलता या असफलता के बारे में जान सकता है।

9. वजीफा देने में सहायक (Helpful in Awarding Scholarship) – मूल्यांकन की सहायता से विद्यार्थियों की उन्नति की जाँच की जा सकती है और उन्हें अभिप्रेरित किया जा सकता है। उपलब्धि तथा बौद्धिक परीक्षण के आधार पर भारत की सरकार, राज्य सरकारें वजीफे प्रदान करने के लिए कुछ विद्यार्थियों का चयन करती हैं।

10. स्कूल कार्यक्रम में सुधार लाने में सहायक (Helpful in Bringing Improvement in the School Programme) – मूल्यांकन शिक्षा कार्यक्रमों को शक्तियों एवं कमजोरियों को जानने में सहायता करता है। इसी के आधार पर हम विभिन्न विद्यालयों के कार्यक्रम की तुलना भी कर सकते हैं। यही तुलना स्कूल की कार्यप्रणाली में सुधार करने में सहायक होती है।

11. अच्छे अधिगम को बढ़ावा (Promotion of Better Learning) – मूल्यांकन में विभिन्न तकनीकों की सहायता से विस्तृत तथा निरंतर प्रक्रिया से विद्यार्थियों की प्रगति की जाँच की जाती है। इससे केवल औपचारिक ज्ञान को ही नहीं अपितु उचित अभिवृत्तियों, कौशलों, आदतों, अवबोध आदि का भी मूल्यांकन किया जा सकता है। इससे अधिगम को बढ़ावा मिलेगा और यह विद्यार्थी के व्यक्तित्व के विकास में सहायक होगा।

12. पाठ्यक्रम में परिवर्तन लाने में सहायक (Helpful in Bringing Change in the Curriculum) – मूल्यांकन उद्देश्यों पर आधारित होता है और उद्देश्य विद्यार्थी की आवश्यकताओं, रुचियों और अधिगम के मनोविज्ञान पर आधारित होते हैं। यह पाठ्यक्रम में परिवर्तन लाने में सहायक होता है जिसके परिणामस्वरूप उसे तीव्रता से परिवर्तित तथा जटिल समाज की आवश्यकताओं के अनुरूप बनाया जा सके।

इस प्रकार मूल्यांकन शिक्षण में सुधार लाने में, अच्छा पाठ्यक्रम बनाने में तथा समुदाय के प्रति स्कूल के कार्यक्रमों को उचित ढंग से कार्यान्वित करने में सहायता करता है।

अध्याय 15

सतत् एवं व्यापक मूल्यांकन
(Continuous and Comprehensive Evaluation)

"मूल्यांकन एक निरंतर चलने वाली प्रक्रिया है, जो शिक्षा-व्यवस्था का एक अभिन्न अंग है और अंतिम रूप से शैक्षिक उद्देश्यों से सम्बन्धित है।" — भारतीय शिक्षा आयोग

मूल्यांकन एक अत्यन्त व्यापक प्रक्रिया है। किसी भी प्रकार की योग्यता, कौशल, उपलब्धि आदि की जानकारी प्राप्त करने के लिए मूलयोग्य प्रविधियों का प्रयोग किया जाता है। इन प्रविधियों की समुचित जानकारी प्रत्येक शिक्षक के लिए नितान्त आवश्यक है। मूल्यांकन विधियाँ वे साधन हैं जिनके द्वारा अध्यापक अपने विद्यार्थी की प्रगति तथा निर्देशन की प्रभावशीलता के बारे में सूचना प्राप्त करता है। इसमें गुणात्मक एवं संख्यात्मक तकनीकें तथा व्यक्तिनिष्ठ वस्तुनिष्ठ विधियाँ शामिल हैं। इन विधियों की सहायता से ही विद्यार्थियों का सतत एवं व्यापक मूल्यांकन किया जाता है। आज मूल्यांकन को सम्पूर्ण शिक्षक अधिगम प्रक्रिया का एक अंतरिम भाग बनाने की आवश्यकता है। परम्परागत परीक्षण विधि केवल ज्ञानात्मक पक्ष का ही मूल्यांकन करती है तथा अध्यापक और विद्यार्थियों की कोशिशें भी मुख्य रूप से इसी भाग पर केन्द्रित रहती है। इसी के परिणामस्वरूप वर्तमान स्कूली कार्यक्रम विद्यार्थी के व्यक्तित्व के विस्तृत क्षेत्रों के विकास की अवहेलना करते हैं। यदि शिक्षण अधिगम प्रक्रिया व्यापक एवं निरन्तर होती है तो मूल्यांकन प्रक्रिया भी व्यापक एवं निरन्तर होनी चाहिए।

1. व्यापक मूल्यांकन
(Comprehensive Evaluation)

विद्यार्थियों की विद्वता एवं गैर-विद्वता पक्षों से सम्बन्धित उद्देश्यों की प्राप्ति को जानने के लिए प्रयोग की गई प्रक्रिया को व्यापक या विस्तृत मूल्यांकन प्रक्रिया कहा जाता है। साधारणतया यह देखा जाता है कि विद्वता सम्बन्धी तत्त्व जैसे एक विषय के तथ्यों, संप्रत्ययों, सिद्धांतों आदि के ज्ञान एवं सूझ-बूझ तथा चिन्तन कौशलों का ही मूल्यांकन किया जाता है और गैर-विद्वता सम्बन्धी तत्त्वों को या तो मूल्यांकन प्रक्रिया से बाहर कर दिया जाता है या उन पर पर्याप्त ध्यान नहीं दिया जाता। अतः बालक के व्यक्तित्व के

समरूप विकास का उद्देश्य अपूर्ण रह जाता है। मूल्यांकन को व्यापक बनाने के लिए इसमें विद्वता तथा गैर-विद्वता सम्बन्धी सभी तत्त्वों को शामिल किया जाना चाहिए। राष्ट्रीय शिक्षा नीति 1986 में तथा इसके संशोधित रूप 1992 में भी यह इंगित किया गया है कि मूल्यांकन प्रक्रिया में विद्वता तथा गैर-विद्वता क्षेत्र के सभी अधिगम अनुभवों को शामिल किया जाना चाहिए। व्यापक मूल्यांकन प्रक्रिया में निम्न प्रकार की विविध तकनीकों का प्रयोग किया जा सकता है:

मूल्यांकन की प्रस्तावित योजना

पक्ष (Domain)	**क्षेत्र (Areas)**	**मूल्यांकन तकनीक (Evaluation Technique)**
विद्वता सम्बन्धी (Scholastic)	1. पाठ्य क्रिया क्षेत्र (Curricular Areas)	– मौखिक परीक्षण (Oral Testing)
	– ज्ञान (Knowledge)	– लिखित परीक्षण (Written Testing)
	– बोध (Understanding)	– निबन्धात्मक परीक्षा (Essay type test)
	– ज्ञान का प्रयोग (Application of knowledge)	– वस्तुनिष्ठ परीक्षा (Objective Test)
	– कौशल (Skill)	– अधिन्यास (Assignments)
	– गृह कार्य (Home work)	
	2. आदतें (Habits)	– निरीक्षण (Observation)
गैर-विद्वता सम्बन्धी (Non-scholartic)	– स्वास्थ्य सम्बन्धी आदतें (Health Habits)	– चैक लिस्ट (Check list)
	– अध्ययन आदतें (Study habits)	– घटनावृत्त (Anecdotal Records)
	– कार्य सम्बन्धी आदतें (Work related habits)	– रिकॉर्ड (Records)
	3. रुचियाँ (Interests)	– दैनिक डायरी (Daily Dairy)
	– साहित्यिक रुचियाँ (Literary Interests)	– समाजमिति (Sociometric Scale)
	– कलात्मक रुचियाँ (Artistic Interests)	– प्रमापीकृत वस्तुनिष्ठ परीक्षाएँ (Standardised Objective Tests)
	– वैज्ञानिक रुचियाँ (Scientific Interest)	– निर्धारण मापनी (Rating Scale)

पक्ष (Domain)	क्षेत्र (Areas)	मूल्यांकन तकनीक (Evaluation Technique)
	– सामाजिक रुचियाँ (Social Interests)	– रुचि इन्वैंटरी (Interest Inventory)
	– निदानात्मक परीक्षाएँ (Diagnostic Tests)	
	– विचार-विमर्श (Discussion)	
	4. दृष्टिकोण (Attitudes)	– अभिवृत्ति मापनी (Attitude Scale)
	5. पाठ्य सहगामी क्रियाओं में योगदान (Participation in co-curricular Activities)	– अध्यापक निर्मित परीक्षाएँ (Teacher made Tests)
	– साहित्यिक क्रियाएं (Literary Activities)	– सेमिनार (Seminar)
	– सांस्कृतिक, सामाजिक एवं सामुदायिक सेवा क्रियाएं (Cultural, Social and Community Service Activities)	– प्रोजेक्ट कार्य (Project work) – विचार विमर्श (Discussion)

इस प्रकार शिक्षण अधिगम प्रक्रिया विस्तृत होने के कारण मूल्यांकन प्रक्रिया भी व्यापक बन जाती है।

2. सतत् या निरंतर मूल्यांकन (Continuous Evaluation)

शिक्षा के रूप में हमारी सफलता इस बात पर निर्भर करती है कि अनुदेशनात्मक उद्देश्यों को किस सीमा तक प्राप्त कर लिया गया है। उद्देश्यों की प्राप्ति की प्रगति को समय-समय पर जाँचा जाना चाहिए, मूल्यांकन किया जाना चाहिए, नहीं तो हमें यह ज्ञात नहीं होगा कि हम कहाँ जा रहे हैं।

परम्परागत परीक्षण केवल एक निश्चित समय पर ही ज्ञान एवं कौशलों की उपलब्धि की जाँच करता है, परन्तु मूल्यांकन का नवीन संप्रत्यय माँग करता है कि विद्यार्थियों की उपलब्धियों एवं व्यवहार परिवर्तनों का मूल्यांकन किसी निश्चित समय पर नहीं अपितु निरंतर होना चाहिए। शिक्षण अधिगम प्रक्रिया की प्रत्येक क्रिया जैसे–अधिगम अनुभवों का चयन व नियोजन, शिक्षण विधियों व तकनीकों में परिवर्तन, अध्यापक का व्यवहार, शिक्षण अधिगम के लिए प्रदान किया गया वातावरण, शिक्षण साधन व उपकरणों का प्रयोग आदि सभी सतत् मूल्यांकन से प्रभावित होती हैं।

शिक्षा की राष्ट्रीय नीति दस्तावेज (1986) में भी इस बात पर बल दिया गया है कि विद्यालय स्तर पर मूल्यांकन रचनात्मक अथवा विकासशील होना चाहिए, क्योंकि, इस स्तर पर विद्यार्थी अधिगम की विकासात्मक अवस्था में होता है। इस समय विद्यार्थी स्वयं विकास की रचनात्मक अवस्था में होता है, इसलिए अधिगम के सुधार पक्ष पर बल दिया जाना चाहिए।

यदि अध्यापक से यह अपेक्षा की जाती है कि वह अधिगम अनुभवों में सुधार के लिए अपनी शिक्षण विधियों में वांछनीय परिवर्तन करे तो इसके लिए निरन्तर मूल्यांकन अनिवार्य होगा। अनुदेशनात्मक उद्देश्यों के संदर्भ में विद्यार्थी की प्रगति का निर्धारण करने की दृष्टि से उनकी अनुक्रियाओं का रिकार्ड रखना महत्त्वपूर्ण व उपयोगी होगा।

राष्ट्रीय पाठ्यक्रम की रूपरेखा के संशोधित प्रारूप, 2005 में भी यह लिखा गया है कि निरंतर और विस्तृत मूल्यांकन ही एकमात्र सार्थक मूल्यांकन पद्धति है। ध्यान इस बात पर दिया जाना चाहिए कि किस प्रकार इसका प्रभावी ढंग से प्रयोग किया जाए।

व्यापक एवं निरंतर मूल्यांकन के उद्देश्य
(Objectives of Comprehensive and Continuous Evaluation)

व्यापक एवं निरंतर मूल्यांकन के अन्तर्गत शैक्षिक तथा गैर-शैक्षिक पहलुओं पर ध्यान दिया जाता है। यदि विद्यार्थी कमजोर है तो नैदानिक मूल्यांकन और उपचारी प्रयत्न किए जाने चाहिए। व्यापक एवं निरंतर मूल्यांकन के महत्त्वपूर्ण उद्देश्य या प्रकार्य निम्नलिखित हैं :

1. विद्यार्थी की व्यक्तिगत योजनाओं को प्रोत्साहित करना।
2. विद्यार्थी की प्रगति की सीमा और स्तर का निर्धारण करना।
3. प्रत्येक विद्यार्थी की शक्ति, कमजोरियों तथा उसकी आवश्यकताओं का पता लगाना।
4. प्रभावी शिक्षा कार्यनीति तैयार करना।
5. विद्यार्थियों की अपनी क्षमताओं व योग्यताओं की पहचान करने में सहायता करना।
6. विद्यार्थियों की परिवारिक तथा समायोजन संबंधी समस्याओं की जानकारी प्राप्त करना।
7. विद्यार्थी, शिक्षक तथा अभिभावकों को समय-समय पर उपलब्धि के प्रति जागरूक बनाना।
8. विद्यार्थियों को अपनी गलतियों को सुधारने तथा अपेक्षित लक्ष्यों की प्राप्ति के लिए प्रयासरत करना।
9. विद्यार्थियों की अभिरुचि का पता लगाना।
10. भविष्य के लिए अध्ययन क्षेत्रों, पाठ्यक्रमों आदि के संबंध में निर्णय लेने में सहायता करना।

11. शैक्षिक व गैर-शैक्षिक क्षेत्रों में विद्यार्थी की प्रगति संबंधी रिपोर्ट उपलब्ध कराना।

व्यापक एवं निरंतर मूल्यांकन के क्षेत्र
(Areas/Scope of Comprehensive and Continuous Evaluation)

1. बालक की शैक्षिक उपलब्धि।
2. व्यक्तिगत एवं सामाजिक गुण जैसे-नियमितता, उत्तरदायित्व, सहयोग, समाज-सेवा की भावना आदि।
3. वांछनीय अभिवृत्तियाँ जैसे—समाजवाद, धर्मनिरपेक्षता, लोकतन्त्र, अध्यापक, स्कूल, अध्ययन, राष्ट्रीय एकता आदि के प्रति दृष्टिकोण।
4. रुचियाँ जैसे-सांस्कृतिक, कलात्मक, वैज्ञानिक, साहित्यिक इत्यादि।
5. पाठ्य सहगामी क्रियाओं में कुशलता जैसे—खेल, स्काऊट-गाइडिंग, प्राथमिक चिकित्सा, रेड-क्रास आदि।
6. स्वास्थ्य स्तर जैसे-कद, बीमारियों से मुक्ति आदि।

व्यापक तथा निरंतर मूल्यांकन के तत्त्व /तकनीक (Components / Tools of Comprehensive and Continuous Evaluation)—व्यापक तथा निरंतर मूल्यांकन के लिए विभिन्न विधियों व तकनीकों का प्रयोग किया जा सकता है जैसे—

1. प्रश्नोत्तरी (Quizzes)
2. दत्त कार्य (Assignments)
3. लिखित व मौखिक परीक्षण (Written and oral tests)
4. क्षेत्र / प्रयोगशाला / प्रोजेक्ट कार्य (Field / Laboratory / Project work)
5. टर्म पेपर (Term papers)
6. उपस्थिति (Attendance)

व्यापक तथा निरंतर मूल्यांकन की उपयोगिता/लाभ (Merits/Advantages of Comprehensive and Continuous Evaluation)

1. यह पुस्तकालय में अध्ययन की आदतों का विकास करता है।
2. इससे बालक में आत्मविश्वास की वृद्धि होती है।
3. यह आपसी विचार-विमर्श के अवसर प्रदान करता है।
4. इसके आधार पर विद्यार्थी की भविष्य में सफलता की भविष्यवाणी की जा सकती है।
5. यह पहले से ही/प्रकरण की तैयारी की आदत का विकास करने में भी सहायता करता है।
6. इसके अन्तर्गत अपनाई जाने वाली तकनीकें जैसे—सेमिनार, सामूहिक विचार-विमर्श आदि विद्यार्थी एवं अध्यापक तथा विद्यार्थी एवं विद्यार्थी के बीच अन्त:क्रिया को प्रोत्साहित करती है।

7. यह शिक्षण अधिगम प्रक्रिया एवं प्रोजेक्ट के द्वारा निर्माणात्मक शिक्षण अधिगम प्रक्रिया होता है।
8. उपचारात्मक कार्यक्रम एवं प्रोजेक्ट के द्वारा निर्माणात्मक शिक्षण अधिगम प्रक्रिया को सुदृढ़ आधार प्रदान किया जा सकता है।
9. इसमें बालक के ज्ञानात्मक तथा अन्य भावात्मक तथा क्रियात्मक पक्षों को भी शामिल किया जाता है।
10. इससे व्यक्तिनिष्ठता में कमी आती है।
11. यह समय-समय पर बालक तथा अध्यापक दोनों को प्रतिपुष्टि प्रदान करता है।
12. यह नियमित रूप से विद्यार्थियों की कमजोरियों एवं शक्तियों के बारे में उपयोगी आँकड़े प्रदान करता है।
13. यह विद्यार्थी तथा अध्यापक दोनों को ही अपने प्रयत्नों में उपयुक्त परिवर्तन के अवसर प्रदान करता है।
14. यह शिक्षण अधिगम प्रक्रिया में सुधार लाता है।
15. यह बालकों की व्यक्तिगत योग्यताओं को प्रोत्साहन देता है।

व्यापक तथा सतत् मूल्यांकन की हानियाँ एवं सीमाएँ
(Demerits and Limitations of Continuous and Comprehensive Evaluation)

1. यह मूल्यांकन तभी संभव है जब अध्यापक एवं विद्यार्थी के बीच मधुर सम्बन्ध हों।
2. कभी-कभी अध्यापक इसका गलत प्रयोग करते हैं और समय-समय पर विद्यार्थियों को चेतावनी देते रहते हैं जिससे उनमें असुरक्षा की भावना आने का भय बना रहता है।
3. अध्यापक को ऐसे मूल्यांकन के लिए प्रत्येक विद्यार्थी की भूमिका को जानना आवश्यक होता है।
4. अध्यापक का पक्षपात इसे वस्तुनिष्ठ की अपेक्षा व्यक्तिनिष्ठ बना देता है।
5. यह बड़ी संख्या वाले कक्षा-कक्ष में संभव नहीं होता है।
6. इसमें समय तथा शक्ति का प्रयोग अधिक होता है।

ऊपर वर्णित हानियों तथा सीमाओं के बावजूद भी यह मूल्यांकन अत्यन्त महत्त्वपूर्ण है। इसकी उपयोगिता को बढ़ाना अध्यापक पर निर्भर करता है। यह न केवल विद्यार्थियों की शैक्षिक उपलब्धि की जाँच ही करता है अपितु उनमें सुधार लाने का प्रयत्न भी करता है।

अध्याय 16

मूल्यांकन के प्रकार
(Types of Evaluation)

"शिक्षण प्रक्रिया या सीखने के अनुभव की उपादेयता के संबंध में निर्णय करना ही शैक्षिक मूल्यांकन है।"

आज सम्पूर्ण विश्व में शैक्षिक परिवेश में मूल्यांकन की विचारधारा में निरंतर परिवर्तन हो रहा है। शिक्षा में मूल्यांकन एक नवीन विचारधारा है। यह विद्यार्थी के व्यवहार को मापने की एक व्यापक प्रक्रिया है जिसके अन्तर्गत विषयवस्तु की उपयोगिता के बारे में निर्णय लिया जाता है।

राष्ट्रीय शैक्षिक अनुसंधान एवं प्रशिक्षण परिषद (NCERT) के अनुसार मूल्यांकन प्रक्रिया को इस प्रकार परिभाषित किया गया है :

"मूल्यांकन क्रमबद्ध तथा निरंतर प्रक्रिया है निश्चित करने की-

(*i*) पहले से पहचाने गए तथा परिभाषित विशिष्ट शैक्षिक उद्देश्यों की उपलब्धि की सीमा।

(*ii*) कक्षा-कक्ष में प्रदान किए गए अधिगम अनुभवों की प्रभावशीलता।

(*iii*) शिक्षा के लक्ष्यों की प्राप्ति कहाँ तक हुई है।

("Evalualtion is any systematic continuous process of determining:

(*i*) The extent to which specified educational objectives previously identified as defined are attained.

(*ii*) The effectiveness of the learning experience produced in the classroom.

(*iii*) How will the goals of education have been accomplished.")

मूल्यांकन के अन्तर्गत तीन तत्त्वों में सम्बन्ध पाया जाता है—उद्देश्य (लक्ष्य), शिक्षण प्रक्रिया या अधिगम अनुभव (साधन) तथा मूल्यांकन (साक्ष्य)

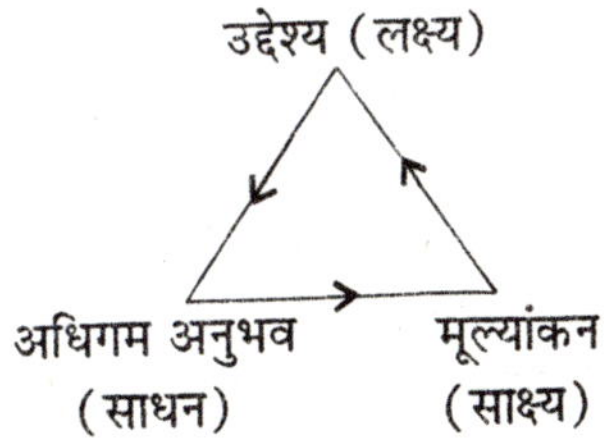

सभी तत्त्व अन्त:सम्बन्धित हैं। यह केवल मूल्यांकन प्रक्रिया ही है जो उद्देश्य की प्राप्ति की सीमा, कक्षा में प्रदान किए जाने वाले अधिगम अनुभवों की प्रभावशीलता तथा शिक्षा के लक्ष्यों की प्राप्ति के ढंगों को निश्चित करती है। मूल्यांकन के विभिन्न प्रकार हैं तथा प्राथमिक शिक्षा में सामान्यतया निम्नलिखित प्रकारों का प्रयोग किया जाता है :

1. व्यापक तथा सतत् मूल्यांकन (Comprehensive and Continuous Evaluation)
2. निर्माणात्मक मूल्यांकन (Formative Evaluation)
3. संकलनात्मक मूल्यांकन (Summative Evaluation)
4. प्रक्रिया मूल्यांकन (Process Evaluation)
5. प्रदा मूल्यांकन (Product Evaluation)
6. उद्देश्य आधारित मूल्यांकन (Objective based Evaluation)
7. निदानात्मक मूल्यांकन (Diagnostic Evaluation)

इस अध्याय में हम केवल निर्माणात्मक एवं संकलनात्मक मूल्यांकन का अध्ययन करेंगे।

1. निर्माणात्मक रूप देय मूल्यांकन (Formative Evaluation)

आधुनिक शैक्षिक मूल्यांकन में बहुत तेजी से विकास हो रहा है। निर्माणात्मक मूल्यांकन एक इकाई के निर्देशन के सम्पूर्ण होने से पहले अधिगम कठिनाइयों को पहचानने के लिए प्रयोग किया जाता है। यह अधिगम आधिपत्य प्राप्त करने के लिए सूचनाएँ प्रदान करता है जो विद्यार्थियों की अधिगम कठिनाइयों को दूर करने के लिए अपनाए जाने वाले उपचारात्मक शिक्षण को दिशा प्रदान करता है। निर्माणात्मक परीक्षणों का प्रयोग शिक्षण अधिगम प्रक्रिया को अधिक प्रभावी बनाने के लिए किया जाता है। निर्माणात्मक परीक्षण के द्वारा कुछ प्रश्नों के उत्तर ढूंढने का प्रयास किया जाता है जैसे-अध्ययन के समय में, विद्यार्थी विभिन्न अधिगम उद्देश्यों के आधिपत्य की ओर किस प्रकार बढ़ रहे हैं ? इसके परिणाम विद्यार्थियों के निदान के लिए प्रयोग किए जाते हैं और फिर सुधारात्मक शिक्षण किया जाता है और फिर इकाई का निर्माणात्मक मूल्यांकन किया जाता है। इससे विद्यार्थी तथा अध्यापक को अपनी प्रगति के बारे में प्रतिपुष्टि प्राप्त होती है।

टैनर (Tanner) के शब्दों में, ''जब पाठ्यक्रम तथा अनुदेशन प्रक्रिया चलन में हो तो परीक्षणों तथा अन्य मूल्यांकन प्रक्रियाओं का प्रयोग करना ही निर्माणात्मक मूल्यांकन कहलाता है।''

("Formative evaluation refers to the use of tests and evaluative procedures while the course and instructional programme is in progress.")

ग्रीनलैण्ड के द्वारा भी यही संकेत दिया गया है कि निर्माणात्मक मूल्यांकन का विशिष्ट उपयोग अधिगम कठिनाइयों या कमजोरियों के निदान के लिए, अधिगम प्रेरणा में सहायता देने के लिए तथा अधिगम के हस्तांतरण तथा स्थायित्व में वृद्धि करने के लिए

उचित क्रियाओं की योजना निर्माण है। इस मूल्यांकन में शिक्षण-अधिगम को प्रभावी बनाने तथा विद्यार्थियों की पाठ्य-वस्तु की इकाई के रूप में स्वामित्व एवं उद्देश्यों की प्राप्ति को महत्त्व दिया जाता है।

मानदण्ड सदंर्भित तथा मानक संदर्भित परीक्षाओं का निर्माण रूप देय मूल्यांकन (Formative Evaluation) में विषय सामग्री के स्वामित्व के लिए किया जाता है। प्रत्येक अधिगम इकाई के अन्त में इन परीक्षणों को दिया जाता है। इन्हें अन्तरिम परीक्षण (Interim Tests), इकाई परीक्षण, अधिगम परीक्षण और प्रश्नमंच (Quizzes) भी कहा जाता है।

निर्माणात्मक/रूप देय मूल्यांकन की विशेषताएँ (Features of Formative Evaluation)

1. रूप देय मूल्यांकन में अधिगम की एक विशेष इकाई का चयन किया जाता है।
2. इकाई के तत्त्वों का विश्लेषण किया जाता है जैसे:
   (*i*) विषय-सामग्री
   (*ii*) विद्यार्थी का व्यवहार और
   (*iii*) विषय-सामग्री से सम्बन्धित प्राप्त किए जाने वाले उद्देश्य।
3. यह अधिगम कठिनाइयों की पहचान करता है।
4. इसमें नए शब्दों, नवीन संबंधों तथा नवीन प्रक्रिया को शामिल किया जाता है।
5. परीक्षण का प्रत्येक पद इकाई के तत्त्वों पर विद्यार्थी के आधिपत्य का संकेत देता है।
6. यह पाठ्य-पुस्तकों, कार्य-पुस्तकों, अभिक्रमित अनुदेशन तथा फिल्म के रूप में उपचारात्मक अनुदेश सामग्री प्रदान करता है।
7. यह विद्यार्थियों को विषय-सामग्री के स्वामित्व के अवसर प्रदान करती है।
8. उद्देश्यों की प्राप्ति पर अधिक बल दिया जाता है।
9. यह अधिगम को पुनर्बलन प्रदान करती है।
10. यह अधिगम को प्रेरणा प्रदान करता है।
11. यह शिक्षण अधिगम को अधिक प्रभावी बनाता है।

निर्माणात्मक/रूप देय मूल्यांकन के उपयोग/लाभ (Uses/Merits of Formative Evaluation)

1. विद्यार्थियों के अधिगम को बढ़ावा देने में सहायक (Helpful in Growing Students' Learning) – निर्माणात्मक मूल्यांकन का प्रयोग किसी भी पाठ्य-वस्तु में विद्यार्थी के अधिगम को प्रभावी बनाने में सहायक होता है। उच्चस्तरीय क्रमबद्ध अधिगम में यह अत्यधिक महत्त्वपूर्ण है कि विद्यार्थी दूसरे कार्य पर जाने से पहले प्रथम अधिगम

कार्य में स्वामित्व प्राप्त कर ले, यदि वह एक विषय में स्वामित्व प्राप्त करने में सफल होना चाहता है। एक इकाई या कार्य के पश्चात् यदि इस मूल्यांकन का प्रयोग किया जाता है तो इससे उचित समय पर उचित एवं आवश्यक प्रयत्न करने के लिए विद्यार्थियों को अभिप्रेरणा प्राप्त हो सकती है।

2. अध्यापक को प्रतिपुष्टि प्रदान करता है (Provides feedback to the Teacher) – निर्माणात्मक मूल्यांकन अध्यापक को अनुदेशन प्रक्रिया में एक इकाई के पूरा होने के पश्चात् प्रतिपुष्टि प्रदान करता है। यदि विद्यार्थियों का एक बड़ा भाग कोई विशेष गलती करता है या किसी अधिगम कार्य में कठिनाई का अनुभव करता है तो अध्यापक को इसे अनुदेशन में कमी के साक्ष्य (Evidence) के रूप में मानना चाहिए और अपनी अनुदेशन प्रक्रिया में सुधार लाने का प्रयत्न करना चाहिए।

3. लक्ष्यों को स्थापित करने में सहायक (Helpful in Setting the Goals)– निर्माणात्मक मूल्यांकन विद्यार्थी के अधिगम के लिए लक्ष्य निर्धारित करने में सहायता करता है। लक्ष्य की प्राप्ति के लिए समय भी निश्चित किया जा सकता है।

4. अधिगम क्रम के निर्माण में सहायक (Helpful in Framing Sequence of Learning) – यह सम्पूर्ण अधिगम प्रक्रिया को छोटी-छोटी इकाइयों में बाँटने में विद्यार्थियों की सहायता कर सकता है। विद्यार्थी जब किसी एक विशेष इकाई का अध्ययन करता है तो वे इसकी अच्छी प्रकार से तैयारी कर सकते हैं।

5. विद्यार्थियों को प्रतिपुष्टि प्रदान करता है (Provides feedback to the Students) – निर्माणात्मक मूल्यांकन एक अनुदेशन इकाई के अधिगम उद्देश्यों के स्वामित्व प्राप्त करने में विद्यार्थियों को प्रतिपुष्टि प्रदान करता है। यदि एक विद्यार्थी यह जानता है कि उसने एक मूल्यांकन के बहुत से पदों या सभी का स्वामित्व प्राप्त कर लिया है तो यह जानकारी उसे यह विश्वास दिलाती है कि उसका अधिगम सुदृढ़ है और उसे वर्तमान अधिगम प्रक्रिया को बनाए रखना चाहिए।

6. पुनर्बलन प्रदान करता है (Provides Reinforcement) – रूप देय मूल्यांकन के परिणाम अधिगम के लिए पुनर्बलन प्रदान करते हैं तथा अपने अधिगम के प्रति विद्यार्थियों की उत्सुकता को कम करने में सहायक हो सकते हैं। अधिगम में बार-बार स्वामित्व का साक्ष्य शक्तिशाली पुनर्बलन का कार्य करता है।

7. अधिगम कठिनाइयों को पहचानने में सहायक (Helpful in Diagnosing Learning Differences) – जो विद्यार्थी किसी एक विशेष इकाई के अधिगम में स्वामित्व प्राप्त नहीं कर पाते, रूप देय मूल्यांकन उनकी कठिनाईयों के विशेष क्षेत्रों का संकेत देता है। यदि ऐसे विद्यार्थियों को अपनी अधिगम कठिनाइयों को दूर करने के लिए अभिप्रेरणा प्रदान की जाए और उचित अनुदेशन सामग्री व प्रक्रिया उपलब्ध कराई जाए तो यह निश्चित है कि उनमें से अधिकतर विद्यार्थी विषय की अधिकतर इकाइयों में स्वामित्व प्राप्त कर लेने में सफल होंगे।

अतः रूप देय मूल्यांकन का प्रयोग यह सुझाव देता है कि मूल्यांकन शिक्षण अधिगम प्रक्रिया के संबंध में विद्यार्थियों के वास्तविक अधिगम पर सुदृढ़ सकारात्मक प्रभाव डाल सकता है और इसके साथ-साथ उन्हें अधिगम के लिए अभिप्रेरणा प्रदान करता है। यह मुख्य रूप से अधिगम गलतियों का निदान करने, अधिगम कठिनाइयों को दूर करने के लिए योजना बनाने, अधिगम प्रक्रिया को प्रेरित करने, अभ्यास प्रदान करने, परीक्षण की उत्सुकता को कम करने और योग देय परीक्षण (Summative Evaluation) के स्तरों पर विद्यार्थियों की शैक्षिक उपलब्धि को बढ़ावा देने में सहायक होता है।

2. संकलनात्मक/योग देय मूल्यांकन (Summative Evaluation)

जब रूप देय/निर्माणात्मक मूल्यांकन अपना आखिरी चरण पूरा करता है, वहाँ संकलनात्मक मूल्यांकन की आवश्यकता होती है। इस प्रकार, यह भी कहा जा सकता है कि संकलनात्मक मूल्यांकन एक निश्चित अवधि या पाठ्यक्रम की समाप्ति के पश्चात् बालक की शैक्षिक उपलब्धियों के मापन के लिए प्रयोग की जाने वाली प्रक्रिया है। इस प्रकार का मूल्यांकन शिक्षण-अधिगम प्रक्रिया के सम्पूर्ण परिणामों को प्राप्त करने में सहायता करता है। साधारण शब्दों में हम यह कह सकते हैं कि जहाँ कक्षा परीक्षण, इकाई परीक्षण, प्रश्नमंच और अधिगम परीक्षण रूप देय मूल्यांकन की तकनीकें हैं, वहाँ वार्षिक परीक्षण तथा बाह्य परीक्षण जिन्हें किसी बोर्ड, विद्यालय, विश्वविद्यालय या किसी सार्वजनिक ऐजेन्सी के द्वारा लिया जाता है, संकलनात्मक मूल्यांकन के आवश्यक अंग हैं। इस प्रकार यह मूल्यांकन अन्तरिम प्रकार का या बाह्य प्रकार का मूल्यांकन अंग है।

संकलनात्मक मूल्यांकन जैसा कि नाम से ही स्पष्ट होता है अनुदेशन के अन्त में संपूर्ण पाठ्यक्रम में उपलब्धि का मूल्यांकन करता है, यह निश्चित रूप से अनुदेशन सामग्री के बड़े भाग को शामिल करता है। इस उद्देश्य के लिए मुख्यतया प्रयोग किया जाने वाला परीक्षण पेपर पेंसिल परीक्षण होता है, जिसके आधार पर अधिक सामान्य उद्देश्यों की प्राप्ति की सीमा की जाँच की जाती है। इन परीक्षणों का निर्माण विशेष विषय क्षेत्र से संबंधित पूर्व निश्चित उद्देश्यों के मापन के लिए किया जाता है। संकलनात्मक परीक्षण से पहले ही स्थापित किया गया स्तर (Standard) ही कसौटी का काम करता है, जिसके आधार पर प्रत्येक विद्यार्थी की निष्पत्ति का निर्णय लिया जाता है।

संकलनात्मक मूल्यांकन को तीन ढंगों से देखा जा सकता है (विद्यार्थी शिक्षा के लिए राष्ट्रीय पाठ्यचर्चा की रूपरेखा, 2000), ये तीन ढंग निम्नलिखित हैं :

- अपने ही संदर्भ में विद्यार्थियों की प्रगति को जाँचना (स्व-संदर्भित)।
- उनके अध्यापक के द्वारा स्थापित कसौटी के संदर्भ में विद्यार्थी की प्रगति को जाँचना (कसौटी-संदर्भित)।
- उसके सहपाठियों की प्रगति के संदर्भ में विद्यार्थी की प्रगति को जाँचना (मानक-संदर्भित)।

संकलनात्मक/योग देय मूल्यांकन की विशेषताएँ (Characteristics of Summative Evalution)

1. संकलनात्मक मूल्यांकन का प्रमुख उद्देश्य विद्यार्थियों का पाठ्य विषय के उद्देश्यों एवं उनकी उपलब्धियों के अनुसार स्तरीकरण करना है।
2. यह किसी भी पाठ्यक्रम की समय सीमा या सैमेस्टर के पश्चात् किया जाता है।
3. यह विद्यार्थियों की उपलब्धि के स्तरीकरण का उचित तथा विश्वसनीय साधन है।
4. इसका निर्माण विद्यार्थी की प्रगति का मूल्यांकन करने के लिए किया जाता है।
5. इसका प्रयोग अध्यापक, पाठ्यक्रम तथा शैक्षिक योजना की प्रभावशीलता के बारे में निर्णय लेने के लिए किया जाता है।
6. इसका प्रयोग विद्यार्थियों को अगली कक्षा में पदोन्नति के लिए किया जाता है।
7. यह प्रतिपुष्टि प्रदान नहीं करता है।
8. यह शिक्षण-अधिगम प्रक्रिया के बारे में सम्पूर्ण परिणाम प्रदान करता है।
9. इसके परिणाम का प्रयोग विद्यार्थियों के वर्गीकरण तथा भविष्य में सफलता के लिए भविष्यवाणी में किया जाता है।
10. संकलनात्मक मूल्यांकन का लाभ निदानात्मक तथा उपचारात्मक न होकर परिमाणात्मक होता है।

संकलनात्मक मूल्यांकन के लाभ/उपयोगिता (Uses/Advantages of Summative Evaluation)

ब्लूम तथा अन्य ने संकलनात्मक मूल्यांकन के निम्न उपयोग बताए हैं:

1. ग्रेड देने का आधार (Basis of Assigning Grades) – संकलनात्मक मूल्यांकन का प्रमुख उद्देश्य पाठ्य विषय के उद्देश्यों एवं विद्यार्थियों की उपलब्धि के अनुसार उन्हें ग्रेड देना है। ग्रेडिंग प्रणाली विद्यार्थियों को उनकी निष्पत्ति के आधार पर वर्गीकृत करने में सहायक होती है।

2. सर्टीफिकेट देने का आधार (Basis of Certification) – संकलनात्मक मूल्यांकन के आधार पर एक सर्टीफिकेट प्रदान किया जाता है जिसमें पूरे वर्ष में किए गए कार्य का ब्यौरा होता है।

3. प्रगति का ज्ञान (Knowledge of Progress) – संकलनात्मक मूल्यांकन विद्यार्थियों की अपनी प्रगति की जानकारी देने में सहायता करता है। यह विद्यार्थी की सफलता या असफलता का पहचान-पत्र होता है।

4. परामर्श का आधार (Basis of Guidance) – संकलनात्मक मूल्यांकन की सहायता से मूल्यांकनकर्त्ता विद्यार्थी की सफलता के क्षेत्रों की जानकारी प्राप्त करता है और इस प्रकार यह उन्हें परामर्श देने का आधार प्रदान करता है।

5. **विभिन्न समूहों की तुलना में सहायक (Helpful in Comparison of different Groups)** – संकलनात्मक मूल्यांकन के परिणामों के आधार पर हम पृथक्-पृथक् अध्यापकों द्वारा पढ़ाए जाने वाले पृथक्-पृथक् समूहों की उपलब्धियों की तुलना कर सकते हैं, जो शिक्षण-अधिगम प्रक्रिया की प्रभावशीलता का मूल्यांकन करने में सहायक होती है।

6. **पदोन्नति का आधार (Basis of Promotion)** – संकलनात्मक मूल्यांकन शैक्षिक सत्र के अन्त में किया जाता है और इसी के परिणाम के आधार पर विद्यार्थी की अगली कक्षा में पदोन्नति की जाती है।

रूप देय तथा संकलनात्मक मूल्यांकन में भेद/अन्तर
(Difference between Formative and Summative Evaluation)

रूप देय मूल्यांकन (Formative Evaluation)	संकलनात्मक मूल्यांकन (Summative Evaluation)
1. रूप देय मूल्यांकन एक इकाई के बारे में अनुदेशन प्रक्रिया पूरी होने से पहले ही अधिगम कठिनाईयों की पहचान करता है।	1. यह अनुदेशन प्रक्रिया के पूरा होने के पश्चात् विद्यार्थियों की उपलब्धि की जाँच करती है।
2. इसका उद्देश्य विद्यार्थियों की शक्तियों एवं कमजोरियों का निदान करना है।	2. इसका उद्देश्य विद्यार्थियों का वर्गीकरण एवं पदोन्नति करना है।
3. इसका केन्द्र बिन्दु विद्यार्थियों की उपलब्धि में सुधार करना है।	3. इसका केन्द्र बिन्दु विद्यार्थी की उपलब्धि का मापन करना है।
4. यह शिक्षण अधिगम प्रक्रिया का अन्तरिम भाग है।	4. इसे पाठ्य विषय सम्बन्धी क्रियाओं का अन्त माना जाता है।
5. यह विद्यार्थी एवं अध्यापक दोनों की ही प्रतिपुष्टि प्रदान करने में सहायता करता है।	5. यह प्रतिपुष्टि प्रदान नहीं करता है।
6. इसमें इकाई परीक्षणों, अधिन्यासों (Assignments) आदि के द्वारा सतत् मूल्यांकन निहित होता है।	6. यह पेपर पेंन्सिल परीक्षण से संबंधित होता है जैसे सत्र परीक्षा, वार्षिक परीक्षा आदि।
7. इसका परिणाम अनुदेशन में सुधार होता है।	7. इसके परिणामों का प्रयोग सर्टिफिकेट देने के लिए किया जाता है।
8. रूप देय परीक्षण से पहले कोई स्तर (Standard) निश्चित नहीं किया जाता है।	8. संकलनात्मक मूल्यांकन से पहले एक स्तर निश्चित किया जाता है।
9. इसके परिणामों का प्रयोग उपचारात्मक शिक्षण के लिए किया जाता है।	9. इसके परिणामों के आधार पर विद्यार्थी की भविष्य में सफलता की भविष्यवाणी की जा सकती है।

इस प्रकार विद्यार्थियों की प्रगति की जाँच करने के लिए निर्माणात्मक तथा संकलनात्मक मूल्यांकन विधियों का प्रयोग किया जा सकता है।

संकलनात्मक मूल्यांकन यद्यपि विद्यार्थियों की उपलब्धि मापन का एक विश्वसनीय, उचित तथा कुशल साधन है परन्तु यह स्तरीकरण से पहले अनुदेशन के समय विद्यार्थियों की अधिगम कठिनाइयों का निदान करने तथा उपचारात्मक अनुदेशन प्रदान करने के उद्देश्य को पूरा नहीं करता। इसके लिए रूप देय परीक्षण की आवश्यकता होती है। इस प्रकार दोनों प्रकार की मूल्यांकन विधियाँ एक-दूसरे की पूरक हैं। दोनों ही शिक्षा प्रणाली में महत्त्वपूर्ण परिवर्तन लाने में सहायक होती हैं।

अध्याय 17

निष्पति/उपलब्धि परीक्षण (Achievement Tests)

"एक सामान्य निष्पत्ति परीक्षण वह है जो निष्पति या उपलब्धि के क्षेत्र विशेष में विद्यार्थी की सापेक्ष निष्पत्ति को एक फलांक के द्वारा अभिव्यक्ति करता है।"

—हाक्स लिण्डक्विस्ट एवं मान

शैक्षिक ज्ञान के मापन की दृष्टि से उपलब्धि परीक्षणों का सर्वाधिक महत्त्व है। इन परीक्षणों की सहायता से न केवल विद्यार्थियों के ज्ञान के संबंध में जानकारी प्राप्त की जा सकती है, अपितु भावी उपलब्धि के संबंध में पूर्व कथन भी किया जा सकता है। प्रायः विद्यालय के समस्त विषयों से संबंधित ज्ञान का मापन करने हेतु इनका प्रयोग किया जा सकता है।

उपलब्धि परीक्षण का अर्थ (Meaning of Achievement Test)

उपलब्धि परीक्षणों की रचना प्रायः विशिष्ट शैक्षिक निर्देशों अथवा प्रशिक्षण की प्रभावशीलता जानने हेतु की जाती है। इसके माध्यम से एक अध्यापक आसानी से यह ज्ञात कर सकता है कि विद्यार्थी ने कक्षा में बैठकर कितना ज्ञान अर्जित किया है अर्थात किस सीमा तक विद्यार्थी विशेष के संबंध में शैक्षिक उद्देश्य प्राप्त किए गए हैं? इन परीक्षणों का प्रमुख उद्देश्य, ज्ञान का मापन करने के साथ-साथ शिक्षा के क्षेत्र में पूर्व कथन करना भी होता है। इसके अर्थ को स्पष्ट करने हेतु विभिन्न विद्वानों द्वारा दी गई परिभाषाओं का उल्लेख निम्नलिखित प्रकार से किया गया है :

1. **फ्रीमैन (Freeman)** के शब्दों में, "उपलब्धि परीक्षण वह अभिकल्प है जो एक विशिष्ट विषय अथवा पाठ्यक्रम के भिन्न-भिन्न विषयों में व्यक्ति के ज्ञान, समझ एवं कौशल का मापन करता है।"

("An achievement test is one designed to measure knowledge, understanding and skills of a person in a specified subject or a group of different subjects of the curiculum.")

2. **ईबेल (Ebel)** के शब्दों में, उपलब्धि परीक्षण वह है जिसका निर्माण विद्यार्थियों द्वारा अर्जित किसी ज्ञान अथवा किसी कौशल मे दक्षता का मापन करने हेतु किया जाता है।"

("An achievement test is one designed to measure a student's grasp of some knowledge or her proficiency in certain skills.")

3. **सुपर (Super)** के शब्दों में, ''एक उपलब्धि अथवा क्षमता परीक्षण यह ज्ञात करने हेतु प्रयोग किया जाता है कि व्यक्ति ने क्या और कितना सीखा और वह कोई कार्य कितनी भली प्रकार कर लेता है।''

("An achievement or proficieney test is used to ascertain what and how much has been learned or how well a task can be performed.")

ऊपर वर्णित परिभाषाओं के आधार पर उपलब्धि परीक्षण :

- शिक्षण अधिगम क्रियाओं को नियन्त्रित करने वाली प्रक्रिया है।
- विद्यार्थी तथा अध्यापक दोनों को प्रतिपुष्टि प्रदान करता है।
- विषय-सामग्री के सीमांकन पर बल देता है।
- शिक्षण-अधिगम के उद्देश्यों पर बल देता है।

उपलब्धि परीक्षणों के कार्य/प्रयोजन (Functions of Achievement Tests)

उपलब्धि परीक्षण के विद्यालय स्तर पर निम्नलिखित कार्य है:

1. यह मापना कि विद्यार्थियों में किसी भी इकाई में सफलता प्राप्त करने संबंधी पूर्णतया कौशल विद्यमान है या नहीं, या फिर यह जानना कि क्या योजनाबद्ध शिक्षण के उद्देश्य प्राप्त कर लिये गए हैं अथवा नहीं।
2. विद्यार्थियों की श्रेणियाँ (Grading) नियत करना।
3. विद्यार्थियों की अधिगम सम्बंधी कठिनाइयों का पता लगाना, चाहे वे स्थाई हो अथवा अस्थाई।
4. विद्यार्थियों में विभिन्न कौशलों का विकास करना।
5. विद्यार्थी को उसकी उपलब्धि के आधार पर अगली कक्षा में पदोन्नत (Promote) करना।
6. विद्यार्थियों के अधिगम को मॉनीटर करना और अध्यापन अधिगम प्रक्रिया के दौरान विद्यार्थियों और शिक्षकों दोनों के लिए निरंतर प्रति पुष्टि प्रदान करना।
7. विद्यार्थी को सीखने के लिए प्रोत्साहित करना।
8. पाठ्यक्रम में आवश्यक परिवर्तन करना।
9. अधिगम परिस्थितियों में प्रभावशीलता को मापना।
10. विद्यार्थियों को उनकी उपलब्धि के आधार पर वर्गीकृत करना।

उपलब्धि परीक्षण का क्षेत्र (Scope/Areas of Achievement Tests)

उपलब्धि परीक्षण अधिगम उपलब्धियों या शैक्षिक उपलब्धियों का मापन करता है। इसका क्षेत्र अत्यन्त विस्तृत है क्योंकि इसमें निम्नलिखित उपलब्धियों का परीक्षण सम्मिलित होता है:

1. शिक्षा की ज्ञानात्मक उपलब्धियाँ–ज्ञान, बोध, प्रयोग, विश्लेषण, संश्लेषण तथा मूल्यांकन।

2. शिक्षा की गैर–शिक्षण उपलब्धियाँ–चिंतन में लोचशीलता, सन्तुलित निर्णय, संश्लेषण योग्यता, सांस्कृतिक जागरूकता, आलोचनात्मक दृष्टिकोण आदि।

उपलब्धि परीक्षण के प्रकार (Types of Achievement Test)

उपलब्धि परीक्षण को निम्नलिखित प्रकार से वर्गीकृत किया जा सकता है:

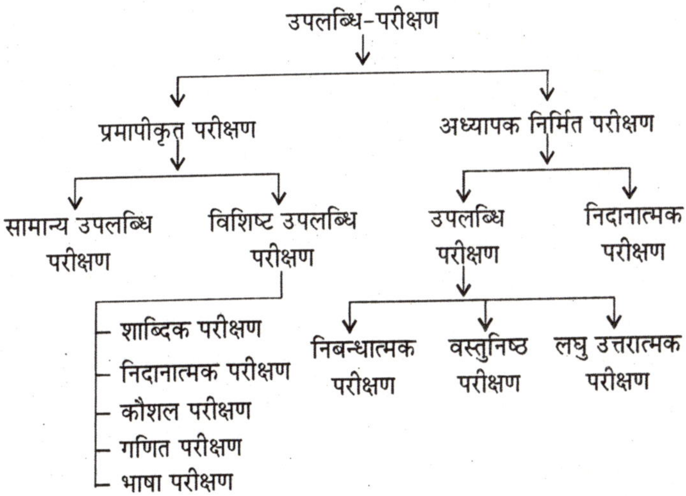

1. प्रमापीकृत परीक्षण (Standardised Test) – प्रमापीकृत परीक्षण वे परीक्षण होते हैं जिन्हें विशेषज्ञों के द्वारा स्वीकार्य उद्देश्यों को ध्यान में रखकर सावधानीपूर्वक बनाया जाता है, जिसमें प्रशासन विधि, अंकन विधि तथा अंकों की व्याख्या का विशिष्टीकरण विस्तार किया जाता है, कोई भी कहीं भी इस परीक्षण को दे सकता है, जिसके परिणाम तुलनात्मक रहे तथा जिसमें प्रतिमान या भिन्न–भिन्न आयु वर्ग हेतु मध्य या कक्षा स्तर का पूर्व निर्धारण किया जाता है।

2. अध्यापक निर्मित परीक्षण (Teacher-made Tests) – ये वे परीक्षण होते हैं जिन्हें अध्यापक द्वारा स्वयं निर्मित किया जाता है। इन परीक्षणों के निर्माण में प्राय पुनः संगठित सामान्य उद्देश्यों को ध्यान में रखा जाता है। ये परीक्षण भी काफी हद तक अच्छे तथा वस्तुनिष्ठ होते हैं। इन परीक्षणों की निर्माण प्रक्रिया भी कुछ हद तक प्रमापीकृत परीक्षणों जैसी ही होती है परन्तु इन्हें सम्पूर्ण जनसंख्या पर लागू नहीं किया जा सकता।

प्रमापीकृत तथा अध्यापक निर्मित उपलब्धि-परीक्षण में अन्तर (Difference between Standardised and Teacher-made Achievement Tests)

यद्यपि प्रमापीकृत तथा शिक्षक निर्मित उपलब्धि परीक्षणों में एक ही प्रकार के प्रश्न पत्र प्रयुक्त होते हैं तथा ये दोनों ज्ञान क्षेत्रों पर बनाए जा सकते हैं तथापि इन दोनों प्रकार के परीक्षणों में मुख्य अन्तर निम्नलिखित है:

प्रमापीकृत परीक्षण (Standardised Tests)	अध्यापक-निर्मित परीक्षण (Teachers-made Tests)
1. ये परीक्षण देश अथवा राज्य के विभिन्न विद्यालयों में पढ़ाए जाने वाले समान पाठ्य-क्रम पर आधारित होते हैं।	1. ये परीक्षण किसी विशेष विद्यालय अथवा कक्षा की पूर्ति हेतु प्रयोग किए जाते हैं।
2. इनमें विभिन्न समूहो के लिए ऐसे मानक दिए जाते हैं जो सामान्यत: सम्पूर्ण देश अथवा राज्य में कार्य अथवा निष्पादन का किसी विशेष स्तर पर प्रतिनिधित्त्व करते हैं।	2. इन परीक्षणों में तुलना हेतु कोई ऐसा बाह्य मापदण्ड नहीं दिया जाता है।
3. ये परीक्षण प्राय: सम्पूर्ण ज्ञान या योग्यता के परीक्षण पर आधारित होते हैं।	3. ये सीमित या विशिष्ट ज्ञान या योग्यता के क्षेत्र से संबंधित होते हैं।
4. इनका विकास लेखकों, प्रश्न-पत्रों के संपादकों एवं प्रशिक्षित परीक्षण निर्माताओं के द्वारा किया जाता है।	4. इनका निर्माण किसी एक या दो अध्यापकों की दक्षता पर ही निर्भर करता है।
5. ये परीक्षण विभिन्न समूहों की तुलना में सहायक होते हैं।	5. इनका प्रयोग केवल यह जानने के लिए किया जाता है कि विद्यार्थी ने किसी विशेष क्षेत्र में ज्ञान प्राप्त कर लिया है या नहीं।
6. इन परीक्षणों के आधार पर विभिन्न वर्षों में उपलब्धि की तुलना का मापन किया जा सकता है।	6. यह अध्यापक-निर्मित परीक्षण द्वारा संभव नहीं है।
7. ज्ञान के विभिन्न क्षेत्रों में ज्ञानोपार्जन की तुलना की जा सकती है।	7. शिक्षा के विशिष्ट उद्देश्यों की प्राप्ति को जाना जाता है।
8. विभिन्न विद्यालयों तथा कक्षाओं की तुलना की जा सकती है।	8. विद्यार्थियों की उपलब्धि के आधार पर उनका श्रेणीकरण किया जाता है।

उपलब्धि परीक्षण में निम्नलिखित परीक्षणों को सम्मिलित किया जाता है—

1. निबन्धात्मक परीक्षण (Essay Type Tests)

सामान्यतया निबन्धात्मक परीक्षण अध्यापक-निर्मित परीक्षण होते हैं जिन्हें अनुदेशन की उपलब्धियों को मापने के लिए प्रयोग किया जाता है। ऐसे परीक्षण हैं जिसमें विद्यार्थी एक निश्चित समय में कुछ प्रश्नों के उत्तर लिखता है। विस्तृत रूप से इनका प्रयोग स्मरण रखने, संगठन करने तथा संश्लेषण करने संबंधी योग्यताओं का अनुमान लगाने के लिए किया जाता है। इनके प्रश्न का निर्माण इस प्रकार से होता है कि उनके उत्तर निबन्ध का रूप ले लेते हैं। इसका अत्यधिक प्रभाव अभिव्यक्ति, अच्छी लेखन शैली, लिखाई तथा भाषा आदि पर पड़ता है। इन परीक्षणों में जाँचकर्त्ता की प्रवृत्ति, व्यक्तिगत विचारधारा आदि का अधिक प्रभाव होता है।

इन परीक्षणों में उत्तर देने की स्वतंत्रता होती है इसीलिए इन्हें अधिक पसंद किया जाता है। यह निगमन विधि की परीक्षा है जिसमें उसके द्वारा प्राप्त ज्ञान का तथा उस ज्ञान की एक शाखा को दूसरी शाखा में कैसे प्रयोग किया जा सकता है, का परीक्षण किया जाता है।

ड्यूवी (Dewey) के अनुसार, ''बालकों में विचार विनिमय की स्वाभाविक इच्छा होती है। इस इच्छा की संतुष्टि के लिए भाषा का ज्ञान आवश्यक है। यह परीक्षा इस इच्छा को पूरा करने में अत्यधिक सहायक होती है।''

("Childern have natural liking to exchange views. For satisfying that liking, the knowledge of language is necessary. This examination is very helpful in satisfy their liking.")

इसमें इकाई के एकीकरण पर या विषय-सामग्री के बड़े भाग पर बल दिया जाता है। इस परीक्षण में विद्यार्थी को अनुमान लगाने या प्रत्युत्तर पहचानने की अपेक्षा अधिक लिखना पड़ता है। इन परीक्षणों का प्रयोग विशेष रूप से उन अधिगम उपलब्धियों के मापन के लिए किया जाता है जिनका मान वस्तुनिष्ठ परीक्षाओं के द्वारा संभव नहीं है।

प्रश्नों के प्रकार (Type of Questions)

निबन्धात्मक परीक्षण के अन्तर्गत प्रश्नों को दो भागों में वर्गीकृत किया जा सकता है:

(*i*) **सीमित उत्तर प्रश्न (Restricted Response Questions)** – इसमें विषय-सामग्री तथा विद्यार्थियों के उत्तर के प्रकार, दोनों पर ही अंकुश लगाया जाता है। कभी-कभी स्थान तथा शब्दों पर भी अंकुश होता है। उदाहरण के रूप में :

प्र. वायु प्रदूषण मौसम और जलवायु को कैसे प्रभावित करता है?

(*ii*) **विस्तृत उत्तर प्रश्न (Extended Response Questions)** – इस प्रकार के प्रश्न विद्यार्थियों को अपने विचार विस्तृत रूप से व्यक्त करने की स्वतंत्रता प्रदान करते हैं। वे अपनी मानसिक क्षमता के अनुसार ज्ञान का संगठन कर सकते हैं। यही स्वतंत्रता विद्यार्थी की विषय-सामग्री को चुनने, सुगठित करने तथा एकीकृत करने में अपनी योग्यता को प्रदर्शित करने में सहायता करती है।

उदाहरण–प्रदूषण कितने प्रकार का होता है ? उदाहरण सहित व्याख्या करो।

इस बात पर बल देना आवश्यक नहीं है कि निबन्धात्मक परीक्षण को यदि ध्यानपूर्वक बनाया जाए तो बहुत उपयोगी सिद्ध होते हैं। यह अत्यधिक प्रयोग की जाने वाली परीक्षा प्रणाली है क्योंकि इसके निम्नलिखित गुण हैं।

निबन्धात्मक परीक्षण के गुण (Advantages of Essay Type Tests)

1. निर्माण की दृष्टि से आसान (Easy from the Point of Construction)– निबन्धात्मक परीक्षण पर आधारित प्रश्नों का निर्माण करने में कोई विशेष कठिनाई नहीं होती है। कोई भी शिक्षक, जिसे अपनी पाठ्य-वस्तु का पर्याप्त ज्ञान है, इस प्रकार के प्रश्न-पत्र की रचना कर सकता है। इस प्रकार के प्रश्न-पत्र के निर्माण के लिए किसी विशेष दक्षता या कौशल की या पूर्व प्रशिक्षण की आवश्यकता नहीं होती है। इसके अतिरिक्त इस प्रकार के प्रश्न-पत्र के निर्माण में समय भी अधिक नहीं लगता क्योंकि वस्तुनिष्ठ परीक्षण पर आधारित प्रश्न-पत्रों की तुलना में निबन्धात्मक परीक्षण पर आधारित प्रश्न-पत्र छोटे होते हैं।

2. भाषा-शैली के विकास में सहायक (Helpful in Developing Language Style) – निबन्धात्मक परीक्षण में विद्यार्थियों को अपने विचार अभिव्यक्त करने की स्वतंत्रता होती है, परन्तु ऐसा वे तभी कर सकते हैं जब विचार-शक्ति के साथ-साथ, भाषा-शैली पर भी उनका वांछित अधिकार हो। इस परीक्षण के द्वारा भाषा-शैली के आधार पर विचारों के प्रस्तुतीकरण के अवसर के साथ-साथ, भाषा-शैली की समुचित जाँच का अवसर भी प्राप्त होता है।

3. लेखन योग्यता का विकास (Development of Writing Ability)– निबन्धात्मक परीक्षण के माध्यम से विद्यार्थियों को अपनी लेखन योग्यता का विकास करने का भी अवसर प्राप्त होता है। न केवल लेखन की योग्यता का विकास, अपितु लेखन शक्ति की जाँच का अवसर भी इन परीक्षणों के अन्तर्गत प्रदान किया जाता है। विद्यार्थियों को कम-से-कम समय में अधिक-से-अधिक विषय-सामग्री को लिखना होता है। इनके माध्यम से उन्हें अपने लेख को अधिक-से-अधिक स्वच्छ, सुगठित एवं शुद्ध बनाने का अवसर प्राप्त होता है।

4. समय, ऊर्जा, शक्ति एवं धन की बचत (Saves Time, Energy and Money) – निबन्धात्मक परीक्षण निर्माण में वस्तुनिष्ठ परीक्षण की तुलना में कम समय लगता है। इसके लिए अध्यापक की अधिक ऊर्जा शक्ति का प्रयोग नहीं होता है। कोई भी शिक्षक अपने पाठ्यक्रम के अनुसार इसका निर्माण कर सकता है। इन परीक्षणों से सम्बन्धित प्रश्न-पत्रों के निर्माण में धन की मात्रा भी अधिक व्यय नहीं होती क्योंकि इसमें कागज बहुत कम मात्रा में प्रयोग होता है।

5. स्वतंत्र रूप से अभिव्यक्ति का अवसर (Opportunity to Express Freely) –निबंधात्मक परीक्षण की यह अत्यधिक महत्त्वपूर्ण उपयोगिता है कि इनके अन्तर्गत विद्यार्थियों को अपने विचारों को अभिव्यक्त करने की पूर्ण स्वतंत्रता प्रदान की जाती है।

प्रश्नों के उत्तर देने के लिए प्राय: किसी सीमा का निर्धारण नहीं किया जाता है। विद्यार्थी अपनी मानसिक योग्यताओं, कल्पना-शक्ति, विचार शक्ति, तर्क-शक्ति के आधार पर अपने विचारों को व्यक्त करते हैं।

6. मानसिक योग्यताओं का मूल्यांकन (Evaluation of Mental Abilities)– आर सी.ई.एम. (RCEM) उपागम के अन्तर्गत उद्देश्यों को 17 मानसिक योग्यताओं में बाँटा गया है, जिनकी यथासमय जाँच एवं समुचित विकास नितान्त आवश्यक है। ज्ञान, बोध, प्रयोग, विश्लेषण, संश्लेषण, मूल्यांकन आदि उद्देश्यों में से प्राय: प्रत्येक उद्देश्य की प्राप्ति में निबन्धात्मक परीक्षाएँ सहायक होती हैं। दूसरे शब्दों में यह कहा जा सकता है कि ये परीक्षाएँ इन उद्देश्यों से सम्बन्धित मानसिक योग्यताओं के विकास और उनकी जाँच में सहायक होती है।

7. प्रशासन में आसान (Easy to Administer) – वस्तुनिष्ठ परीक्षणों की अपेक्षा निबंधात्मक परीक्षणों को प्रयोग करना आसान होता है क्योंकि इनमें नकल की संभावना कम होती है इसलिए निरीक्षक को अत्यधिक मेहनत नहीं करनी पड़ती है। एक समय में एक साथ विद्यार्थियों की बड़ी संख्या का परीक्षण किया जा सकता है।

8. प्रदत्त ज्ञान को प्रयुक्त करने का अवसर (Opportunity to Use the Provided Knowledge) – शिक्षा का उद्देश्य विभिन्न मानसिक योग्यताओं का विकास करना तो है ही परन्तु साथ-ही-साथ प्रदत्त ज्ञान को वांछित परिस्थितियों में प्रयुक्त करके, प्रयोगात्मक शक्ति का विकास करना भी है। यह तभी संभव हो सकता है। जब विद्यार्थियों को इस प्रकार की परिस्थितियाँ प्राप्त हों जिनमें वह प्राप्त अधिगम अनुभवों का वांछित प्रयोग कर सकें। निबंधात्मक परीक्षण के अन्तर्गत विद्यार्थी विभिन्न प्रश्नों का उत्तर देते हुए प्राप्त ज्ञान का प्रयोग करते हैं।

इस प्रकार निबन्धात्मक परीक्षण विद्यार्थियों की विभिन्न प्रकार की योग्यताओं जैसे विचारों का संगठन एवं संक्षिप्तीकरण, घटनाओं, व्यक्तियों तथा स्थानों का विवरण, आँकड़ों की व्याख्या, सिद्धांतों का व्यावहारिक प्रयोग, सृजनात्मक एवं आलोचनात्मक रूप से चिंतन आदि का परीक्षण करने में सहायक होता है। यह सूचनाओं के संगठन एवं संक्षिप्तीकरण के कौशल में मूल्यांकन के लिए आधार का निर्माण करता है।

निबन्धात्मक परीक्षण की हानियाँ एवं सीमाएँ (Demerits and Limitations of Essay Type Tests)

यद्यपि निबन्धात्मक परीक्षाओं के द्वारा विद्यार्थियों के शाब्दिक प्रवाह, अभिव्यक्ति की कला, विचारों के संगठन की प्रक्रिया और कक्षा-कक्ष में समझाई गई विषय-सामग्री तथा समस्याओं के प्रति विद्यार्थियों के दृष्टिकोणों को मापा जाता है, परन्तु अच्छे परीक्षण के गुणों से यह अभी तक वंचित है। इन्हें अच्छा सेवक तो माना जा सकता है परन्तु बुरे मालिक हैं। इसमें निम्नलिखित कमियाँ व सीमाएँ पाई जाती हैं :

1. वैध नहीं (Not valid) – निबन्धात्मक परीक्षाएँ अधिक वैध नहीं हैं क्योंकि इनमें कुछ अनुचित तत्त्वों का समावेश है जैसे-प्रयोग की गई लिखावट, भाषा, शब्दों की

गुणवत्ता तथा साथ-ही-साथ अध्यापक को भ्रमित करने की क्रिया, जिसको उचित करने के लिए कोई नियम नहीं अपनाया गया है।

2. कम व्यापक (Less Comprehensive) – यह कम व्यापक है क्योंकि विद्यार्थियों को प्राय: यह शिकायत रहती है कि प्रश्न उनके उपयुक्त नहीं होते। प्रश्नों की सीमित संख्या (प्राय: दस) सम्पूर्ण पाठ्यक्रम को सम्मिलित नहीं कर सकती। इसलिए जिन विद्यार्थियों में इस प्रकार के प्रत्युत्तर देने की कला होती है वह बुद्धिमान माने जाते हैं और जो कठिन परिश्रम करने वाले होते हैं वे अच्छे अंक प्राप्त नहीं कर पाते।

3. अधिक समय (Time Consuming) – इन परीक्षणों में समय बहुत अधिक लगता है। विद्यार्थियों को इन परीक्षणों में लिखने के लिए समय लगता है तथा अध्यापकों को इनका मूल्यांकन करने के लिए।

4. व्यक्तिनिष्ठा का शामिल होना (Includes Subjectivity) – निबन्धात्मक परीक्षण व्यक्तिनिष्ठ होते हैं क्योंकि इनका मूल्यांकन अध्यापक की मन:स्थिति पर निर्भर करता है। सभी परीक्षक एक ही स्तर पर एक जैसे अंक प्रदान नहीं करते और न ही किसी भी परीक्षक के मूल्यांकन को चुनौती दी जा सकती है।

5. विश्वसनीयता की कमी (Lack of Reliability) – इस परीक्षण में कम विश्वसनीयता पाई जाती है। विश्वसनीयता तभी होती है जब परीक्षा के परिणामों में एकरूपता बनी रहे। इस प्रकार की परीक्षा में ऐसा संभव नहीं होता। एक विद्यार्थी की उत्तर-पुस्तिका का यदि अलग-अलग अध्यापकों अथवा एक ही परीक्षक से भिन्न-भिन्न समय पर मूल्यांकन करवाया जाए तो उनके मूल्यांकन में काफी अंतर दिखाई देता है। अध्ययनों से यह भी ज्ञात होता है कि सभी अध्यापक एक ही प्रश्न के उत्तर पर अंक देने में भी विभिन्न विचार रखते हैं और ऐसा उन्हीं प्रश्नों में होता है जहाँ उत्तर की कोई सीमा नहीं होती और न ही यह निश्चित होता है कि इसमें लिखना क्या है?

6. अभिव्यक्ति पर बल (Emphasis on Expression) – निबन्धात्मक परीक्षण की सबसे बड़ी हानि यही है कि एक बाह्य परीक्षक को विद्यार्थी के सामान्य कार्य की कोई जानकारी नहीं होती, केवल उसके लेखन की अभिव्यक्ति ही उसके अंकों की उपलब्धि को प्रभावित करती है।

7. लेखन तथा गति पर बल (Emphasis on Writing and Speed) – इस परीक्षण में विद्यार्थी को एक प्रश्न के उत्तर में काफी कुछ लिखना होता है। परीक्षा देना एक कला बन जाता है। इस परीक्षण में लेखन के साथ-साथ गति का भी ध्यान रखना पड़ता है क्योंकि समय सीमा 3 घण्टे की निश्चित होती है। यदि उसकी गति कम होती है तो वह सभी प्रश्नों के उत्तर देने में असमर्थ रहता है। इस प्रकार इसमें उसके विचारों का ही नहीं लेखन कला एवं गति का परीक्षण किया जाता है।

8. रटने पर बल (Emphasis on Cramming) – यह विद्यार्थियों में प्रतियोगिता की भावना को विकसित करती है, परन्तु वह स्वास्थ्यवर्द्धक नहीं होती। विद्यार्थियों में रटने की प्रवृत्ति को प्रोत्साहित करती है। उनमें चिंतन शक्ति का विकास नहीं कर पाती।

9. विभेदीकरण कठिन होता है (Difficult to Discriminate) – इस परीक्षण में परीक्षक के लिए लम्बे-लम्बे उत्तरों को अच्छी प्रकार से पढ़कर उनकी गुणवत्ता को परख कर सही अंक देना सरल नहीं होता। यह निश्चित करना कि किस विद्यार्थी को किस उत्तर के अन्तर्गत 20 में से कितने नम्बर दिए जाएं इस तरह का न्याय करना संभव नहीं हो पाता। यदि कोई विद्यार्थी 60 अंक प्राप्त करता है और दूसरा 68 अंक तो यह विभेदीकरण संभव नहीं होता कि दूसरा विद्यार्थी पहले से अधिक बुद्धिमान है।

10. उपचारात्मक शिक्षण संभव नहीं (Remedial Teaching is not Possible) – निबन्धात्मक परीक्षाओं के अन्तर्गत प्रश्नों में विद्यार्थियों की कमजोरियों तथा कठिनाइयों का निदान करना संभव नहीं होता। इसी कारण इनके परिणाम उपचारात्मक शिक्षा के लिए प्रयोग में नहीं लाए जा सकते।

11. पेपर के निर्माण के स्तर में विभिन्नता (Variability in the Standards of Paper Setting) – निबन्धात्मक प्रकार के परीक्षण का निर्माण करना तो बहुत सरल है परन्तु यह व्यक्तिनिष्ठ होता है। कुछ परीक्षक कठिन पेपर रखते हैं और कुछ अत्यन्त सरल। कठिनाई स्तर एक संस्था से दूसरी संस्था, एक बोर्ड से दूसरे बोर्ड, एक वर्ष से दूसरे वर्ष बदलता रहता है।

निबन्धात्मक परीक्षण में इतनी कमियों के होते हुए शिक्षाशास्त्रियों में यह मतभेद उभरा कि इस प्रकार के परीक्षण को बिल्कुल समाप्त कर दिया जाए या उसमें कुछ परिवर्तन किया जाना चाहिए। भारत सरकार के द्वारा विभिन्न समितियाँ स्थापित की गईं जिससे इस प्रकार के परीक्षण में सुधार लाया जा सके।

निबन्धात्मक परीक्षण में सुधार के सुझाव (Suggestions for Improvement in Essay Type Test)

निबन्धात्मक परीक्षणों को निम्नलिखित सुझावों की सहायता से सुधारा जा सकता है:

1. परीक्षा से पहले विद्यार्थियों की विभिन्न शब्दों जैसे—व्याख्या करो, वर्णन कीजिए, विवरण दीजिए, परिभाषा कीजिए और इनसे मिलते-जुलते शब्दों में भिन्नता का बोध कराया जाना चाहिए।
2. परीक्षण में प्रश्न ऐसे होने चाहिए जो विच्छेदित (Isolated) तथ्यात्मक ज्ञान तथा स्मरण की गई सूचनाओं सूचीबद्ध के प्रत्यास्मरण पर कम-से-कम महत्ता दे। पाठ्य-सामग्री को ध्यान में न रखकर अधिगम उद्देश्यों पर ध्यान दिया जाना चाहिए और उन्हीं को परीक्षण में अधिक-से-अधिक सम्मिलित करने पर बल दिया जाना चाहिए।
3. प्रश्नों की भाषा सरल तथा स्पष्ट होनी चाहिए।
4. प्रश्न विशिष्ट होने चाहिए जिससे इसके अन्तर्गत निश्चित प्रत्युत्तर प्राप्त किया जा सके।
5. प्रश्नों का कठिनाई स्तर बच्चों के मानसिक स्तर के अनुकूल होना चाहिए।

6. प्रश्न-पत्र में दिए गए निर्देश बिल्कुल स्पष्ट होने चाहिए।
7. अव्यवस्थित की अपेक्षा सुनियोजित उत्तर के लाभ पर बल दिया जाना चाहिए।
8. मूल्यांकन के लिए दिए गए निर्देश भी सरल तथा स्पष्ट भाषा में दिए जाने चाहिए।
9. परीक्षण में प्रश्न विशिष्ट प्रकार के होने चाहिए जिससे एक प्रत्युत्तर कुंजी पहले से ही तैयार की जा सके तथा परीक्षक को प्रदान की जानी चाहिए।
10. विद्यार्थियों को अपने उत्तर क्रमबद्ध रूप से संगठित ढंग से लिखने के लिए परमर्श दिया जाना चाहिए।
11. मूल्यांकन और उद्देश्यों का घनिष्ठ संबंध है। इसलिए प्रयास किया जाना चाहिए कि निबंधात्मक परीक्षणों को अधिक-से-अधिक उद्देश्य केन्द्रित बनाया जाए। इसके लिए ब्लूम द्वारा निर्धारित उद्देश्यों के वर्गीकरण के आधार पर प्राथमिक शिक्षा में प्रत्येक विषय से सम्बन्धित निबंधात्मक परीक्षण के उद्देश्यों को निर्धारित करना आवश्यक है।
12. परीक्षण में इस प्रकार के प्रश्नों का समावेश किया जाना चाहिए, जिनके आधार पर यह ज्ञात हो कि विद्यार्थियों में प्राप्त ज्ञान का प्रयोग करने की कितनी योग्यता है।
13. विद्यार्थियों के उत्तरों का मूल्यांकन करते हुए उनके लेख को अधिक महत्त्व नहीं दिया जाना चाहिए। क्योंकि परीक्षण का उद्देश्य उनके द्वारा प्राप्त ज्ञान का मूल्यांकन करना है न कि लेख का।

इस प्रकार निबन्धात्मक परीक्षण में ऊपर वर्णित सभी सुझावों को सम्मिलित किया जाना चाहिए जिसके परिणामस्वरूप प्रत्येक अध्यापक इन्हें उपयोगी ढंग से प्रयोग कर सके। परन्तु अब दिन-प्रतिदिन निबन्धात्मक परीक्षणों के स्थान पर वस्तुनिष्ठ परीक्षणों के प्रयोग पर बल दिया जा रहा है।

परन्तु यदि उपर्युक्त सुझावों को ध्यान में रखा जाए और इन परीक्षणों के फलांकन सम्बंधी दोष को दूर कर दिया जाए तो निबंधात्मक परीक्षण वस्तुनिष्ठ परीक्षण से भी अधिक उपयोगी सिद्ध हो सकते हैं। राईटस्टोन (Wrighstone) ने इस संदर्भ में उचित ही लिखा है कि निबंधात्मक परीक्षणों की अधिकतर आलोचना का कारण यह है कि प्राय: शिक्षकगण अपनी कक्षाओं में प्रयोग करने के लिए जो निबन्धात्मक परीक्षण तैयार करते हैं, उनकी रचना बहुत ही निम्न कोटी की होती है। परन्तु स्मिस स्टाल्नेकर एवं ट्रैक्सलर के अध्ययनों से पता चला है कि जब निबन्धात्मक परीक्षणों को तैयार करने और उनके उत्तरों का अंकन करने में उचित ध्यान रखा जाता है, तब विद्यार्थियों के कार्यों को जाँचने से अधिक अच्छे परिणाम प्राप्त हो सकते हैं।

("Much of the criticism of the essay type examination is due to poorly constructed tests made by teachers for use in their classes. Studies of Sims, Stalnaker and Traxler have indicated however, that when appropriate care is taken in constructing and grading essay examinations, consistently good results may be obtained in appraissing a pupil's performance.")

वस्तुनिष्ठ परीक्षाएँ (Objective Type Tests)

मापन मात्रात्मक तुलना की प्रक्रिया है। शिक्षा के क्षेत्र में मनोविज्ञान के विकास के साथ वस्तुनिष्ठ परीक्षाओं का निर्माण किया गया है। इन परीक्षाओं के द्वारा उनके व्यवहार, बुद्धि, संवेग, तर्कशक्ति, निर्णय-शक्ति आदि का परीक्षण होता है। मात्रात्मक तुलना में संख्या प्रणाली के प्रयोग की आवश्यकता होती है। किसी भी परीक्षा के अंकन में वस्तुनिष्ठता से अभिप्राय यह है कि संख्या प्रणाली के आधार पर दो विभिन्न व्यक्तियों के द्वारा परीक्षा परिणाम समान पाए जाएं।

इन परीक्षणों का विकास निबन्धात्मक परीक्षा के प्रमुख दो दोषों को दूर करने के लिए किया गया-अंकन में व्यक्तिनिष्ठता और विद्यार्थियों के पार्ट पर अध्यापकों को भ्रम में डालने की सम्भावना को व्यावहारिक रूप से दूर करना। इस परीक्षण के द्वारा किसी भी प्रकार के व्यवहार का मापन किया जाए विद्यार्थी स्वयं को गलत ढंग से प्रस्तुत नहीं कर सकता। इनमें विद्यार्थी की सृजनात्मक तथा मौलिक चिंतन की आवश्यकता होती है, उसे कुछ उत्तरों में से सही उत्तर को चुनना होता है। एक तरफ वे विद्यार्थियों के व्यवहार को नियंत्रित करते हैं और दूसरी तरफ वे अंकन करते हुए परीक्षक को कम स्वतंत्रता प्रदान करते हैं।

निबन्धात्मक परीक्षाओं में प्रश्न कम होते हैं, उनके उत्तर बहुत लम्बे-लम्बे होते हैं जबकि वस्तुनिष्ठ परीक्षाओं में प्रश्नों की संख्या बहुत अधिक होती है और उनका उत्तर बहुत छोटा होता है। निबन्धात्मक में प्रश्नों के उत्तर अस्पष्ट हो सकते हैं परन्तु वस्तुनिष्ठ परीक्षाओं में किसी प्रकार की अस्पष्टता के लिए कोई स्थान नहीं होता।

वस्तुनिष्ठ परीक्षण में प्रश्नों के प्रकार (Types of Questions in Objectives Type Test)

वस्तुनिष्ठ प्रश्नों को उनके उद्देश्यों, मानसिक प्रक्रियाओं जिन्हें उत्तर के लिए प्रयोग किया जाता है या उनके रूपों में विभिन्न ढंगों से वर्गीकृत किया जा सकता है। प्रश्न उद्देश्य के अनुसार तथा सम्मिलित विषय-सामग्री के अनुसार होना चाहिए। अध्यापक को पहले से ही यह निश्चित कर लेना चाहिए कि वह एक परीक्षा में 20 पूर्ति प्रश्न, 40 सत्य-असत्य आदि प्रश्न देगा। सबसे पहले उसे विद्यार्थियों के बोध एवं कौशल की जानकारी प्राप्त करनी चाहिए, जिनका उसे परीक्षण करना है, फिर उसे सबसे प्रमुख प्रकारों के बारे में निर्णय लेना चाहिए जो निम्नलिखित हैं:

1. प्रत्यास्मरण प्रश्न (Recall Types Questions)

इसमें विद्यार्थी को अपनी स्मृति से प्राय: शब्द, संख्या या वाक्य (Phrase) से सूचना सम्बन्धी पूर्ति करनी होती है। यह उत्तर की लम्बाई के क्षेत्र में निबन्धातमक परीक्षण से भिन्न होता है। इसमें साधारण प्रत्यास्मरण, पूर्ति तथा सूचीबद्ध प्रकार के प्रश्न सम्मिलित होते हैं:

(क) साधारण प्रत्यास्मरण (Simple Recall Type)

इस प्रकार के प्रश्नों में विद्यार्थियों से उनकी तथ्यों से सम्बन्धी ज्ञान की परीक्षा के लिए साधारण प्रश्न पूछे जाते हैं। वे अपनी स्मरण-शक्ति और पूर्व ज्ञान या अनुभवों के आधार पर इन प्रश्नों के उत्तर देते हैं। इन प्रश्नों के उत्तर सुझावात्मक न होकर प्रत्यास्मरण पर आधारित होते हैं।

उदाहरण

1. भौगोलिक खोजों सम्बन्धित तत्त्वों की सूची बनाइए।
2. भारतीय संविधान कब लागू किया गया?
3. भारत की सबसे बड़ी नदी कौन-सी है?

(ख) नियंत्रित पूर्ति (Controlled Completion Type)

पूर्ति प्रकार के या रिक्त स्थान भरो प्रकार के प्रश्नों को कभी-कभी वाक्य पूर्ति परीक्षण के नाम से भी जाना जाता है। ऐसे प्रश्नों में कुछ शब्दों को जान-बूझकर कथन में से छोड़ दिया जाता है, जिसे विद्यार्थी को भरना होता है। अत: विद्यार्थी खाली स्थान को भरते हैं।

उदाहरण

1. पौधे अपना भोजन ....से प्राप्त करते हैं।
2. ग्लोब पर खिंची गई बीच की रेखा को.........कहते हैं।
3. हिमालय पर्वत की सबसे ऊँची चोटी.........है।

(ग) सूची निर्माण (Listing)

इस प्रकार के प्रश्नों का प्रयोग तथ्यों के वर्गीकरण में विद्यार्थियों की योग्यता का परीक्षण करने के लिए किया जाता है। इसके अन्तर्गत विद्यार्थियों के समक्ष शब्दों का समूह होता है, जिसमें क्रमबद्ध रूप से सूची का निर्माण करना होता है।

उदाहरण

नीचे कुछ देशों की सूची दी गई है उन्हें न्यून से अधिक आर्थिक विकास के आधार पर वर्गीकृत करो।

भारत, जापान, पाकिस्तान, संयुक्त राज्य अमेरिका, चीन।

इस प्रकार प्रत्यास्मरण प्रकार के प्रश्न विद्यार्थियों में समस्या समाधान कौशल तथा उनके सामान्य ज्ञान में वृद्धि करने में सहायक होते हैं।

2. पहचान (Recognition Type)

इस प्रकार के प्रश्नों में विद्यार्थी को अनेक उत्तरों में से सही उत्तर को पहचानना होता है। ये ज्ञान, बोध तथा आलोचनात्मक चिंतन से सम्बन्धित होते हैं।

(क) सत्य-असत्य (True-False)

इन्हें वैकल्पिक प्रत्युत्तर प्रकार के परीक्षण भी कहा जाता है। इन पदों में विद्यार्थी को

सत्य या असत्य, सही या गलत, हाँ या नहीं, सहमत या असहमत पर चिह्न अंकित करना होता है और इसमें प्रत्येक प्रश्न के केवल दो ही संभव उत्तर होते हैं।

उदाहरण

1. चाय उत्पादन में भारत का प्रथम स्थान है।
2. आग्नेय चट्टान को प्राथमिक चट्टान भी कहा जाता है।

(ख) बहु-विकल्पीय (Multiple Choice)

इसमें एक प्रश्न या अपूर्ण कथन विभिन्न कथनों के साथ दिया जाता है और विद्यार्थी को उनमें से एक सही उत्तर को चुनना होता है। इसके द्वारा जटिल ज्ञान, बोध एवं प्रयोग के क्षेत्र का मापन किया जा सकता है। उच्च गुणवत्ता के कारण इनका प्रयोग उपलब्धि परीक्षणों में विस्तृत रूप से किया जाता है।

उदाहरण

1. यदि हम भारत में जनसंख्या वृद्धि को नियंत्रित करना चाहते हैं तो निम्नलिखित में कौन-सा ढंग उत्तम है?
   आत्म-नियन्त्रण
   विवाह की आयु में वृद्धि
   70 वर्ष से अधिक आयु वालों को मारना
   गर्भ निरोधक गोलियाँ
2. भारत में संविधान लागू किया गया-
   1942
   1948
   1950
   1952

(ग) तुलनात्मक (Matching Type)

इन पदों का प्रयोग विशेष सूचनाओं के परीक्षण के लिए, विशिष्ट रूप से जिनमें पूर्णतया प्रत्यास्मरण की आवश्यकता नहीं होती, किया जाता है। यह सम्बन्धों की पहचान और उचित श्रेणियों में वर्गीकरण की योग्यता के परीक्षण के लिए उपयोगी है। इसमें नाम और उनकी उपलब्ध्यिाँ, कारण और प्रभाव, विधि और घटना, सम्बन्धों को दर्शाते हुए किसी भी क्षेत्र या स्थान आदि को शामिल किया जा सकता है।

उदाहरण

निम्नलिखित प्रश्न में भाग (अ) का भाग (ब)के साथ मिलान कीजिए।

भाग अ	भाग ब
दयानन्द सरस्वती	आर्य समाज
विनोबा भावे	जैन धर्म
यीशु मसीह	इस्लाम
मोहम्मद साहिब	इसाई धर्म

(घ) वर्गीकरण (Classification)

वर्गीकरण प्रकार के प्रश्नों में, कुछ पद दिए जाते हैं और विद्यार्थियों को वर्गीकरण के आधार पर वर्गीकृत करने के लिए कहा जाता है। दिए गए शब्दों के समूह में से विद्यार्थी को उस शब्द को चुनना होता है या रेखांकित करना होता है जो उस वर्गीकरण से 'असंगत' या 'बेमेल' होता है।

उदाहरण

प्रत्येक प्रश्न में 'असंगत' शब्द को रेखांकित कीजिए।

1. होली, दीपावली, ईद, जन्माष्टमी, दशहरा।
2. चन्द्रगुप्त मौर्य, समुद्रगुप्त, हर्षवर्धन, कनिष्क, चाणक्य।
3. गौतम बुद्ध, महावीर स्वामी, गुरु नानक, कबीर, तामूर।

(च) व्यवस्था (Arrangement)

पर्यावरण अध्ययन अध्यापक के पास कालक्रम के अनुसार विद्यार्थियों के बोध की जाँच करने के विभिन्न अवसर होते हैं।

उदाहरण

1. निम्नलिखित को कालक्रम के अनुसार व्यवस्थित कीजिए।
   - स्वतंत्रता का प्रथम युद्ध
   - पानीपत की तीसरी लड़ाई
   - नमक यात्रा
   - UNO दिवस
2. अन्य प्रकार जिसके अंकन में पूर्णतया वस्तुनिष्ठता पाई जाती है। इसमें तीन पद हैं जिसमें सिर्फ एक पर चिह्न अंकित करना होता है, जो सबसे पहले घटना घटित हुई हो।
   - प्रथम पंचवर्षीय योजना
   - हरित क्रांति
   - नई आर्थिक नीति
3. कभी-कभी अध्यापक विद्यार्थियों में आकार (Size) के बोध का परीक्षण करना चाहते हैं। आकार के अनुसार व्यवस्थित कीजिए।
   - उत्तर प्रदेश
   - हरियाणा
   - राजस्थान
   - गोवा
4. कभी-कभी विद्यार्थियों को महत्त्व के अनुसार व्यवस्थित करने के लिए कहा जाता है। हिमालय क्षेत्र के निम्नलिखित उद्योगों की उनके महत्त्व के अनुसार व्यवस्था कीजिए।

- वन लगाना
- मछली पालन
- कृषि
- खानें

इस प्रकार वस्तुनिष्ठ प्रश्न विभिन्न प्रकार के हो सकते हैं। ये निबन्धात्मक परीक्षणों से अधिक उपयुक्त होते हैं।

वस्तुनिष्ठ परीक्षण के लाभ/उपयोगिता (Merits/Advantages of Objective Type Tests)

1. ये अधिक वैध होते हैं।
2. ये अधिक विश्वसनीय होते हैं।
3. परीक्षक तथा विद्यार्थियों के समय की बचत होती है।
4. अंकन को सरल तथा शीघ्र करने में सहायक होते हैं।
5. अधिक विस्तृत तथा प्रश्नों का विस्तार संभव है।
6. रटने की प्रवृत्ति को प्रोत्साहित नहीं करता है।
7. जटिलताओं से स्वतंत्र होता है और विद्यार्थियों को भटकाता नहीं है।
8. ज्ञान का मूल्य है न कि शब्दों के प्रयोग में निपुणता तथा कुशलता का।
9. भाग्य या अवसरवादिता की भूमिका को कम करता है।
10. विद्यार्थियों को विभिन्न स्तरों में वर्गीकृत किया जा सकता है।
11. परीक्षक को भ्रमित नहीं किया जा सकता।
12. इनका प्रशासन आसान होता है।
13. शिक्षण कार्यक्रमों के लिए परामर्श देने में सहायक होता है।
14. अंकन देखने के पश्चात् विद्यार्थियों को संतुष्टि प्राप्त होती है।
15. भाषा का नहीं ज्ञान का अंकन होता है।
16. अध्यापक की पक्षपात नीति से प्रभावित नहीं होते हैं।
17. परीक्षकों के विभिन्न स्तरों को समान किया जा सकता है।
18. अनुचित तथ्यों के लिए कोई स्थान नहीं।
19. व्यक्ति के सर्वांगीण विकास में सहायक होता है।
20. लेखन-प्रणाली का कोई प्रभाव नहीं, केवल वास्तविक प्रत्युत्तर की आवश्यकता होती है।
21. यांत्रिक रूप से आंका जा सकता है।

वस्तुनिष्ठ परीक्षणों के प्रमुख गुण अथवा विशेषताएँ अग्रलिखित हैं :

1. वस्तुनिष्ठता (Objectivity) – यह इन परीक्षणों का महत्त्वपूर्ण गुण है क्योंकि इसी के आधार पर इन परीक्षणों को वैध एवं विश्वसनीय माना जाता है। वस्तुनिष्ठता से

अभिप्राय है कि इनके माध्यम से प्रदान किए गए अंकों पर वैयक्तिक तत्त्वों का कोई प्रभाव नहीं पड़ता है। वैयक्तिक तत्त्व जैसे विद्यार्थियों की लेखन शैली, भाषा-शैली,अध्यापक की मनोदशा आदि का इन परीक्षणों में कोई स्थान नहीं होता है। प्रत्येक प्रश्न का केवल एक ही उत्तर पूर्व सुनियोजित होता है तथा उस प्रश्न को जितने भी परीक्षक जाँचते हैं, सभी के द्वारा दिए गए अंक समान होते हैं। अंकों की यही समानता परीक्षण को वस्तुनिष्ठ बनाती हैं।

2. विश्वसनीयता (Reliability) – विश्वसनीयता से अभिप्राय यह है कि यदि विद्यार्थियों के किसी समूह पर, किसी परीक्षण को एक से अधिक बार दिया जाए तो परीक्षण पर प्राप्त अंक प्रत्येक बार समान होंगे अर्थात् उनमें किसी भी प्रकार की विभिन्नता नहीं दिखाई देगी। रैमर्ज एवं गेज़ (Remmers and Gage) के द्वारा भी कहा गया है कि, "वस्तुनिष्ठ परीक्षण या छोटे उत्तरों वाले परीक्षण द्वारा समान अंक प्रदान किए जांएगे चाहे उसका कोई भी व्यक्ति अंकन क्यों न करे और चाहे उसके द्वारा विभिन्न अवसरों पर अंकन क्यों न किया जाए।"

3. वैधता (Validity) – वैधता से अभिप्राय परीक्षण की उद्देश्यपरता है। यदि यह देखा जाता है कि एक परीक्षण के द्वारा, उसी तथ्य अथवा निर्धारित योग्यता का मापन किया जाता है, जिसके लिए उनका निर्माण किया गया है तो वह परीक्षण वैध कहलाता है। अन्य शब्दों में, पूर्व निर्धारित उद्देश्यों को प्राप्त करने वाले परीक्षण को वैध परीक्षण कहा जाता है।

4. व्यापकता (Comprehensiveness) – वस्तुनिष्ठ परीक्षणों में प्रश्नों की संख्या अधिक होती है इसलिए पाठ्यक्रम से सम्बन्धित समस्त इकाइयों को शामिल किया जा सकता है। यह पाठ्यक्रम का विस्तृत रूप से प्रतिनिधित्व करता है। इसके परिणामस्सवरूप यह बहुत से प्रयोजनों के लिए विद्यार्थियों की निष्पत्ति का उपयुक्त रूप से प्रतिनिधित्व करेगा।

5. व्यावहारिकता (Practicability) – वस्तुनिष्ठ परीक्षण तुलना चयन एवं भावी जीवन के संबंधों में निर्णय लेने की दृष्टि से अत्यन्त महत्त्वपूर्ण है। इनके अंकन की प्रक्रिया भी कोई विशेष कठिन नहीं होती है। अंकन कुंजी के माध्यम से उत्तरों का अंकन सरलता से किया जा सकता है।

वस्तुनिष्ठ परीक्षण की हानियाँ एवं सीमाएँ
(Demerits and Limitations of Objective Type Tests)

1. असाधारण गुणों को प्रदर्शित करना संभव नहीं होता है।
2. प्रत्युत्तर में अनुमान प्रक्रिया को प्रोत्साहित करता है।
3. नकल की संभावना अत्यधिक होती है।
4. कल्पना तथा तर्क-शक्ति का विकास नहीं होता।
5. बालक मनावैज्ञानिक प्रभाव का शिकार हो जाते हैं।
6. इसका निर्माण कठिन होता है।
7. उच्च स्तर की मानसिक प्रक्रियाओं का मापन संभव नहीं होता है।

8. निबन्धात्मक परीक्षण से अधिक खर्चीला होता है।
9. विद्यार्थियों की लेखन योग्यता को नकारता है।
10. विषय-सामग्री को एक व्यवस्थित ढंग से लिखने की योग्यता का परीक्षण संभव नहीं होता।
11. विद्यार्थियों के द्वारा विषय-सामग्री की अपूर्ण सूचना प्रदान की जाती है इसलिए पूर्ण तथा विश्वसनीय मूल्यांकन संभव नहीं होता।
12. चिंतन, विचार-विमर्श तथा तर्क-शक्ति निंरतर कम होती चली जाती है।
13. विद्यार्थियों की आलोचनात्मक शक्ति का परीक्षण करने में सहायक नहीं होता है।
14. केवल अंक प्राप्त करना ही प्रमुख बन जाता है, नवीन विचारों को ग्रहण करना संभव नहीं होता।
15. विद्यार्थी का मस्तिष्क एक यांत्रिक प्रक्रिया बन जाता है, जिसके फलस्वरूप उनकी योग्यताओं व कुशलताओं की पहचान नहीं हो पाती।

ऊपर वर्णित सीमाओं तथा हानियों के होते हुए भी वस्तुनिष्ठ परीक्षण विद्यार्थियों के मूल्यांकन के लिए अत्यन्त उपयोगी है। इन्हें निबन्धात्मक एवं लघुत्तरात्मक प्रश्नों के साथ प्रयोग किया जाना चाहिए।

लघुत्तरात्मक परीक्षण (Short Answer Type Tests)

इस प्रकार के परीक्षण में छोटे-छोटे प्रश्न पूछे जाते हैं, जिनका उत्तर विद्यार्थियों को एक सीमा में रहकर देना होता है। उत्तर की सीमा के लिए निर्देश दिए जाते हैं जैसे आपका उत्तर 100-150 शब्दों से अधिक न हो।

उदाहरण – सिक्खों की मुगलों से नाराजगी का मुख्य कारण क्या था?
– न्यायधीशों की नियुक्ति के लिए किन-किन शर्तों का होना आवश्यक है?

इन परीक्षणों का उद्देश्य कम-से-कम समय में विद्यार्थियों के ज्ञान, योग्यता एवं बोध का परीक्षण करना है। परन्तु लघुत्तरात्मक प्रश्नों का अंकन अत्यधिक कठिन और कभी-कभी व्यक्तिनिष्ठ भी हो सकता है। परन्तु निबन्धात्मक परीक्षाओं की तुलना में इनमें अधिक वैधता, विश्वसनीयता एवं वस्तुनिष्ठता पाई जाती है और वस्तुनिष्ठ परीक्षाओं की तुलना में इससें व्यापकता का गुण भी पाया जाता है।

इस प्रकार विद्यार्थियों की उपलब्धि का मापन करने के लिए एक ऐसे प्रश्न-पत्र का निर्माण किया जाता है जिसमें वस्तुनिष्ठ, लघुत्तरात्मक तथा निबन्धात्मक प्रश्न शामिल हो एवं जिससे सभी प्रकार के विद्यार्थियों के द्वारा प्राप्त ज्ञान का परीक्षण किया जा सके।

अध्याय 18

विद्यालय परीक्षाएँ
(School Examinations)

''निष्पत्ति का निर्धारण प्रत्येक अधिगम एवं शिक्षण प्रक्रिया का एक एकीकृत भाग है। सुदृढ़ शैक्षिक व्यूह-रचना का भाग होने के कारण परीक्षाओं का प्रयोग शिक्षा में गुणात्मक सुधार लाने के लिए किया जाना चाहिए।'' —राष्ट्रीय शिक्षा नीति–1986

परीक्षाओं का प्रयोग विद्यार्थियों की योग्यताओं, रुचि, व्यक्तित्व आदि की जाँच करने के लिए तथा ज्ञान-प्राप्ति की सीमा को जानने के लिए किया जाता है। इन परीक्षाओं की समुचित जानकारी प्रत्येक शिक्षक के लिए अत्यन्त आवश्यक है। ये परीक्षाएँ तीन प्रकार की होती हैं :

(I) लिखित परीक्षाएँ (Written Examinations) (II) मौखिक परीक्षाएँ (Oral Examinations) (III) प्रयोगात्मक परीक्षाएँ (Practical Examinations)

I. लिखित परीक्षाएँ (Written Examinations)

लिखित परीक्षाएँ मुख्यत: तीन प्रकार की होती हैं :

(*i*) निबन्धात्मक परीक्षा (*ii*) वस्तुनिष्ठ परीक्षा (*iii*) लघु उत्तरीय परीक्षा

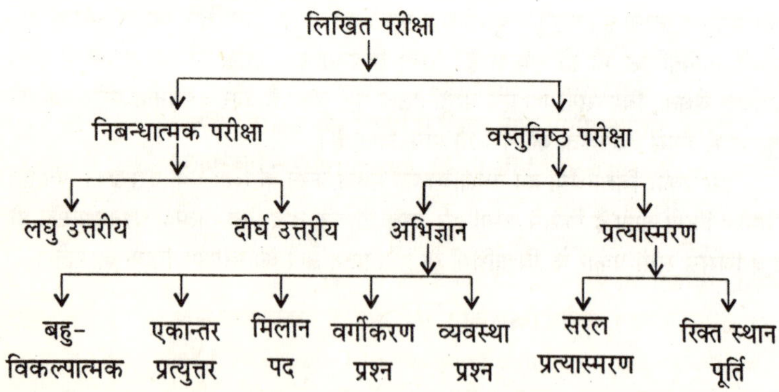

लिखित परीक्षा के इन विभिन्न रूपों में से प्राय: दीर्घ उत्तरीय व लघु उत्तरीय परीक्षाओं का ही प्रयोग किया जाता है, परन्तु अब हरियाणा बोर्ड के द्वारा सैमेस्टर पद्धति में वस्तुनिष्ठ परीक्षाओं का प्रयोग भी किया जाने लगा है। निबंधात्मक परीक्षाओं में विद्यार्थियों को उत्तर देने की पर्याप्त स्वतंत्रता प्राप्त होती है। उनकी तर्क, तुलना, मूल्यांकन, विश्लेषण आदि विभिन्न मानसिक योग्यताओं की जाँच की जा सकती है। परन्तु प्राथमिक स्तर पर इन परीक्षाओं का प्रयोग कम किया जाना चाहिए क्योंकि विद्यार्थियों का मानसिक स्तर इतना उच्च नहीं होता कि वे सहज ही इतने लम्बे-लम्बे उत्तर दे सकें। इस स्तर पर उनकी अभिज्ञान सम्बन्धी मानसिक योग्यताओं की जानकारी प्राप्त करने के लिए वस्तुनिष्ठ तथा लघु उत्तरीय परीक्षाओं का ही प्रयोग किया जाना चाहिए।

निबन्धात्मक व वस्तुनिष्ठ परीक्षाओं के गुण व दोषों का वर्णन पिछले अध्याय में किया चुका है।

लिखित परीक्षाएँ मूल्यांकन में अत्यधिक प्रयोग होने वाली विधि है।

अध्यापक विभिन्न प्रकार के लिखित परीक्षण जैसे प्रश्नमंच, व्यापक मध्यावधि तथा सत्र के अन्त में ली जाने वाली परीक्षण आदि का निर्माण कर सकता है तथा साथ-ही-साथ ऐसे परीक्षणों का निर्माण भी कर सकता है जिससे विद्यार्थियों के अधिगम में रुकावट डालने वाली समस्याओं की पहचान की जा सके। कक्षा-कक्ष में लिखित परीक्षा के लिए निम्न सोपानों का अनुगमन करना चाहिए :

प्रथम सोपान-परीक्षण के परिणामों को प्रयोग करने की विधि निश्चित करना (Determining How Test Results will be Used) – कक्षा-कक्ष परीक्षण का सबसे अधिक प्रयोग एक विषय में विभिन्न बिन्दुओं पर विद्यार्थी को उपलब्धि को मापने के लिए किया जाता है। इसके परिणामों का प्रयोग अनुदेशन की प्रभावशीलता का अनुमान लगाने के लिए तथा ग्रेड प्रदान करने के लिए भी किया जाता है। विभिन्न कौशलों के क्षेत्र में विद्यार्थी की उपलब्धि की सूचना प्रदान करने के लिए भी इसके परिणामों का प्रयोग किया जाता है। इन परीक्षणों के द्वारा प्रदान की गई प्रतिपुष्टि विद्यार्थियों की अपनी कौशलों में सुधार लाने में सहायक हो सकती है।

द्वितीय सोपान-मापी जाने वाली कौशलों की प्रकृति निश्चित करना (Determine the Nature of Skill to be measured) – निबन्धात्मक तथा वस्तुनिष्ठ परीक्षण प्रत्यक्ष या अप्रत्यक्ष रूप से उच्च ज्ञानात्मक कौशलों का मापन कर सकते हैं। निबन्धात्मक परीक्षण प्रत्यक्ष रूप से विद्यार्थियों के विचारों की लेखन अभिव्यक्ति तथा संगठन योग्यता का मापन भी कर सकते हैं।

तृतीय सोपान-प्रयोग किए जाने वाले पदों के प्रकार तथा संख्या निश्चित करना (Determine the Type and Number of Items to be Used) – इस चरण में मूल्यांकन में प्रयोग किए जाने वाले पदों के प्रकार तथा संख्या को निश्चित करना आवश्यक होता है। एक लिखित परीक्षण में पदों के प्रकारों का मिश्रण हो सकता है। परीक्षण में

शामिल किए जाने वाले पदों की संख्या-परीक्षण को प्रशासित करने के लिए उपलब्ध समय के अनुसार सीमित होती है।

चौथा सोपान-प्रत्येक उद्देश्य से सम्बन्धित पदों की संख्या निश्चित करना (Determine the Number of Items Associated with Each Objective) – इस चरण में प्रत्येक कौशल के मूल्यांकन के लिए पद निश्चित किए जाते हैं ऐसा एक सारणी बनाकर विकसित किया जा सकता है या प्रत्येक निष्पत्ति उद्देश्य के साथ प्रयोग किए जाने वाले पदों को निश्चित करना चाहिए।

पाँचवाँ सोपान-आवश्यक परीक्षण पदों को तैयार करना (Prepare the Required Test Items) – इस चरण में समय बहुत अधिक लगता है। समय को बचाने के लिए पुस्तकों में से पदों का चयन किया जा सकता है। यह अच्छा होगा यदि एक कौशल के लिए आवश्यक पदों को दूसरे कौशल पर जाने से पहले स्थापित कर लिया जाए।

छठा सोपान-परीक्षण में पदों को संगठित करना (Assemble the Items in a Test) – इस प्रक्रिया में आखिरी चरण है एक परीक्षण पुस्तक में पदों को एकत्रित किया जाए। इसमें पदों का क्रम तथा पदों का ग्त्राका (Layout) तैयार कर लेना चाहिए तथा परीक्षण के प्रारंभ में निर्देश भी लिखे जाने चाहिए।

इस प्रकार लिखित मूल्यांकन प्रक्रिया संपन्न की जाती है।

(II) मौखिक परीक्षाएँ (Oral Examinations)

प्राथमिक स्तर पर इन परीक्षाओं का अत्यधिक महत्त्व है।

मौखिक परीक्षा की परीक्षक सामग्री से सम्बन्धित तीन तथ्य हैं, जिनके सम्बन्ध में अध्यापक को पहले से ही निर्णय ले लेना चाहिए:

(क) उपयुक्त सामग्री का चयन

(ख) विधाओं का क्रम

(ग) विभिन्न परीक्षण विधाओं की मात्रा तथा विकल्प।

मौखिक अभिव्यक्ति के स्तर को ध्यान में रखते हुए उपयुक्त परीक्षण सामग्री का चयन करना चाहिए। आपसी सम्बन्ध स्थापित करने के लिए प्रश्न प्रारम्भ में ही किए जाने चाहिए परन्तु अन्य विधियों का क्रम भी निश्चित कर लेना चाहिए और प्रश्नों की संख्या भी निश्चित कर लेनी चाहिए।

मौखिक मूल्यांकन में विद्यार्थी से मौखिक रूप से कुछ प्रश्न पूछे जाते हैं जिनका उसे उत्तर देना होता है या समूह में किसी प्रकरण पर विचार-विमर्श करने के लिए कहा जाता है या किसी समस्या पर अपने विचार अभिव्यक्त करने के लिए कहा जाता है।

इसका उद्देश्य विद्यार्थियों के निम्नलिखित तत्त्वों की जाँच करना होता है :

– मौखिक अभिव्यक्ति।

– किसी महत्त्वपूर्ण विषय पर विचारों की अभिव्यक्ति।

– किसी एक प्रकरण पर विचार-विमर्श करते हुए किसी भी विद्यार्थी के विचारों पर तर्क और समर्थन।

– नेतृत्व गुण।

– शीघ्र चिंतन।

– शैक्षिक दृढ़ता।

– विशेष समस्याओं का बोध तथा हल करना।

मौखिक मूल्यांकन व्यापक मूल्यांकन की भांति ही उपयोगी है, क्योंकि इसके द्वारा भी विद्यार्थियों की अभिवृत्तियों, रुचियों, मूल्यों, आदतों आदि का मूल्यांकन किया जा सकता है।

विशेषताएँ (Characteristics)

मौखिक परीक्षा में प्रयुक्त परीक्षण सामग्री की निम्नलिखित विशेषताएँ होनी चाहिए:

1. भाषा तथा विषय-वस्तु सरल होनी चाहिए जिससे परीक्षार्थी प्रश्न को सुनते या देखते ही समझ जाएं।
2. परीक्षण में निहित संदर्भ स्पष्ट रूप से प्रस्तुत किया जाना चाहिए।
3. इसमें ऐसी प्रेरणादायक समस्याओं को देना चाहिए कि विद्यार्थी तुरन्त प्रतिक्रिया कर सकें। यह मौखिक अभिव्यक्ति का आवश्यक गुण है।
4. यह सामान्य प्रकृति की होनी चाहिए, इसमें धर्म या नीति सम्बन्धी विवाद उठने की सम्भावना न हो।
5. प्रश्नों में अस्पष्टता तथा द्वि-अर्थकता नहीं होनी चाहिए।

गुण (Advantages)

1. यह विद्यार्थियों की तार्किक शक्ति विकसित करने में सहायक होते हैं।
2. यह समस्या-समाधान कौशल का विकास करती है।
3. विद्यार्थी से मिलने वाले उत्तर के आधार पर अध्यापक उन्हें अच्छी प्रकार से समझने के योग्य बन जाता है।
4. विद्यार्थियों को विभिन्नता को पहचानने में सहायक होती है।
5. यह छोटी-कक्षाओं के लिए अधिक उपयोगी है जहाँ उनकी लिखने की योग्यता पूर्ण रूप से विकसित नहीं होती।
6. यह मितव्ययी है।
7. विद्यार्थी विचारशील बनते हैं।
8. अध्यापक का व्यक्तिगत रूप से विद्यमान रहना और बातचीत के मध्य परामर्श देने में सहायक होता है।

9. यह लिखित परीक्षा का एक प्रतिस्थापन है।
10. यह विद्यार्थियों की आत्माभिव्यक्ति योग्यता का विकास करती है।

हानियाँ तथा सीमाएँ (Disadvantages and Limitations)

1. यह सभी विद्यार्थियों के लिए उपयुक्त नहीं है।
2. यह व्यक्तित्व के सभी पक्षों की जाँच नहीं कर सकता।
3. इनमें पक्षपात की संभावना बनी रहती है।
4. इनमें समय तथा शक्ति अधिक लगती है।
5. जिन विद्यार्थियों में मानसिक योग्यता अधिक होती है परंतु वे स्वयं को मौखिक रूप से अभिव्यक्त नहीं कर पाते, ऐसे विद्यार्थियों का मूल्यांकन कठिन होता है।
6. इससे विद्यार्थियों की विश्लेषण शक्ति का विकास नहीं होता।
7. इसके अन्तर्गत विद्यार्थियों की लिखने की क्षमता का विकास नहीं होता।
8. शर्मीले विद्यार्थी प्रश्नों का उत्तर ठीक से नहीं दे पाते।

(III) प्रायोगिक परीक्षाएँ (Practical Examinations)

प्रायोगिक परीक्षाओं का प्रयोग मनोवैज्ञानिक अर्थात क्रियात्मक या कौशलों का मूल्यांकन करने के लिए किया जाता है। इसके अन्तर्गत विद्यार्थियों को कुछ ऐसे कार्य दिये जाते हैं जिन्हें उन्हें या तो प्रयोगशाला में करना होता है या घर पर किन्हीं वस्तुओं का निर्माण करना होता है या समाज में जाकर कुछ सामग्री, आँकड़े व सूचनाएँ एकत्रित करने के लिए कहा जाता है। आधुनिक समय में इस प्रकार की क्रियाओं का अत्यधिक महत्त्व है तथा इन्हें प्रत्येक कक्षा में सम्मिलित किया गया है। इन परीक्षाओं के लिए हम विभिन्न तकनीकों का प्रयोग कर सकते हैं :

1. प्रक्रिया मूल्यांकन (Process Evaluation)

हम पहले भी यह स्पष्ट कर चुके हैं कि अनुदेशनात्मक मूल्यांकन अनुदेशन एवं अधिगम के लक्ष्यों की उपलब्धि से सम्बन्धित है। सामाजिक आवश्यकताएँ एवं प्राथमिकताएँ ही विस्तृत लक्ष्य निर्धारित करती हैं, जबकि विशिष्ट उद्देश्य विद्यार्थियों के द्वारा निश्चित किए जाते हैं। विद्यार्थी शिक्षित व्यक्ति बनना चाहते हैं जिससें वे अपनी आजीविका कमाने के योग्य बन सकें तथा समाज के विकास में अपना योगदान दे सकें। मूल्यांकन कार्यक्रम जब आवश्कताओं तथा लक्ष्यों के विश्लेषण के लिए दिशा प्रदान करता है और अत्यधिक कुशल तथा प्रभाव ढंग में प्रदा (Output) के उत्पादन के साधनों का निर्माण करता है तो यह प्रक्रिया मूल्यांकन कहलाता है। मूल्यांकन उचित कार्यप्रणाली के लिए साक्ष्य प्रदान करता है और आवश्यक समायोजन या परिवर्तन का सुझाव देता है।

प्रक्रिया मूल्यांकन निरंतर या समय-समय पर प्रतिपुष्टि प्रदान करता है जिससे जो कार्यक्रमों की योजना निर्माण तथा क्रियान्वयन के लिए उत्तरदायी होते हैं तो वे अपने

निर्णयों पर पुनर्विचार कर सकें तथा यदि संभव हो तो उनमें परिवर्तन कर सकें। इस प्रकार प्रक्रिया मूल्यांकन अनुदेशन प्रक्रिया डिजाइन की कमियों की पहचान से सम्बन्धित हैं, विशेष रूप से उस परिस्थिति मे जब अनुदेशन प्रक्रिया के योजनात्मक तत्त्वों को उसी प्रकार से क्रियान्वित न किया गया हो जिस प्रकार से उन्हें मौलिक रूप में बनाया गया था।

प्रक्रिया मूल्यांकन वास्तविक अनुदेशन प्रक्रिया का मूल्यांकन करता है जिसके फलस्वरूप अनुदेशन के बारे में निर्णय लेने वालों को प्रक्रिया सम्बन्धी कठिनाइयों में सहायता प्राप्त हो। इस प्रकार प्रक्रिया मूल्यांकन अनुदेशन प्रक्रिया के मूल्यांकन से सम्बन्धित है। शैक्षिक प्रक्रिया में इसका भी अपना महत्त्व है क्योंकि अच्छे व प्रभावी अनुदेशन प्रक्रिया के बिना कोई भी शिक्षा प्रक्रिया सफल नहीं हो सकती। अनुदेशन प्रक्रिया अध्यापक तथा विद्यार्थी के बीच कड़ी का काम करती है।

2. प्रदा या उत्पाद परिणाम मूल्यांकन (Product Evaluation)

परिणाम मूल्यांकन एक अनुदेशन कार्यक्रम के अन्तर्गत प्राप्त की गई उपलब्धियों का मापन तथा व्याख्या करने के लिए प्रयोग में लाया जाता है। इसे अनुदेशन कार्यक्रम के समाप्त होने पर या अनुदेशन कार्यक्रम जब चल रहा हो, तक किया जा सकता है। परिणाम उत्पाद मूल्यांकन में अन्तिम व्यवहार पर बल दिया जाता है परन्तु इस अन्तिम व्यवहार को कार्यक्रम की प्रत्येक इकाई के पूरा होने के पश्चात् भी मूल्यांकित किया जा सकता है। कार्यक्रम की उपलब्धि का मूल्यांकन आवश्यक ढंग से कार्यक्रम के उद्देश्यों के अनुरूप किया जाना चाहिए।

उत्पाद मूल्यांकन यह निर्णय लेने में सहायता करता है कि किसी भी अनुदेशन कार्यक्रम को चलाया जाए, समाप्त कर दिया जाए, संशोधित किया जाए या पुनःकेन्द्रित किया जाए।

उत्पाद मूल्यांकन में सम्मिलित होता है:

- मौलिक उद्देश्यों तथा वास्तव में प्राप्त उपलब्धियों की पहचान करना तथा मूल्यांकन करना।
- ऐसे परिणामों या व्यवहारगत उपलब्धियों की पहचान करना जिनकी अनुदेशन कार्यक्रम के अन्तर्गत प्राप्त करने की इच्छा ही नहीं की गई।
- सूचनाओं तथा सुझावों का प्रस्ताव जिसके आधार पर पहले से बनाई गई योजना, अदा (Input) और प्रक्रिया निर्णय को बदला जा सके या पुनः स्थापित किया जा सके।
- कार्यक्रम में पुनः परिवर्तन के द्वारा गुणवत्ता पर नियंत्रण की तैयारी जिसके द्वारा उन उद्देश्यों को प्राप्त किया जा सके जिन्हें उस अनुदेशन कार्यक्रम के द्वारा प्राप्त न किया गया हो।
- आधारभूत सूचनाओं तथा सुझावों का विधान (Provision) जिससे कार्यक्रम को या तो सतत् किया जाए या परिवर्तित किया जाए या समाप्त कर दिया जाए।

- इस प्रकार उत्पाद मूल्यांकन के द्वारा अनुदेशन प्रक्रिया के परिणामों का मूल्यांकन किया जाता है।

3. निष्पत्ति मूल्यांकन (Performance Evaluation)

लिखित परीक्षण प्रत्यक्ष या अप्रत्यक्ष रूप से कई कौशलों का मापन नहीं कर सकता। ऐसे कौशल हैं—प्रयोगशाला कार्य, ड्रामा खेलना, सामाजिक कौशल आदि। इन कौशलों का मूल्यांकन विद्यार्थियों की निष्पत्ति (Performance) के प्रत्यक्ष निरीक्षण के द्वारा किया जा सकता है। ऐसे निरीक्षण को ही निष्पत्ति मूल्यांकन के नाम से जाना जाता है। इसमें अध्यापक संभव व्यवहारों की सूची तैयार करता है और सूचीगत व्यवहारों पर विद्यार्थी के द्वारा किए गए प्रदर्शन को रिकॉर्ड करता है। विभिन्न परिस्थितियों में विद्यार्थियों द्वारा की गई अभिव्यक्ति का निरीक्षण किया जाता है।

ग्लेजर एवं मिटको (Glaser and Mitco) के अनुसार,''निष्पत्ति परीक्षाएँ प्राय: किसी विशिष्ट कार्यक्षेत्र से सम्बन्धित होती हैं जिनका निष्पादन व्यक्ति द्वारा किया जाता है। प्रत्येक व्यक्ति का मापन उसी क्षेत्र से संबंधित होता है।''

("Performance tests are generally specified by defining a class or domain of task that should be performed by the individual. Measurements are taken on this domain for each individual measured.")

निष्पत्ति मूल्यांकन की उपयोगिता/लाभ
(Uses/Merits of Performance Evaluation)

1. यह एक प्रक्रिया के परिणाम के आधार पर प्रक्रिया के साथ-साथ उत्पाद का भी मापन कर सकता है।
2. प्राकृतिक या संरचित परिस्थितियों में मूल्यांकन किया जा सकता है। संरचित परिस्थिति में विद्यार्थी को वह अभिनय करने के लिए कहा जाता है तथा अध्यापक उसका मूल्यांकन करता है।
3. निष्पत्ति मूल्यांकन की सहायता से किसी कौशल अधिगम में विद्यार्थी की विशिष्ट समस्या का निदान किया जा सकता है।
4. यह अध्यापक का अपने विद्यार्थियों से अच्छे सम्बन्ध स्थापित करने में सहायक होता है।
5. इसके अन्तर्गत विद्यार्थी के विभिन्न गुणों का मूल्यांकन किया जा सकता है।

निष्पत्ति मूल्यांकन की सीमाएँ तथा हानियाँ
(Demerits and Limitations of Performance Evaluation)

1. प्रशासन अत्यधिक कठिन होता है।
2. इसमें समय बहुत अधिक लगता है।

3. अंकन करते समय व्यक्तिनिष्ठ तत्त्व अर्थात् मूल्यांकनकर्त्ता का विद्यार्थी के प्रति दृष्टिकोण महत्त्वपूर्ण भूमिका अदा करता है।
4. निष्पति मूल्यांकन में विद्यार्थी की क्रियाओं को पर्याप्त रूप से रिकॉर्ड करना तथा निर्णय लेना आवश्यक होता है।
5. इसमें कुशल मूल्यांकनकर्त्ता की आवश्यकता होती है।

निष्पत्ति मूल्यांकन के वर्ग/श्रेणियाँ (Categories of Performance Evaluation)

निष्पत्ति मूल्यांकन को निम्नलिखित प्रकार से वर्गीकृत किया जा सकता है:

(*i*) प्रक्रिया/उत्पाद मापन (Process vs. Product Measures) – प्रक्रिया विद्यार्थी द्वारा की जाने वाली क्रिया होती है जिसे वह काम को पूरा करने के लिए प्रयोग करता है। उत्पाद एक उपलब्धि है, जो प्रक्रिया के पूर्ण होने का परिणाम हो सकती है। उदाहरण के लिए किसी भी संप्रत्यय को पढ़ाने के लिए अध्यापक द्वारा प्रयोग किया गया अनुदेशन एक प्रक्रिया होती है और अनुदेशन प्रक्रिया के प्रयोग से परिणाम के रूप में संप्रत्यय का अधिगम उत्पाद होता है। प्राय: निष्पत्ति मूल्यांकन प्रक्रिया एवं उत्पादन दोनों से ही सम्बन्धित होता है। परन्तु कभी-कभी यह केवल प्रक्रिया या केवल उत्पाद तक भी सीमित हो सकता है।

(*ii*) अनुरूपित/वास्तविक विन्यास (Simulated vs. Real Setting) – निष्पत्ति मूल्यांकन अधिकतर अनुरूपित विन्यासों में किया जाता है। इसका अभिप्राय उन विन्यासों से है जो वास्तविक विन्यासों का प्रतिस्थापन होता है। उदाहरण के लिए चुनाव प्रक्रिया के बारे में शिक्षण कराते हुए इसे कक्षा में अनुरूपित किया जाता है।

(*iii*) प्राकृतिक/संरचित उद्दीपक (Natural vs. Structured Stimuli) – उत्तेजना प्राकृतिक होती है जब यह किसी भी निरीक्षक के व्यवधान के बिना होती है। उदाहरण के लिए एक विद्यार्थी की समाज-सेवा का मूल्यांकन समुदाय में उसके द्वारा किए गए वास्तविक कार्य के रूप में किया जाता है। अन्य परिस्थिति में एक उद्दीपक संरचित किया जाता है यह निश्चित करने के लिए कि जिस व्यवहार का मूल्यांकन किया जाना है, वह घटित होगा या एक विशेष परिस्थिति में घटित होगा। संरचित उद्दीपक उपस्थिति वह हो सकती है जिसमें एक विद्यार्थी को मूल्यांकनकर्त्ता के सामने बोलने या भाषण देने के लिए कहा जाता है।

निष्पत्ति मूल्यांकन की तकनीक (Techniques of Performance Evaluation)

(अ) जाँच लिस्ट (Check List)

जाँच सूची उन क्रियाओं या विवरणों की सूची होती है जिनके आधार पर एक विद्यार्थी के व्यवहार या उपलब्धि की जाँच की जाती है। इसे अध्यापक के द्वारा भी प्रयोग

किया जा सकता है या विद्यार्थी स्वयं भी अपनी प्रगति का मूल्यांकन कर सकता है। इसमें कुछ विशेषताओं या व्यवहारों की सूची बनाई जाती है। उस विशेषता का विद्यमान होना या न होना 'हाँ' या 'नहीं' से किया जाता है।

राईटस्टोन, जस्टमैन एवं रोबिन्स के शब्दों में, ''जाँच सूची को उन पदों की तैयार की गई सूची के रूप में परिभाषित किया जा सकता है जो एक व्यक्ति, प्रक्रिया, संस्था, भवन या समरूप वस्तुओं से सम्बन्धित हो सकते हैं।''

("Check list may be defined as a prepared list of items that may relate to a person, procedure, institution, building or similar objects."

– Wrightsone, Justman and Robbins.)

जाँच सूची में प्रत्येक पद के पश्चात् एक खाली स्थान दिया जाता है जहाँ घटना या पद की उपस्थिति या अनुपस्थिति को जाँच द्वारा 'हाँ' या 'नहीं ' के द्वारा इंगित किया जाता है। यह निष्पत्ति कौशलों के मूल्यांकन में सहायक होती है। जाँच सूची द्वारा एकत्रित आँकड़े विद्यार्थी की निष्पत्ति का मूल्यांकन करने में अध्यापक की सहायता करते हैं।

यह उन बालकों के बारे में जानकारी देती है जो कुछ कौशलों तथा आदतों में सफलतापूर्वक विकास कर रहे हों। यह विद्यार्थियों की शक्तियों एवं कमजोरियों का निदान करने में भी सहायक होती है। यह उन विद्यार्थियों के बारे में भी बताती है, जिन्हें दूसरों को सहयोग देने में कठिनाई होती है, जिनमें काम करने के लिए समूह संगठन का विशेष कौशल होता है जो जानता है कि विभिन्न प्रकार की सामग्री का प्रयोग कुशलतापूर्वक कैसे किया जाए। अध्यापक विद्यार्थी की निष्पत्ति के क्रम को संख्या के द्वारा उनके घटित होने के क्रम से इंगित करता है। इस प्रक्रिया में अध्यापक एक समय में एक ही विद्यार्थी का निरीक्षण करता है और उसकी प्रगति को घटित होने के साथ-साथ रिकॉर्ड करता है।

उदाहरण (Example)

पुस्तकालय में पढ़ना पसन्द करता है।	हाँ/नहीं
समसामयिक घटनाओं के बारे में जानना चाहता है।	हाँ/नहीं
सामूहिक विचार-विमर्श में भाग लेता है।	हाँ/नहीं
विद्यार्थियों को सहयोग देता है।	हाँ/नहीं

अत: जाँच सूची में विशिष्ट पदों की जाँच की आवश्यकता होती है।

(ब) निर्धारण मापनी (Rating Scale)

निर्धारण मापनी अधिकतर जाँच-सूची के समान है। यद्यपि ये प्रत्येक पद के लिए अनुक्रियाओं (Responses) का विस्तार या मापनी प्रदान करते हैं। इसमें विस्तार या निर्णय को रिकॉर्ड किया जाता है और उनकी मात्रा दर्शायी जाती है। रेटिंग से अभिप्राय है एक व्यक्ति के द्वारा दूसरे के बारे में निर्णय लेना। व्यावहारिक एवं सैद्धान्तिक दृष्टि से यह सबसे उपयोगी व प्रचलित तकनीक है। एक व्यक्ति को कुशलता के विभिन्न तथ्यों के आधार पर मापित किया जा सकता है।

बार, डेविस एवं जॉनसन (Barr, Davis and Johnson) के शब्दों में, "किसी परिस्थिति, वस्तु या व्यक्ति के सम्बन्ध में मत अथवा निर्णय देने की विधि को निर्धारण मापनी कहते हैं।"

("Rating is a term applied to expression of opinion or judgment regarding some situation, object or character.")

निर्धारण मापनी वह तकनीक है जिसके द्वारा गुणात्मक तथ्यों को परिमाणात्मक रूप में परिवर्तित किया जा सकता है।

गुड तथा हॉट (Good and Hatt) के अनुसार, निर्धारण तकनीक में तीन तत्त्वों का विद्यमान होना आवश्यक है:

(*i*) निर्णायक जो रेटिंग करेगा,
(*ii*) तत्त्व जिस पर रेटिंग करनी है और
(*iii*) सातत्य (Continuum) जिस पर तत्त्व की रेटिंग की जाएगी।

इसको मुख्य रूप से पाँच वर्गों में वर्गीकृत किया जा सकता है:

- वर्णनात्मक निर्धारण मापनी (Descriptive Rating Scale)
- सांख्यिकी निर्धारण मापनी (Numerical Rating Scale)
- ग्राफ निर्धारण मापनी (Graphic Rating Scale)
- समूह की प्रतिशत निर्धारण मापनी (The percentage of Group Rating Scale)
- क्रमिक निर्धारण मापनी (Ordinal Rating Scale)

उदाहरण के लिए भाषण देने की गुणवत्ता को एक मापनी पर निम्न ढंग से निर्धारित किया जा सकता है :

1. कक्षा स्तर से कम (Below Class Standard)
2. स्वीकार्य, कक्षा के स्तर के अनुरूप (Acceptance, meets class standard)
3. अच्छा (Good)
4. बहुत अच्छा (Very Good)
5. अति उत्तम (outstanding)

निर्धारण मापनी बहुत उपयोगी तकनीक है क्योंकि इसमें अन्य तकनीकों की अपेक्षा समय कम लगता है। इसकी सहायता से निर्धारक (Rater) एक अच्छा निर्णायक बन सकता है। एक अध्यापक जिसने इस उद्देश्य के लिए थोड़ा-सा भी प्रशिक्षण प्राप्त किया हो, वह इसका प्रयोग कर सकता है, परन्तु दूसरी ओर यह व्यक्तिगत पक्षपात (Subjective Bias) और सामान्य छाप संबंधी प्रभाव (Halo effect) आदि कमियों से युक्त है। अध्यापक को इसका प्रयोग बहुत सावधानीपूर्वक करना चाहिए।

(स) आकस्मिक निरीक्षण अभिलेख (Anecdotal Records)

यह किसी विद्यार्थी के बारे में सूचनाएँ एकत्रित करने की महत्त्वपूर्ण तकनीक है। आकस्मिक अभिलेख अध्यापक के द्वारा निरीक्षित विद्यार्थी के व्यवहार एवं व्यक्तित्व का

वस्तुनिष्ठ लेख है। इसके लिए कोई पूर्व योजना की आवश्यकता नहीं होती और यह अध्यापक के द्वारा अचानक ही विद्यार्थी का निरीक्षण है। इन अभिलेखों को विद्यार्थी की अधिगम उपलब्धियों तथा सामाजिक विकास के अन्य पहलुओं से सम्बन्धित आँकड़े एकत्रित करने के लिए प्रयोग करते हैं।

स्ट्रैंग (Strang) के शब्दों में, ''घटनावृत्त अभिलेख आकस्मिक निरीक्षण का एक विशिष्ट प्रकार है। वास्तविक स्थिति में बालक के चरित्र तथा व्यक्तित्व संबंधी क्रियाओं के निरीक्षण का वर्णन है, जिसे संक्षिप्त एवं अमूर्त रूप में अध्यापक के द्वारा रिकॉर्ड किया जाता है।''

("Anecdotal record is a specialised form of incidental observation. It is a description of the child's conduct and personality in terms of frequent, brief, concrete observation of the pupil made and recorded by the teacher.")

यह प्राकृतिक परिस्थितियों में वास्तविक व्यवहार की व्याख्या प्रदान करता है। यह विभिन्न परिस्थितियों में विद्यार्थी के व्यवहार से सम्बन्धित विभिन्न वर्णन अर्थात विवरण प्रदान करता है। यह व्यक्तित्व प्रणाली परिवर्तन के बोध में योगदान देता है। यह विद्यार्थियों की समस्याओं के निदान को भी संभव बनाता है। विद्यार्थी इसे स्व-मूल्यांकन के लिए भी प्रयोग कर सकते हैं।

आकस्मिक निरीक्षण अभिलेख के उद्देश्य (Purposes of Anecdotal Records)

- विद्यार्थी की रुचियों को जानना।
- अभिवृत्ति/दृष्टिकोणों में परिवर्तन जानना।
- विभिन्न विषयों में अधिगम की प्रगति के साक्ष्य प्रदान करना।
- सामाजिक समायोजन का वर्णन करना।
- उन परिस्थितियों का स्पष्ट रूप से संकेत देना जिनसे असामाजिक व्यवहार उत्पन्न होता है।

अत: आकस्मिक निरीक्षण अभिलेख विद्यार्थी की प्रगति के बारे में जानने की महत्त्वपूर्ण तकनीक है परन्तु अध्यापक को इसको तैयार करते समय बहुत सावधानी रखनी चाहिए।

निष्पत्ति मूल्यांकन के द्वारा उत्पाद तैयार करना, प्रारूप निर्मित करना, किसी की भूमिका अदा करना आदि का निर्धारण मापनी, संचयी अभिलेख, जाँच सूची आदि के प्रयोग के द्वारा परीक्षण किया जा सकता है। इसमें जब विद्यार्थी काम कर रहे हों और जब कर चुके हों दोनों समय में मूल्यांकन किया जा सकता है।

इस प्रकार स्कूल परीक्षाओं के लिए विभिन्न प्रकार की परीक्षाओं अथवा मूल्यांकन तकनीकों का प्रयोग किया जा सकता है। विद्यार्थियों के ज्ञान का परीक्षण करने के लिए लिखित व मौखिक परीक्षाओं तथा कौशलों की जाँच के लिए प्रयोगात्मक परीक्षणों का प्रयोग किया जाना चाहिए। केवल एक ही परीक्षण से विद्यार्थी के विषय में समुचित जानकारी प्राप्त करना संभव नहीं है।

अध्याय 19

विद्यालय अभिलेख
(School Records)

''विद्यालय अभिलेख सूचनाओं का वह अभिलेख है जिनका सम्बन्ध विद्यार्थी द्वारा समय-समय पर की गई विभिन्न क्रियाओं से होता है तथा साथ-ही-साथ अध्यापकों, स्कूल की सामग्री, स्कूल की वित्त-व्यवस्था आदि से होता है।''

प्रत्येक संस्था को विभिन्न प्रकार के अभिलेख तैयार करने पड़ते हैं जो संस्था के उद्देश्यों को प्रतिबिम्बित करते हैं। ये संस्था के उद्भव तथा विकास के साथ-साथ उसकी विचारधारा को भी दर्शाते हैं। प्राचीन समय में बहुत कम मात्रा में अभिलेख तैयार किए जाते हैं, परन्तु वर्तमान समय में जैसे-जैसे स्कूल के उत्तरदायित्व बढ़ते जा रहे हैं, स्कूल अभिलेखों की संख्या भी बढ़ती जा रही है। प्रत्येक राज्य में स्कूलों को विभिन्न प्रकार के अभिलेख तैयार करने के लिए निर्देश दिए गए हैं:

स्कूल अभिलेख के प्रकार (Types of School Records)

अभिलेखों को मुख्य रूप से निम्नलिखित छः वर्गों में वर्गीकृत किया जा सकता है:

1. सामान्य अभिलेख (General Records)—इसके अन्तर्गत आने वाले अभिलेख हैं :

(*i*) सामान्य रजिस्टर (General Register)
(*ii*) लॉग पुस्तक (Log Book)
(*iii*) अभ्यागत बुक (Visitors Book)
(*iv*) स्टाफ मीटिंग अभिलेख (Staff Meeting Records)
(*v*) सार्वजनिक संबंध अभिलेख (Public Relations Records)

2. अध्यापकों के अभिलेख (Records of Teachers)

(*i*) सेवा पुस्तक (Service Book)
(*ii*) उपस्थिति पुस्तक (Attendance Register)
(*iii*) छुट्टी रजिस्टर (Leave Register)

(*iv*) विश्वस्त अभिलेख (Confidential Record)
(*v*) अध्यापक डायरी (Teacher's Diary)

3. विद्यार्थियों के अभिलेख (Records of Pupils)

(*i*) उपस्थिति रजिस्टर (Attendance Register)
(*ii*) स्कूल लीविंग सर्टिफिकेट (School Leaving Certificate)
(*iii*) संचित अभिलेख पत्र (Cumulative Record Card)
(*iv*) दाखिला अभिलेख (Admission Record)
(*v*) निष्पत्ति अभिलेख (Performance Record)

4. सामग्री अभिलेख (Equipment Record)

(*i*) डैड स्टॉक रजिस्टर (Dead Stock Register)
(*ii*) पुस्तकालय रजिस्टर (Library Register)
(*iii*) स्टेशनरी इश्यू बुक (Stationary Issue Books)
(*iv*) खेल सामग्री रजिस्टर (Sports Material Register)
(*v*) सामग्री रजिस्टर (Infrastructure Register)

5. वित्तीय अभिलेख (Financial Record)

(*i*) दैनिक कैश बुक (Daily Cash Book)
(*ii*) फीस रजिस्टर (Fee Register)
(*iii*) दान रजिस्टर (Donation Register)

स्कूल अभिलेखों की आवश्यकता (Need of School Records)

स्कूल एक सामाजिक संस्था है जिसे अभिभावकों, समाज, प्रबन्धन समिति आदि को अपनी क्रियाओं के बारे में उत्तर देना पड़ता है। शिक्षा विभाग तथा विद्यार्थियों को भी जानकारी प्रदान करनी होती है। इन सभी के लिए उसे अभिलेखों को तैयार करना तथा बनाए रखना आवश्यक होता है।

1. प्रत्येक विद्यार्थी, जो स्कूल में दाखिला लेता है, उसका पूरा लेखा-जोखा रखना स्कूल का कार्य है और समय-अन्तराल पर इसे अपने अभिलेखों के आधार पर रिपोर्ट देनी पड़ती है। ये सभी तथ्य व आंकड़े उसे राज्य से अनुदान प्राप्त करने का आधार मान जाते हैं।

2. शिक्षा विभाग को सम्पूर्ण जानकारी इन्हीं अभिलेखों के आधार पर प्रदान की जाती है और शिक्षा विभाग इन्हीं आंकड़ों के आधार पर भविष्य की योजना तैयार करता है।

3. यही अभिलेख किसी विशेष स्थानीय जगह की आवश्यकताओं तथा शैक्षिक उन्नति की जानकारी प्रदान करते हैं।

4. एक स्कूल को प्रत्येक विद्यार्थी के बारे में रिकार्ड रखना पड़ता है क्योंकि यही रिकार्ड विद्यार्थी की प्रगति, उसकी कमजोरियों तथा शक्ति की जानकरी देता है। आजकल सभी विद्यालयों में यह काम कम्प्यूटर पर किया जाता है।

5. रिकार्ड पर आधारित रिपोर्ट ही अभिभावकों को भेजी जाती है। इसी के आधार पर शिक्षा के उद्देश्यों को प्राप्त करने के लिए घर एवं समुदाय से संरचनात्मक सहयोग प्राप्त किया जा सकता है।

6. प्रत्येक विद्यार्थी के सर्वांगीण विकास के लिए स्कूल ही उत्तरदायी होता है और इसीलिए प्रत्येक स्कूल के लिए आवश्यक है कि वह प्रत्येक बालक की वृद्धि तथा विकास का उचित अभिलेख तैयार करे।

रिकार्ड किस प्रकार रखा जाए? (How to Maintain Records?)

अब प्रश्न यह उठता है कि इन अभिलेखों को कैसे तैयार किया जाए? स्कूल के प्रधानाचार्य का ही यह प्रमुख कर्त्तव्य बनता है वह स्कूल के सभी अभिलेखों को उचित ढंग से तैयार करवाए परन्तु वह स्वयं सभी अभिलेख तैयार नहीं कर सकता, इसीलिए स्कूल के अध्यापकों व क्लर्कों के द्वारा ही यह काम किया जाता है। अभिलेखों को तैयार करते समय निम्नलिखित बिन्दुओं को ध्यान में रखना चाहिए:

1. सभी फाइलों व रजिस्टरों की सफाई का ध्यान में रखना चाहिए।
2. सभी फाइलों को स्याही से तैयार किया जाना चाहिए।
3. सभी कॉलम को भरा जाना चाहिए, किसी भी कॉलम को खाली नहीं छोड़ना चाहिए।
4. अभिलेख वैध, विश्वसनीय तथा उचित होने चाहिए। जिनके लिए उन अभिलेखों का कुछ अर्थ है, उन्हें वे आसानी से समझ में आने चाहिए।
5. स्कूल में सभी रजिस्टरों व फाइलों की एक स्टॉक सूची बनानी चाहिए जिससे यह जानकारी प्राप्त हो सके कि स्कूल में किस प्रकार के अभिलेख तैयार किए जाते हैं और यह स्टॉक उन्हें क्रमबद्ध रखने में भी सहायक होता है।
6. प्रत्येक रजिस्टर व फाइल के ऊपर कुछ संक्षिप्त विवरण दिया जाना चाहिए। जैसे
   (*i*) स्कूल का नाम
   (*ii*) रजिस्टर का नाम
   (*iii*) रजिस्टर का क्रमांक
   (*iv*) रजिस्टर के Volume के नाम
   (*v*) Volume के पेजों की संख्या
   (*vi*) Volume को आरम्भ करने की तिथि व समाप्ति की तिथि आदि।
   (*vii*) किसी भी पेज पर over-writing या कटिंग नहीं होनी चाहिए और यदि है तो उस पर प्रधानाचार्य द्वारा हस्ताक्षर होने चाहिए।
   (*viii*) अभिलेखों को सुरक्षित स्थान पर रखा जाना चाहिए तथा बिना अनुमति के उसे स्कूल से बाहर न ले जाया जाए।

अत: अभिलेख व रजिस्टर अत्यन्त महत्त्वपूर्ण हैं इसलिए उन्हें साफ-सुथरा रखा जाना चाहिए तथा सावधानीपूर्वक व क्रमबद्ध रूप से तैयार किया जाना चाहिए। स्कूल के अभिलेखों में सबसे महत्त्वपूर्ण है—संचित अभिलेख। आइए इन पर विस्तारपूर्वक चर्चा करें।

संचित अभिलेख
(Cumulative Records)

संचित अभिलेख में विद्यार्थी के सम्बन्ध में समय-समय पर हो रही परीक्षाओं के परिणामों का लेखा-जोखा रखा जाता है। प्राय: यह लेखा-जोखा तीन वर्षों का होता है। इसमें विद्यार्थी के जीवन के विभिन्न पहलुओं से सम्बन्धित जानकारी एकत्रित की जाती है जैसे : उसकी सामाजिक, बौद्धिक, शारीरिक, शिल्प कार्य स्थिति, उसकी रुचियाँ, परिवार संबंधी तथा मनोविज्ञान संबंधी तथ्य। यह अभिलेख विद्यार्थी की बहुमुखी शक्तियों के विकास पर प्रकाश डालता है।

ऐलन (Allen) के अनुसार, ''संचित अभिलेख सूचनाओं का वह अभिलेख है जिसका सम्बन्ध विद्यार्थी के मूल्यांकन से होता है और जिसे एक कार्ड पर लिखकर एक ही स्थान पर रखा जाता है।''

("The cumulative record is a record of informations concerned with appraisal of individual pupil, usually kept on a card and in one place.")

जोन्स (Jones) के शब्दों में, ''संचित अभिलेख विद्यार्थी का वह स्थाई अभिलेख होता है जिसे स्कूल द्वारा पूर्ण रखा जाता है। यह उसकी स्कूल उपलब्धियों, उपस्थिति, स्वास्थ्य, परीक्षण अंक और इसी प्रकार की सम्बन्धित सूचनाओं के साथ उसका शैक्षिक इतिहास होता है।

("A cumulative record is a permanent record of a student which is kept up-to-date by the school. It is his educational history with information about his school achievements, attendance, health, test scores and similar pertinent data.")

बौनी एवं हैम्पलीमैन (Bonny and Hamplemen) के अनुसार, '' संचित अभिलेख एक विद्यार्थी के बारे में सभी प्रकार के आंकड़ों का बना होता है जिसे एकत्रित करना और लिखना स्कूल महत्त्वपूर्ण समझता है और जिसे वर्ष-दर-वर्ष सुरक्षित तथा संगठित ढंग से रखा जाता है।''

("Cumulative records consist of all the data about an individual pupil which a school consider important enough to collect and record, usually in some organised way, for safe keeping from year to year."

अत: स्कूल अभिलेखों में संचित अभिलेख का एक महत्त्वपूर्ण स्थान है, क्योंकि इसके द्वारा प्रत्येक स्तर पर छात्र की वृद्धि एवं विकास, उसकी शिक्षा-विषयक तथा भावनात्मक समस्याओं उसकी सामंजस्य कठिनाइयों का ज्ञान होता है तथा यह ज्ञात होता है कि समस्याओं

तथा कठिनाइयों का हल करने के लिए किन-किन दिशाओं में उपचारी कार्य किए जायें। इसकी सहायता से विद्यार्थी की आवश्यकताओं, रुचियों व योग्यताओं की जानकारी प्राप्त होती है। इस जानकारी के आधार पर उसके लिए आवश्यक निर्देशन की प्रकृति तथा मात्रा का संकेत मिलता है। इसके महत्त्व को माध्यमिक शिक्षा आयोग (1952-53) ने भी इस प्रकार कहा है—"विद्यार्थियों के कार्यों का उचित मूल्यांकन बाह्य या विद्यालय की परीक्षाओं द्वारा सम्भव नहीं है। विद्यार्थी के भविष्य में नवीन विषय या व्यवसाय का चुनाव करने में सहायता देने के लिए उसके विकास का पूर्ण आलेख रखना चाहिए। इसमें विद्यार्थी द्वारा किए गए कार्यों का विवरण रखना चाहिए। इस आलेख-पत्र में पढ़ाई में की गई प्रगति के अतिरिक्त व्यक्तित्व के गुण, सामाजिक समायोजन, रुचि तथा अभिवृत्ति तथा अन्य क्रियाओं का उल्लेख होता है। देश के सभी विद्यालयों में संकलित आलेख-पत्र रखना अनिवार्य होना चाहिए।" इसका प्रयोग सबसे पहले 1928 में अमेरिकन कौंसिल ऑफ एजूकेशन (American Council of Education) के द्वारा किया गया।

अतः संकलित आलेख एक ऐसा आलेख है जो विद्यार्थी के बारे में पूर्ण तथा विस्तृत जानकारी प्रदान करता है।

अभिलेख की विशेषताएँ (Characteristics / Features of Records)

1. ये वस्तुनिष्ठ तथा विश्वसनीय होने चाहिए।
2. ये पूर्ण होने चाहिए।
3. इनमें विद्यार्थी के बारे में नवीनतम सूचना होनी चाहिए।
4. इनमें दी गई सूचना वैध होनी चाहिए।
5. ये अध्यापक की व्यक्तिनिष्ठता से मुक्त होने चाहिए।
6. इन्हें पूर्णतया सोच-विचार के साथ भरना चाहिए।
7. इन्हें इस प्रकार रखा जाए कि आवश्यकता पड़ने पर तुरंत उपयोग किया जा सके।
8. विद्यार्थी के अगली कक्षा में जाने पर ये साथ भेज दिये जाने चाहिए।
9. इनका आकार उचित होना चाहिए ताकि इन्हें सुगमता से रखा जा सके।
10. इनमें प्रस्तुत तथ्य ठीक होने चाहिए।
11. ये यथार्थ होने चाहिए।

अभिलेखों के गुण (Merits of Records)

1. ये विद्यार्थी को ठीक प्रकार से समझने में सहायक होते हैं।
2. ये विपरीत परिस्थितियों में विद्यार्थी के भिन्न व्यवहारों का विवरण देते हैं। इस प्रकार ये विद्यार्थी के बदलते व्यवहारों की सूचना प्रदान करते हैं।
3. ये विद्यार्थी के शैक्षिक, व्यावसायिक तथा नैतिक निर्देशन में सहायक सिद्ध होते हैं।

4. शिक्षक इनकी सहायता से शीघ्र ही यह जानकारी प्राप्त कर लेता है कि कौन-से विद्यार्थी धीमी गति से उन्नति कर रहे हैं।
5. इनके आधार पर शिक्षक विद्यार्थियों के अभिभावकों से संपर्क स्थापित कर उनके बच्चे के बारे में विस्तृत जानकारी प्रदान कर सकते हैं।
6. इनसे विद्यार्थी तथा अध्यापक में अच्छे संबंध विकसित होते हैं।
7. ये विषय-वस्तु तथा कक्षा समूह में अध्यापक का ध्यान हटाकर व्यक्तिगत विद्यार्थी की ओर निर्देशन करते हैं, जिससे अध्यापक में विद्यार्थी के व्यवहार के उचित निरीक्षण की आदत का सृजन होता है।
8. ये विद्यार्थी का पूर्ण रूप से मूल्यांकन में सहायक होते हैं।
9. इनके द्वारा विद्यार्थी की विभिन्न परिस्थितियों में की गई प्रतिक्रियाओं को समझने में सहायता मिलती है।
10. इनकी सहायता से विद्यार्थियों की समस्याओं को जाना जा सकता है।
11. ये स्कूल के विभिन्न कार्यों के लिए विद्यार्थियों के चयन तथा वर्गीकरण में सहायक होते हैं।
12. ये तीक्ष्ण बुद्धि पिछड़े विद्यार्थियों की पहचान करने तथा उनके उचित निर्देशन में सहायक होते हैं।
13. ये असमायोजित विद्यार्थियों का निदानात्मक परीक्षण करने तथा उन्हें उपचारात्मक निर्देशन में भी सहायक होते हैं।
14. ये विद्यार्थियों की आवश्यकताओं के अनुसार शिक्षण विधियों में सुधार लाने में सहायता करते हैं।
15. इनसे विद्यार्थियों का वस्तुनिष्ठ मूल्यांकन होता है इस प्रकार व्यक्तिनिष्ठ मूल्यांकन की बुराइयों को चेक किया जा सकता है।
16. इनसे विद्यार्थी को स्वयं को समझने तथा स्वयं के बारे में निर्णय लेने में सहायता मिलती है।

अभिलखों की सीमाएँ (Limitations of Records)

1. यह सामान्यतया व्यक्तिनिष्ठ बन जाते हैं।
2. प्रायोगिक रूप में इनका संगठन करना कठिन होता है।
3. कभी-कभी अध्यापक उन घटनाओं का निरीक्षण कर लेते हैं जो विद्यार्थी के वास्तविक व्यवहार से संबंधित नहीं होती।
4. जब विद्यार्थी मानसिक दबाव या उत्सुकता की स्थिति में होते हैं तो उनके उचित व्यवहार का निरीक्षण करना मुश्किल होता है।
5. इनसे प्राप्त परिणामों की उचित व्याख्या करना कठिन होता है।

इन सीमाओं के कारण इनका प्रयोग न करना अनुचित है। इनको अध्यापक की सहायता से दूर किया जा सकता है। यदि इनका सही ढंग से प्रयोग किया जाए तो ये

आलेख विद्यार्थी की अधिगम संबंधी कमजोरियों, रुचियों, कठिनाइयों आदि को जानने में सहायक सिद्ध होंगे। ये केवल स्कूल में ही नहीं विद्यार्थी के भविष्य के लिए भी लाभकारी सिद्ध होंगे, क्योंकि ये अभिलेख विद्यार्थी के वर्तमान को समझने के लिए भूत की व्याख्या करके, व्यावहारिक कठिनाइयों तथा असफलताओं के कारणों से, उसकी क्षमताओं तथा कमियों को दर्शाकर, विद्यार्थी के अध्ययन में अध्यापक की सहायता करते हैं।

संचित अभिलेख की विषय-सामग्री (Contents of Cumulative Record)

संचित अभिलेखों की विषय-सामग्री क्या हो—इस बारे में संचित अभिलेख तैयार करने से पहले ही निर्धारित कर लेना आवश्यक माना जाता है। सामान्यत: संचित अभिलेखों में जो-जो सूचनाएँ सम्मिलित की जाती हैं, वे निम्नलिखित हैं :

(*i*) व्यक्तिगत सूचना (Personal data)

कक्षा .... अनुक्रमांक..........

(क) विद्यार्थी का नाम ....लिंग..........जन्मतिथि........जन्म स्थान..........

पिता का नाम.......

घर का पता......

मातृभाषा...........

कक्षा.............

अनुभाग.............

(ख) पूर्व विद्यालय के बारे में सूचना

स्कूल का नाम	दाखिला वर्ष	कक्षा	छोड़ने का कारण	परिवर्तन का कारण	विशिष्ट टिप्पणी

(ii) सामाजिक-आर्थिक सूचना (Socio-economic Information)

पारिवारिक सदस्यों की कुल संख्या........

	शिक्षा	व्यवसाय	वार्षिक आय	आयु
पिता माता भाई बहन				

(iii) शारीरिक अवस्था (Physical Conditions)

वर्ष	कक्षा	भार	ऊँचाई	छाती	दृष्टि	फेफड़े	शारीरिक स्वास्थ्य	बीमारी	टिप्पणी

***(iv)* बौद्धिक उपलब्धियाँ**

इसके अन्तर्गत निम्नलिखित आंकड़े प्रदशित किए जाते हैं जो विद्यार्थी की प्रगति से सम्बन्धित होते हैं :

(क) शैक्षिक प्रगति आंकड़े (Educational Progress Data)

कक्षा .... परीक्षा नं..................... वार्षिक परीक्षा....................

क्रम सं.	विषय	अंक		कक्षा में स्थान	विषय	अंक		कक्षा में स्थान
		कुल अंक	प्राप्त अंक			कुल अंक	प्राप्त अंक	
1	पहली भाषा							
2	दूसरी भाषा							
3	गणित							
4	सामाजिक विज्ञान							
5	ड्राइंग							
6	संगीत							
7	विज्ञान							
8	प्रायोगिक विषय							
9	अन्य							

(ख) उपस्थिति (Attendance)

कक्षा	वर्ष	अधिकतम	वास्तविक	अनुपस्थिति के कारण

(*v*) पाठ्य-सहगामी क्रियाओं में योगदान (Participation in Co-curricular Activities)

	क्रियाएँ/वर्ष	200...	200...	200...	कोई स्थान/पुरस्कार
1	खेलकूद				
2	साहित्यिक				
3	भ्रमण				
4	एन.सी.सी.				
5	ड्राइंग				
6	संगीत				
7	सामाजिक क्रिया				
8	कैम्प				
9	हस्तकला				
10	किसी विशेष परीक्षा				
11	अन्य				

(*vi*) व्यक्तित्व के गुण (Personality Traits)

व्यक्तित्व गुण	सत्र	कक्षा	कक्षा	कक्षा	कक्षा
सहनशीलता					
नियमितता					
अन्त:दृष्टि					
समायोजन					
आत्मविश्वास					
सामूहिक भावना					
नेतृत्व					
संवेदनात्मक स्थिरता					
कोई अन्य					

(*vii*) रुचियाँ एवं विशिष्ट कौशल (Interests and Specific Skills)

कक्षा	वर्ष	वर्ष	वर्ष	विवरण

(*viii*) मनोवैज्ञानिक परीक्षण (Psychological Test)

परीक्षण का नाम	तिथि	आयु	कक्षा	परीक्षण में प्राप्त अंक	प्राप्त अंकों की व्याख्या

अध्यापक टिप्पणी

....

....

प्रधानाचार्य हस्ताक्षर

इस प्रकार संचित अभिलेख को तैयार करना सरल कार्य नहीं है। इसे तैयार करने के लिए यदि अध्यापक सतर्क है तो कोई कठिनाई नहीं आती। लेकिन यदि अध्यापक इस कार्य में सतर्क नहीं है तो वह कभी भी इसे उचित ढंग से तैयार नहीं कर सकता। इसमें सूचनाओं को स्पष्ट रूप से लिखा जाना चाहिए। इसके सही निर्माण व उपयोग के लिए स्टाफ के सदस्यों में सहयोग, धन की व्यवस्था तथा अध्यापकों को पर्याप्त समय मिलना चाहिए।

अध्याय 20

कम्प्यूटर : संप्रत्यय एवं इसके भाग
(Computer: Concept and Its Parts)

कंप्यूटर एक विद्युत परिचालित यन्त्र है जिसमें गणितीय क्रियाओं के लिए तालिका पटल, इलेक्ट्रानिक सर्किट एवं आलेखन उपकरण लगे होते हैं। —सम्पथ

वर्तमान शताब्दी में कंप्यूटर के आविष्कार ने सूचना तकनीकी जगत में काफी क्रान्ति ला दी है। इसके द्वारा लगभग हमारे जीवन का हर पहलू प्रभावित हो रहा है। विभिन्न क्षेत्रों जैसे चिकित्सा, सुरक्षा, शिक्षा, व्यवसाय एवं घर में भी कंम्यूटर का प्रयोग किया जा रहा है। आज कंप्यूटर संचार, अध्ययन, सूचना के एकत्रिकरण एवं क्रमबद्धता और खोज एवं विकास का मुख्य साधन बनता जा रहा है।

कंप्यूटर शब्द की उत्पत्ति कंप्यूट (Compute) शब्द से हुई है जिसका अर्थ है 'गणना करना'। शाब्दिक अर्थ में कंप्यूटर को ऐसी मशीन के रूप में माना गया है जो तीव्र गति से कंप्यूटिंग अर्थात् गणना करने के काम आ सके। आजकल कंप्यूटर केवल गणना तक सीमित नहीं हैं, ये सभी प्रकार की सूचनाओं तथा आंकड़ों को नियमित एवं नियन्त्रित करने की क्षमता रखते हैं।

ए.एस. हार्नबाई (A.S.Hornby) के अनुसार 'कंप्यूटर ऐसा विद्युत चालित उपकरण है जो डिस्क या चुम्बकीय टेप पर सूचना संकलित कर उसका विश्लेषण करता है और आवश्यकता पड़ने पर उसका प्रस्तुतीकरण करता है।

अधिक स्पष्टतापूर्वक कहा जाए तो कंप्यूटर एक ऐसी इलेक्ट्रॉनिक मशीन है जो भंडारित प्रोग्रामों के अनुदेशनों के अन्तर्गत कार्य करती है और विशिष्ट तरीके से आंकड़ों का संग्रह कर, प्रोसेस कर परिणामों को एक निश्चित या निर्धारित आकार में प्रदान करती है। यह अदा, प्रोसेसिंग और प्रदा के क्रम का अनुसरण करता है।

Input → Processing → Output

अदा → प्रोसेसिंग → प्रदा

कंप्यूटर विभिन्न सूचनाओं एवं आंकड़ों को स्वीकार करता है जिसे अदा कहते हैं। उस अदा की प्रोसेसिंग होती है तथा फिर प्रदा के रूप में उत्पादन होता है।

एक विद्वान ने कंप्यूटर शब्द को इस प्रकार परिभाषित किया है:

C – Calculate – गणना करना
O – Operate – संचालन करना
M – Memorize – स्मृति में रखना
P – Print – मुद्रण करना
U – Update – आधुनिक बनाना
T – Tabulate – सारणी बनाना
E – Edit – सम्पादन करना
R – Response – अनुक्रिया

कंप्यूटर उपर्युक्त सभी कार्य करता है इसलिए इसे इलेक्ट्रॉनिक मस्तिष्क भी कहा जाता है। कंप्यूटर की अपनी कोई सोच नहीं होती। इसमें सोचने, बहस करने या निर्णय लेने की शक्ति नहीं होती। यह शक्ति प्रोग्रामिंग के रूप में काम करने वालों द्वारा प्रदान की जाती है।

सभी कंप्यूटरों के मुख्य रूप से दो भाग होते हैं—

1. हार्डवेयर (Hardware)
2. सोफ्टवेयर (Software)

कंप्यूटर के मशीनी भाग को जिसे छुआ जा सकता है, हार्डवेयर कहते हैं, इनमें सूचनाओं को भंडारित किया जाता है और उन्हें व्यवस्थित किया जाता है।

सोफ्टवेयर उन प्रोग्रामों के समूह को कहते हैं जो कंप्यूटर प्रणाली की प्रक्रिया को नियन्त्रित करते हैं और हार्डवेयर को कार्य करने योग्य बनाते हैं। सोफ्टवेयर के बिना हार्डवेयर कार्य नहीं कर सकता। सोफ्टवेयर आँकड़ों और अनुदेशन का बना होता है।

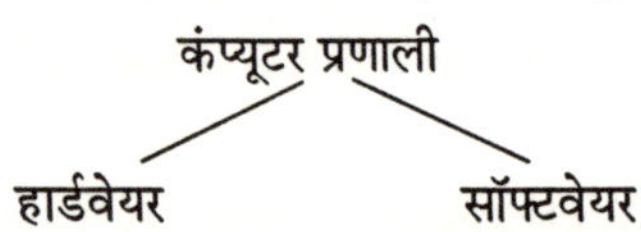

कंप्यूटर की विशेषताएँ (Characteristics of a Computer): कंप्यूटर में पाई जाने वाली विशिष्ट विशेषताओं के कारण ही आज घर-घर कंप्यूटर पहुँच गया है। कंप्यूटर में निम्नलिखित विशेषताएँ पाई जाती हैं :

1. गति (Speed): कंप्यूटर हर कार्य बड़ी तीव्र गति से करता है। एक सामान्य कंप्यूटर एक सेकण्ड में दो लाख अनुदेश पूरा कर सकता है। कठिन-से-कठिन कार्यों एवं गणनाओं को कुछ ही समय में कर सकता है। जिस काम को करने में पहले कई दिन व महीने लग जाते थे, उस काम को अब कंप्यूटर की सहायता से कुछ मिनटों में पूरा कर सकते हैं।

2. संग्रह क्षमता (Storage Capacity): कंप्यूटर में सूचनाओं एवं आंकड़ों को संग्रह करने की काफी क्षमता होती है। यह अपनी बाह्य एवं आंतरिक भण्डारण उपकरणों द्वारा असीमित सूचनाओं को संग्रहित कर आवश्यतानुसार इनका उपयोग कर सकता है।

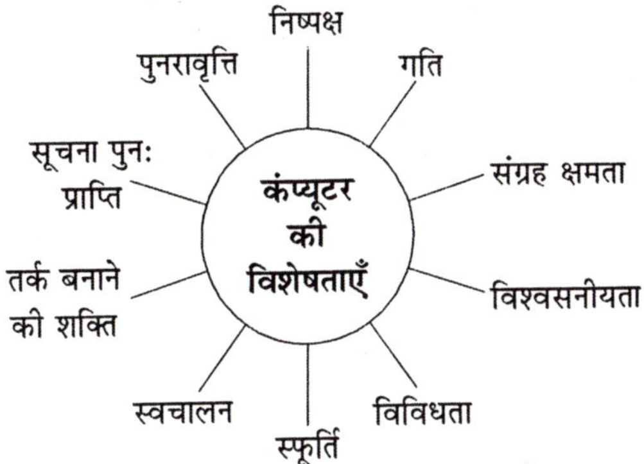

चित्र 20.1 : कम्प्यूटर की विशेषताएँ

3. विश्वसनीयता (Reliability): कंप्यूटर की विश्वसनीयता काफी अधिक होती है। एक बार सही प्रोग्राम बनाने के बाद वह हमेशा सही परिणाम देता है। ये बिना थके काफी शुद्धता से काम करते हैं।

4. विविधता (Versatility): कंप्यूटर विभिन्न प्रकार के कार्य सम्पन्न कर सकता है। इसकी सहायता से ग्राफिक्स, डेस्क टॉप पब्लिसिंग आर्किट्रक्चरल डिजाइन आदि विभिन्न कार्यों को आसानी से पूरा किया जा सकता है।

5. स्फूर्ति (Agility): मनुष्य यदि बहुत अधिक कार्य कर ले तो वह थकान महसूस करने लगता है। परन्तु कंप्यूटर लगातार काफी समय तक कार्य करने के बावजूद न तो थकान महसूस करता है और न ही कार्य करना बन्द करता है।

6. स्वचालन (Automation): एक बार निर्देशन देने के पश्चात कंप्यूटर बिना रुके घंटों तक कार्य कर सकता है। कंप्यूटर के इसी गुण के कारण शक्ति व समय दोनों की बचत होती है।

7. तर्क बनाने की शक्ति (Power of Making Logics): यह अपने आन्तरिक नियन्त्रण एवं किसी बाह्य गतिविधि को बनाने के लिए साधारण तार्किक नियमों को प्रयोग करने की क्षमता रखता है। तर्क एवं तथ्यों पर आधारित कार्य कंप्यूटर की सहायता से आसानी से सम्पन्न किए जा सकते हैं।

8. सूचना पुनः प्राप्ति (Information Retrieval): सूचना पुनः प्राप्ति से तात्पर्य संग्रहित सूचनाओं में से इच्छित सूचना को ढूँढकर प्राप्त करना। मनुष्य को इस कार्य को करने में काफी कठिनाई का सामना करना पड़ता है। परन्तु कंप्यूटर की सहायता से वांछित सूचना को आसानी से प्राप्त किया जा सकता है।

9. पुनरावृत्ति (Repetition): कंप्यूटर एक ही समादेश (Command) के आधार पर एक कार्य को कई बार कर सकता है। इस पर कार्य करने वाले व्यक्ति को बार-बार अनुदेश नहीं देने पड़ते।

10. निष्पक्ष (Not biased): कंप्यूटर निष्पक्ष भाव से कार्य करता है। इसकी अपनी कोई भावनाएँ (Feelings) नहीं होतीं।

कंप्यूटर के भाग (Components of the Computer)

जैसा कि चित्र 20.2 तथा 20.3 से स्पष्ट है कि कंप्यूटर के भागों को मुख्य रुप से तीन इकाइयों में बाँटा जाता है—

1. इनपुट उपकरण यूनिट (Input Device Unit)
2. आउटपुट उपकरण यूनिट (Output Device Unit)
3. सेन्ट्रल प्रोसेसिंग यूनिट (Central Processing Unit or CPU)

A. इनपुट उपकरण (Input Device)

कंप्यूटर को कार्य करने के लिए आँकड़े एवं अनुदेशन की आवश्यकता होती है। आँकड़ों एवं सूचनाओं को कंप्यूटर में डालने के लिए जिन मशीनी उपकरणों की सहायता ली जाती है इनपुट उपकरण कहलाते हैं। जैसे–की-बोर्ड, माउस, स्केनर्स, ज्वॉय स्टिक, लाइट पेन आदि।

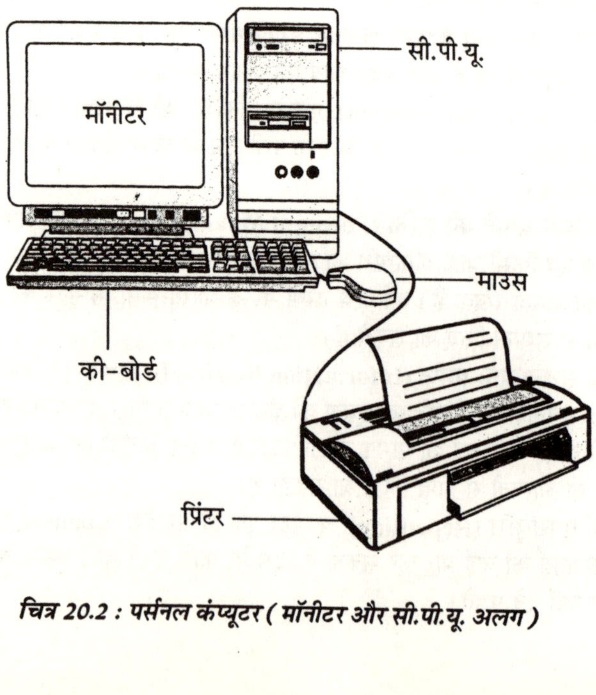

चित्र 20.2 : पर्सनल कंप्यूटर (मॉनीटर और सी.पी.यू. अलग)

चित्र 20.3 : पर्सनल कंप्यूटर (सी.पी.यू. और मॉनीटर जुड़े हुए)

I. की-बोर्ड (Key-board): की-बोर्ड के द्वारा आँकड़ों को कंप्यूटर में प्रवेश किया जाता है। यह एक टाइपराइटर जैसा दिखाई देता है। इसमें अक्षर, संख्याएँ, विशेष चरित्र और कुछ नियन्त्रण करने वाली कुंजियाँ होती हैं। की-बोर्ड में 103 कुजियाँ होती हैं।

1. विशिष्ट कार्यकारी कुंजियाँ (Functional Keys): की-बोर्ड के ऊपरी बाईं भाग में F1 से F12 तक 12 कुंजियाँ होती हैं जिनका प्रयोग विशिष्ट कार्यों को करने के लिए किया जाता है। हर कुंजी का भिन्न-भिन्न सोफ्टवेयरों में भिन्न-भिन्न कार्य होता है।

2. विशेष कुंजियाँ (Special Keys): की-बोर्ड में कुछ विशेष कुंजियाँ होती हैं जैसे मॉनीटर स्क्रीन पर कर्सर की गतिविधियों को नियंत्रित करने के लिए कुंजियाँ। कंप्यूटर पर कार्य करते हुए मॉनीटर स्क्रीन पर इधर-उधर भागता हुआ एक चमकदार बिन्दु दिखाई देता है जिस कर्सर कहते हैं। कुछ विशेष कुंजियों का विवरण इस प्रकार है-

(*i*) **चार दिशा निर्देशन कुंजियाँ (Four Directional Arrow Keys):** इनका प्रयोग कर्सर ऊपर, नीचे, दाएँ, बाएँ करने के लिए किया जाता है।

(*ii*) **होम (Home), ऐन्ड (End), पेज-अप (Page-Up), पेज डाउन (Page-Down):** कर्सर को लम्बी दूरी तय कराने के लिए इन कुंजियों का प्रयोग किया जाता है। पेज अप और पेज डाउन कुंजी एक पूरे नए पृष्ठ को सामने लाने या पिछले पृष्ठ को वापिस लाने के लिए किया जाता है। ऐन्ड की का प्रयोग स्क्रीन पर विद्यमान टैक्स्ट (Text) की अंतिम पंक्ति तक पहुँचने के लिए तथा होम की प्रयोग टैक्स्ट की प्रथम पंक्ति पर पहुँचने के लिए किया जाता है।

(*iii*) **डिलीट कुंजी** (Delete): इस कुंजी का प्रयोग उस चिह्न (Character) को मिटाने के लिए किया जाता है जिस पर कर्सर उस समय स्थित होता है।

(*iv*) **बैक-स्पेस कुंजी** (Back Space key): यह कुंजी कर्सर को एक स्थान पीछे ले जाती है। कर्सर के बाईं ओर की विषय-वस्तु को मिटाने के लिए इसका प्रयोग किया जाता है।

(*v*) **टैब कुंजी** (Tab key): इस कुंजी को सारणी (Tables) बनाने के लिए दबाया जाता है।

(*vi*) **अक्षर कुंजियाँ** (Alphabet keys): टाइपराइटर की भाँति कंप्यूटर के की-बोर्ड में भी 26 अक्षर होते हैं।

चित्र 20.4 : की-बोर्ड (Key-Board)

ये अक्षर एक निर्धारित क्रम में होते हैं। कुछ की-बोर्ड पर ऐसी कुंजियाँ होती हैं जिन पर हिंदी और अंग्रेजी अक्षर लिखे होते हैं। उन्हें द्वि-भाषीय बोर्ड कहते हैं।

(*vii*) **संकेत कुंजियाँ** (Symbol keys): कुंजी-पटल में कुछ संकेत वाली कुंजियाँ होती हैं जैसे =, ; , > , < , + , – , % , × , ÷ आदि।

(*viii*) **एन्टर कुंजी** (Enter key):-यह कुंजी स्क्रीन पर तैयार किए गए डाटा आदेशों एवं सूचनाओं को कंप्यूटर में भेजने का काम करती है।

(*ix*) **एस्केप कुंजी** (Esc key):-किसी दी हुई कमान्ड या आदेश को निरस्त करने के लिए इसका प्रयोग किया जाता है।

(*x*) **आल्ट** (Alt), **कन्ट्रोल** (Ctrl) **कुंजियाँ**-ये कुंजियाँ अकेले कार्य नहीं करतीं। अन्य कुंजियों के साथ मिलाकर दबाने से इनके द्वारा विशेष कार्य किए जाते हैं।

(*xi*) **कैपस लॉक कुंजी** (Caps Lock key): की-बोर्ड द्वारा कैपीटल लेटर्स अंकित करने के लिए इसका प्रयोग किया जाता है।

(*xii*) **इन्सर्ट कुंजी** (Insert key): जहाँ कर्सर होता है वहाँ किसी वर्ण को शामिल करने के लिए इसका प्रयोग किया जाता है।

(*xiii*) **शिफ्ट कुंजी** (Shift key):-इस कुंजी को दबाकर की-बोर्ड की किसी वर्णमाला वाली कुंजी को दबाया जाता है, तब वर्णमाला का बड़ा अक्षर अथवा ऊपरी चिह्न कंप्यूटर में आ जाता है।

(3) संख्यात्मक की-पैड (Numeric key-pad): यह की-बोर्ड के दाईं तरफ स्थित होता है यह कैल्कुलेटर की तरह कार्य करता है। इस की-पैड में 0 से लेकर 9 तक के अंक तथा +,- के चिह्न अंकित होते हैं।

II. माउस (Mouse): माउस ऐसा उपकरण है जिसका प्रयोग की-बोर्ड की जगह स्क्रीन पर कर्सर की गतिविधि को नियंत्रित करने के लिए किया जाता है। माउस में एक, दो या तीन बटन हो सकते हैं। किस बटन से क्या काम होगा, यह कंप्यूटर में प्रयुक्त सोफ्टवेयर प्रोग्राम पर निर्भर करता है। माउस को इधर-उधर घुमाने पर कर्सर स्क्रीन पर गति करता है।

तीन बटनों का माउस
(Three Button Mouse)

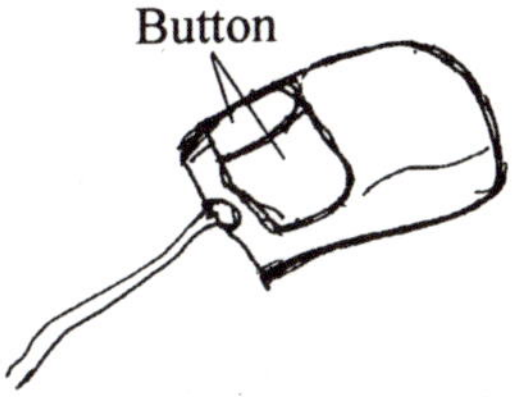

दो बटनों वाला माउस
(Two Button Mouse)

चित्र 20.5 : माउस के प्रकार

माउस के बटन को दबाकर मॉनीटर पर किसी भी इच्छित ऑप्सन (Option) का चयन किया जा सकता है। माउस दो तरह के होते हैं—मैकेनीकल माउस और ऑप्टीकल माउस। मैकेनिकिल माउस में बॉल होती है। माउस को इधर-उधर करने पर बाल घूमती है, जिससे कर्सर की दिशा को नियन्त्रित किया जाता है। आप्टीकल माउस बॉल की जगह लेज़र किरणों (Lazer beams) की सहायता से कार्य करता है। इनकी कार्य करने की गति ज्यादा होती है परन्तु ये महंगे होते हैं।

III. लाईट-पैन (Light Pen): लाईट पैन के कार्य माउस की तरह होते हैं। यह पैन या पेंन्सिल की शक्ल का नुकीला उपकरण होता है। इसका प्रयोग ऑप्शन को चयन करने, कंप्यूटर स्क्रीन पर चित्र या ग्राफिक बनाने के लिए किया जाता है। लाइट पैन लाइट सेन्सीटिव डिटेक्टर (Light Sensitive detector) की सहायता से कार्य करता है।

चित्र 20.6 : लाइट पैन *(Light Pen)*

IV. स्कैनर (Scanner): स्कैनर फोटोस्टेट मशीन की तरह कार्य करता है। यह पृष्ठ या पुस्तक पर उपलब्ध हर प्रकार की सूचना चाहे वो लिखित रूप में हो या चित्र, आकृति के रूप में हो, को पढ़कर उपयुक्त कोड भाषा में बदलकर, कंप्यूटर तक भेजने का कार्य

करता है। कंप्यूटर उसे पुनः पढ़ने और देखने योग्य डाटा में बदलकर स्क्रीन पर दिखाता है। डाटा जब कंप्यूटर में आ जाता है, तब उसमें जरूरत के अनुसार परिवर्तन भी किया जा सकता हैं। स्कैनर दो तरह के होते हैं। हाथ में पकड़कर चलाया जाने वाला स्कैनर (Hand Held Scanner) तथा समतलीय स्कैनर (Flat bed Scanner)।

छोटे चित्रों, ग्राफिक तथा फोटोग्राफों को स्कैन करने के लिए हाथ में पकड़कर काम करने वाले स्कैनर का प्रयोग किया जाता है। जबकि समतलीय स्कैनर का प्रयोग किसी भी कागज या किताब के पृष्ठ पर बनी किसी आकृति, चित्र या लिखित सामग्री को स्कैन करने के लिए किया जाता है। किताब के पेज को किताब से अलग किए बिना उसे स्कैन किया जा सकता है। स्कैनर द्वारा पाठ्य-सामग्री तथा चित्रात्मक फाइलों को एक-दूसरे के साथ सम्बन्धित किया जा सकता है।

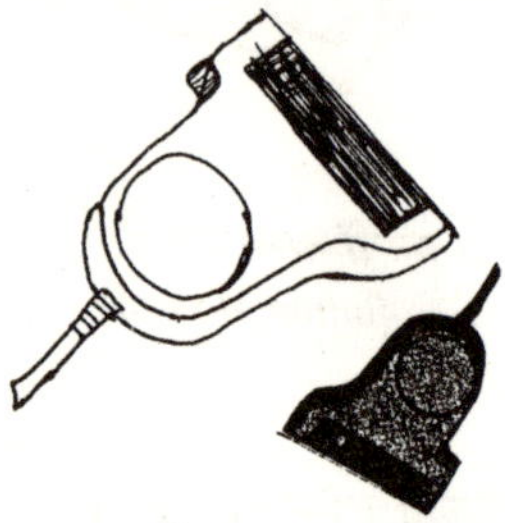

हाथ में पकड़कर काम करने वाला स्कैनर
(Hand Held Scanner)

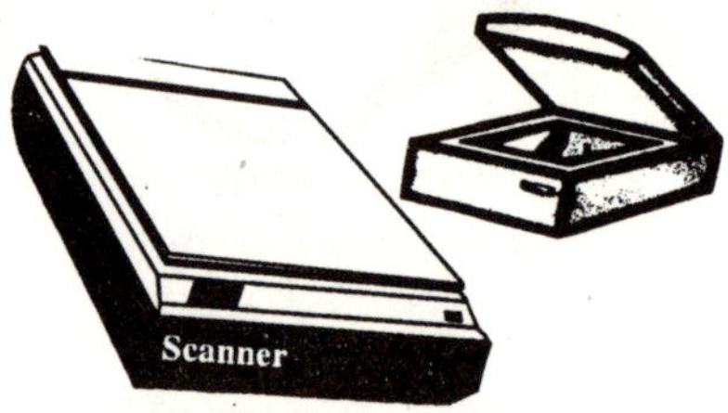

समतलीय स्कैनर
(Flat Bed Scanner)

चित्र 20.7 : स्कैनर के प्रकार

V. डिजिटल कैमरा : इस कैमरे की सहायता से व्यक्ति, वस्तु या स्थानों के फोटोग्राफ लेकर डिजिटल इनपुट के रूप में कंप्यूटर में स्थानान्तरित किया जा सकता है। इन फोटोग्राफों को हम जब चाहें, कंप्यूटर स्क्रीन पर देख सकते हैं तथा ई-मेल के द्वारा दूर बैठे अपने रिश्तेदारों को उनके कंप्यूटरों पर भेज सकते हैं। फोटोग्राफों को फाइल में भंडारित कर सकते हैं और प्रिंटर की सहायता से उनका प्रिंट भी निकाल सकते हैं।

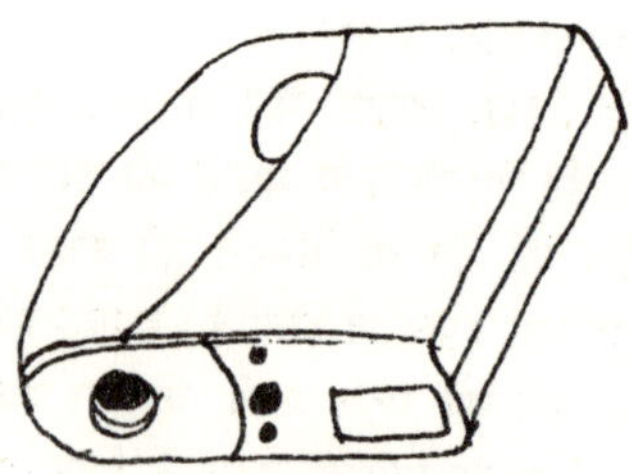

चित्र 20.8 : डिजिटल कैमरा
(Digital Camera)

(B) प्रदा यंत्र/आउटपुट उपकरण (Output Devices)

कंप्यूटर द्वारा प्रदान की गई कोई भी सूचना या परिणाम प्रदा या आउटपुट कहलाते हैं। इन सूचनाओं तथा परिणामों को प्रयोगकर्त्ता तक पहुँचाने के लिए जो उपकरण काम में लाए जाते हैं, उन्हें प्रदा यंत्र कहते हैं। जैसे प्रिंटर, प्लोटर, मॉनीटर इत्यादि।

1. मॉनीटर (Monitor)–मॉनीटर को दृश्य प्रदर्शन इकाई (Visual Display Unit) (VDU) भी कहते हैं। देखने में यह टेलीविजन जैसा ही होता है। आकार, रंग और कीमत के आधार पर कई प्रकार के मॉनीटर उपलब्ध हैं। मॉनीटर 14", 15", 17", 19", 21" के आकार के उपलब्ध हैं। बाहर आने वाली जानकारी अथवा परिणाम मॉनीटर की स्क्रीन पर दृश्य के रूप में प्रदर्शित किए जाते हैं। यह जानकारी सूचना, आँकड़े व परिणामों को लिखित या चित्रात्मक सामग्री के रूप में प्रदर्शित कर सकता है। यह प्रदर्शन सफेद एवं काला अथवा रंगीन दोनों तरह से हो सकता है। परन्तु आजकल हम अधिकतर रंगीन मॉनीटर का प्रयोग करते हैं। की-बोर्ड द्वारा भी जो टाइप किया जाता है उसे मॉनीटर पर देख सकते हैं। मॉनीटर की गुणवत्ता रिज्योलूशन (Resolution) पर निर्भर करती है। रिज्योलूशन का अर्थ है पिक्सेल (Pixel या Picture element) का कम या अधिक संख्या में होना। जिस मॉनीटर में जितने अधिक पिक्सेल होते हैं, स्क्रीन पर उतनी अच्छी आकृतियाँ या डिसप्ले देखने को मिलता है।

चित्र 20.9 : विभिन्न प्रकार के मॉनीटर

(Different Types of Monitor)

2. प्रिंटर (Printer):–कंप्यूटर प्रोसेसिंग के उपरान्त प्राप्त सूचना या परिणामों को पेपर, पारदर्शी शीट (Transparencies), बटर शीट्स (Butter Sheets) या अन्य सामग्री पर लिखित या चित्रात्मक रूप में प्राप्त करने के लिए जिस उपकरण का प्रयोग किया जाता है उसे प्रिंटर कहते हैं। प्रिंटरों को दो वर्गों में रखा जाता है।

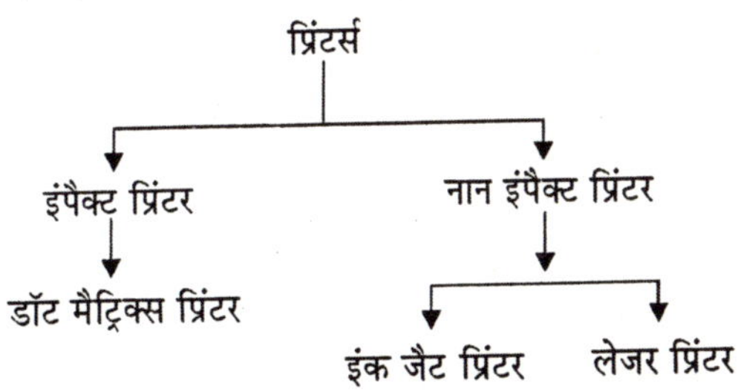

चित्र 20.10 : प्रिंटर्स के प्रकार *(Types of Printers)*

(A) इम्पैक्ट प्रिंटर्स (Impact Printers)

(B) नान-इम्पैक्ट प्रिंटर्स (Non-impact Printers)

(A) इम्पैक्ट प्रिंटर्स : ये प्रिंटर टाइपराइटर की तरह कार्य करते हैं, इनमें अक्षरों (Characters) को स्याही से भरे रिबन पर रखकर दबाया जाता है जिससे वह नीचे रखे कागज पर छप जाता है। ये प्रिंटर धीमे तथा शोर करने वाले होते हैं।

उदाहरण- डॉट मैट्रिक्स प्रिंटर।

(i) डॉट मैट्रिक्स प्रिंटर (Dot-matrix Printer): यह प्रिंटर हर अक्षर या चरित्र की स्याही रिबन पर पिनों की चोट करते हुए बिन्दुओं के रूप में छापता है। प्रिन्टर के प्रिन्ट हैड में पिनों की संख्या 9 से 24 तक होती है। ये ग्राफ, रेखाचित्र आदि भी छाप सकते हैं। यह अंग्रेजी भाषा के अतिरिक्त अन्य भाषाओं में भी अक्षर छाप सकता है। सस्ते होने के बावजूद इनका प्रयोग कम किया जाता है। क्योंकि ये शोर या आवाज बहुत अधिक करते हैं। प्रिंट का स्तर निम्न होता है। प्रिटिंग रफ्तार काफी कम होती है।

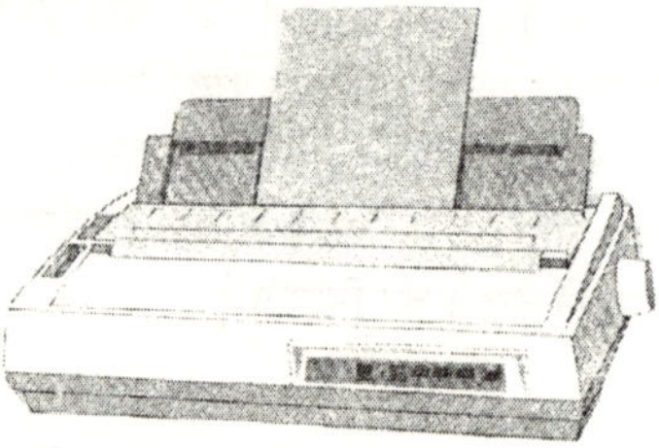

चित्र 20.11 : डॉट मैट्रिक्स प्रिंटर
(Dot Matrix Printer)

(B) नान-इम्पैक्ट प्रिंटर्स (Non-impact Printers): इन प्रिंटर्स में कागज और प्रिंट हैड में कोई संपर्क नहीं होता। ये प्रिंट करने के लिए इंक का प्रयोग करते हैं।

उदाहरण-इंक जैट प्रिंटर, लेजर प्रिंटर

(i) इंक जैट प्रिंटर (Ink-jet Printer): ये प्रिंटर कागज पर बनाए गए चरित्रों को छापने के लिए इंक जेट्स का प्रयोग करते हैं। इंक जैट प्रिंटर ज्यादा लोकप्रिय हैं क्योंकि ये ज्यादा आवाज नहीं करते। प्रिंट की गुणवत्ता अच्छी होती है। प्रिटिंग रफ्तार ज्यादा होती है। एक मिनट में दो से चार पेज छाप सकते हैं। इनके द्वारा किया गया कार्य विश्वसनीय होता है।

चित्र 20.12 : इंक जैट प्रिंटर
(Ink-jet Printer)

(ii) लेजर प्रिंटर (Laser Printer): लेजर प्रिंटर में माइक्रो-इलैक्ट्रोनिक्स, लेजर किरण तकनीक तथा फोटो कापी तकनीक

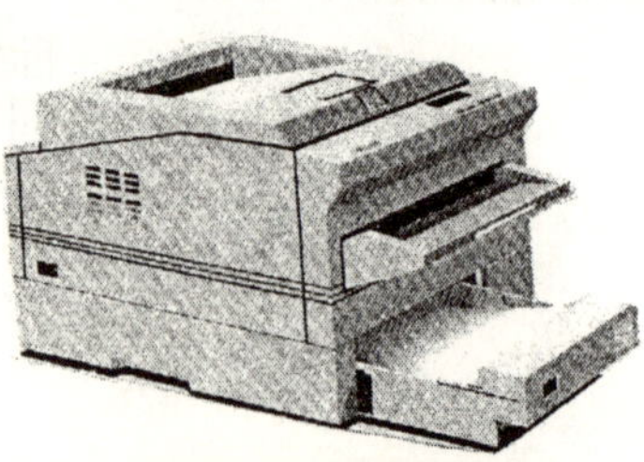

चित्र 20.13 : लेजर प्रिंटर
(Laser Printer)

का संयुक्त रूप से उपयोग किया जाता है। प्रिंटिग रफ्तार (11 मिनट में 20 पेज) बहुत ज्यादा होती है। इन प्रिंटरों का प्रयोग पुस्तकें व पत्रिकाएँ छापने के लिए किया जाता है। असीमित फोन्ट्स (Fonts) का प्रयोग करते हुए किसी भी रंग में या श्वेत-श्याम लिखित या चित्रात्मक सामग्री छाप सकते हैं। डॉट मैट्रिक्स प्रिंटर व इंक जैट प्रिंटर की तुलना में ये प्रिंटर काफी महंगे होते हैं इसीलिए इनका प्रयोग कंप्यूटर लैब में कम किया जाता है।

3. प्लोटर्स (Plotters): अच्छी गुणवत्ता वाले ग्राफिक्स (चार्ट, ग्राफ, टेबल, चित्र) कागज पर बनाने के लिए प्लोटर का प्रयोग किया जाता है। प्लोटर ग्राफिक्स बनाने के लिए स्याही-पैन का प्रयोग करते हैं। पैन एक रंग के हो सकते हैं या विभिन्न रंगों के। प्लोटर्स द्वारा प्राप्त आउटपुट की गुणवत्ता मुद्रण के लिए प्रयोग किए गए पैन, स्याही और पेपर पर निर्भर करती है। ये प्रिंटर की तुलना में काफी महँगे होते हैं। इनका प्रयोग तब किया जाता है जब प्रिंटर द्वारा उद्देश्य पूरा नहीं होता। प्राय: दो प्रकार के प्लोटर काम में लाए जाते हैं :

(A) फ्लैट-बैड प्लोटर (Flat bed Plotter): इस प्लोटर में कागज एक जगह स्थिर रहता है और x-axis तथा y-axis पर लगे पैनों को घुमाया जाता है। कंप्यूटर पैन की गति को नियंत्रित करता है।

(B) ड्रम प्लोटर (Drum Plotter): ड्रम प्लोटर में कागज ड्रम पर घूमता है और पैन एक नियत मार्ग पर कार्य करता है।

4. साउन्ड-कार्ड और स्पीकर (Sound Cards and Speaker): साउन्ड कार्ड और स्पीकर आउटपुट को ध्वनि के रूप में उपलब्ध कराते हैं। उनके द्वारा सभी तरह के संगीत एवं मनोरजंन कार्यक्रमों का लाभ कंप्यूटर पर उठा सकते हैं। इनकी मदद से तथा कंप्यूटर नैटवर्क द्वारा एक-दूसरे की आवाजों को सुन सकते हैं। जैसे-लाइन कान्फ्रेन्सिंग, दूर बैठे रिश्तेदारों एवं मित्रों से बातचीत करना, व्यवसाय करना आदि।

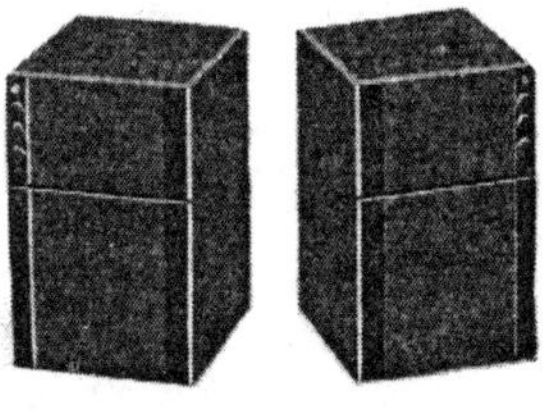

6. सैन्ट्रल प्रोसेसिंग यूनिट (Central Processing Unit or C.P.U): यह यूनिट इनपुट उपकरणों एव आउटपुट उपकरणों की यूनिटों के बीच में स्थित होती है। C P U कंप्यूटर का मस्तिष्क होता है। इसका मुख्य कार्य प्रोग्राम को क्रियान्वित करना है। जब भी

कोई डाटा इनपुट डिवाईस के द्वारा कंप्यूटर में डाला जाता है तो उस सामग्री को ग्रहण करने, उनका भंडारण करने तथा आवश्यक कार्यवाही करने की सभी क्रियाएँ सी.पी.यू. द्वारा की जाती है। सी.पी.यू. के जिस भाग में प्रोसेसिंग होती है। उसे माइक्रोप्रोसेसर (Microprocesser) कहते हैं।

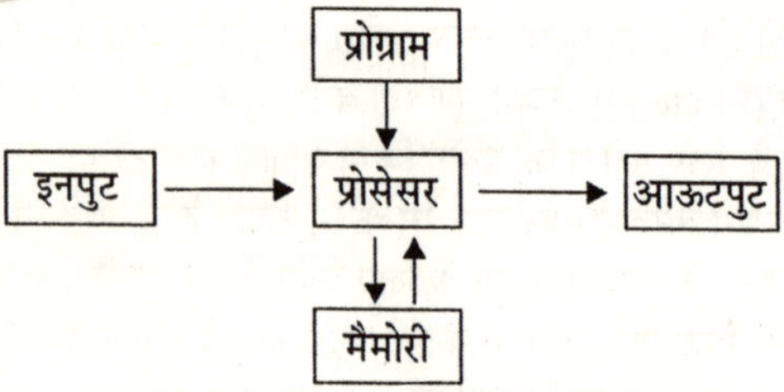

चित्र 20.14 : कंप्यूटर के भाग

माइक्रोप्रोसेसर को कंप्यूटर का ड्राइविंग इंजन भी कहते हैं। इसके द्वारा कितने बिट्स (Bits) डाटा भेजा या ग्रहण किया जाता है और कितना प्रोसेस किया जाता है, इसे माइक्रोप्रोसेसर की कार्य-क्षमता का पता चलता है। 8 बिट्स मिलकर एक बाइट (Byte) बनती है जो कंप्यूटर स्मृति की मूल इकाई है।

8 Bits = 1 Byte

सी.पी.यू को मुख्य: तीन भागों में बाँटा जाता है :

(*i*) अंकगणितीय तर्क यूनिट (Arithmetic Logic Unit or ALU)

(*ii*) नियंत्रण यूनिट (Control Unit)

(*iii*) स्मृति यूनिट (Memory Unit)

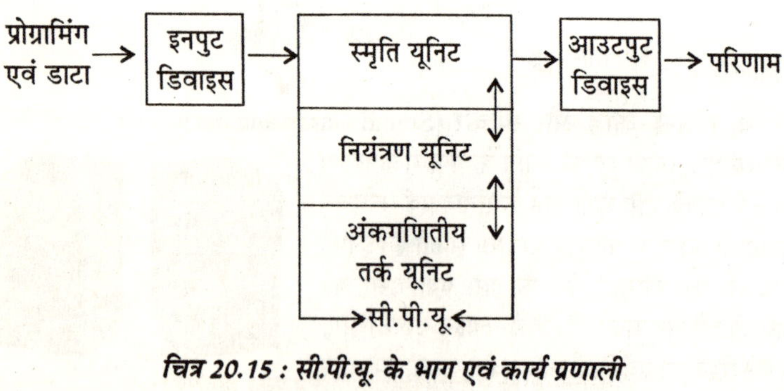

चित्र 20.15 : सी.पी.यू. के भाग एवं कार्य प्रणाली

(i) अंकगणितीय तर्क यूनिट (Arithmetic & Logic Unit) : यह इकाई वास्तविक गणना अर्थात जमा, घटा, भाग, गुणा एवं विभेदीकरण का कार्य करता है। अत: इसके कार्य सभी गणितीय एवं तार्किक गणनाएँ करना है।

(ii) नियन्त्रण यूनिट-(Control Unit): यह इकाई नियन्त्रण एवं निर्देशक का कार्य करती है। यह अनुदेशनों को स्मृति इकाई से प्राप्त कर उन्हें डिकोड करती है तथा फिर इन्हें ALU में भेजती है। यह इकाई कंप्यूटर की सभी संक्रियाओं (Operations) को नियंत्रित करती है।

(iii) स्मृति इकाई (Memory Unit):-यह इकाई सूचनाओं एवं आँकड़ों को उसकी स्मृति में बनाए रखने का कार्य करता है ताकि अंकगणितीय तर्क विभाग की जरूरतों को पूरा किया जा सके।

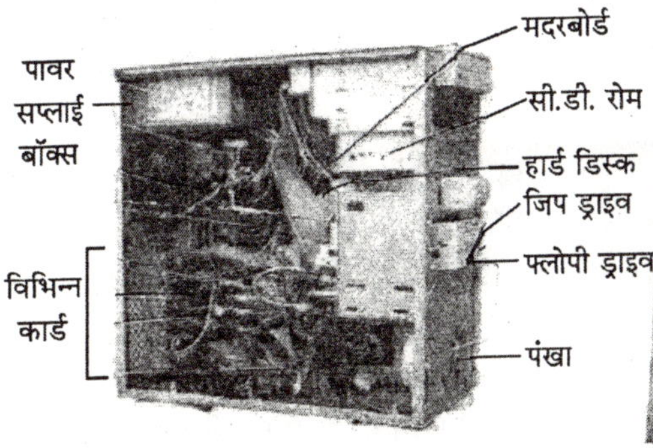

चित्र 20.16 : सी.पी.यू. का भीतरी भाग

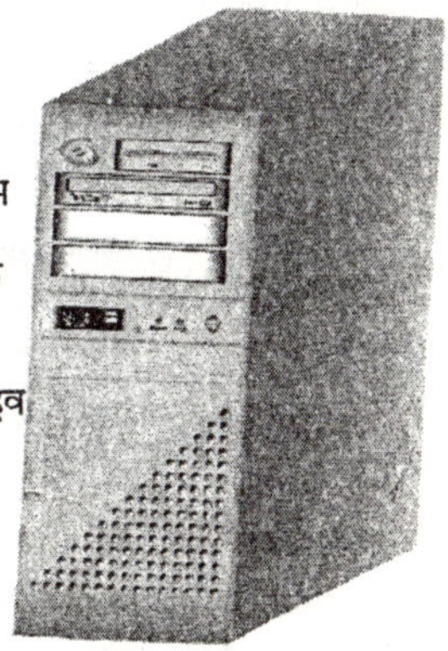

सी.पी.यू. (Central Processing Unit)

स्मृति-भण्डारण उपकरण (Memory Storage Devices): स्मृति दो प्रकार की होती है—प्राइमरी एवं सेकंडरी।

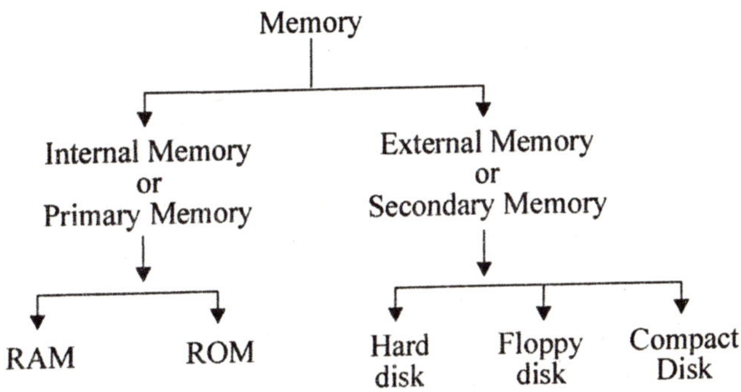

चित्र 20.17 : स्मृति के प्रकार व इसका भंडारण

(A) मुख्य स्मृति (Primary Memory): वह स्मृति इकाई जो सी.पी.यू. के साथ प्रत्यक्ष रूप से संप्रेषण करती है, मुख्य स्मृति कहलाती है। मुख्य स्मृति CPU में उपस्थित

रहती है इसलिए इसे आंतरिक स्मृति भी कहते हैं। यह मदरबोर्ड में चिप्स के रूप में पाई जाती है।

इसे दो भागों में बाँटा जाता है–

1. रैम (Ram) या रैन्डम एसैस मैमोरी (Random Access Memory)
2. रोम (Rom) या रीड ऑनली मैमोरी (Read only Memory)

1. रैम (Ram): यह स्मृति पठन/लेखन स्मृति भी कहलाती है क्योंकि इसमें भंडारित सूचना को पढ़ा जा सकता है और लिखा भी जा सकता है। यह अस्थिर (Volatile) स्मृति होती है क्योंकि जब तक इसे पावर सप्लाई दी जाती है तब तक सूचना इसमें भंडारित रहती है। जैसे ही पावर बंद कर दी जाती है, उसी समय भंडारित सभी सूचनाएँ गायब हो जाती हैं और पुनः प्राप्त नहीं होतीं।

चित्र 20.18 : रैम (*RAM*)

2. रोम (Rom): यह स्मृति स्थायी होती है। रोम में भंडारित सभी सूचनाओं को हम केवल पढ़ सकते हैं उसमें लिखने या संशोधन का कार्य नहीं कर सकते। पावर सप्लाई बन्द होने पर भी इसमें भंडारित सूचनाएँ कभी गायब नहीं होतीं ROM स्थाई प्रोग्रामों तथा अन्य प्रकार की सूचना का भंडारण करते हैं जिसकी कंप्यूटर प्रयोगकर्त्ता को प्रोग्राम क्रियान्वित करने के लिए आवश्यकता होती है।

(B) बाह्य स्मृति (External Memory): यह स्मृति सी.पी.यू. के बाहर होती है। सेकंडरी स्मृति का प्रयोग कार्यक्रमों, आँकड़ों, और अन्य सूचनाओं की भारी मात्रा के भंडारण के लिए किया जाता है। यह स्मृति स्थिर होती है। बाह्य स्मृति के लिए बाह्य भंडारण उपकरणों की जरूरत होती है। इन उपकरणों की सहायता से सूचनाओं को एक कंप्यूटर से दूसरे कंप्यूटर में स्थानांतरित किया जा सकता है। बाह्य स्मृति के उदाहरण हैं– फ्लोपी डिस्क, हार्ड डिस्क, सी.डी. रोम आदि। आइए, अब इनके बारे में कुछ जानें।

1. फ्लोपी डिस्क (Floppy Disk): यह छोटे आकार की मुलायम एवं लचीली मैग्नेटिक डिस्क होती है। फ्लोपी दो आकार की होती है 5¼", 3½". आजकल 3½" आकार की फ्लोपी का प्रयोग ज्यादा किया जाता है। यह गोल होती है तथा इसके केन्द्र में एक छेद होता है। सुरक्षा की दृष्टि से इन्हें एक वर्गाकार प्लास्टिक कवर में रखा जाता है। फ्लोपी पर सूचनाओं या डाटा को स्टोर करने और स्टोर किए हुए डाटा को पढ़ने या लिखने के लिए फ्लोपी ड्राइव का प्रयोग किया जाता है।

3½" फ्लोपी डिस्क

5¼" फ्लोपी डिस्क

चित्र 20.19 : फ्लोपी डिस्क के प्रकार

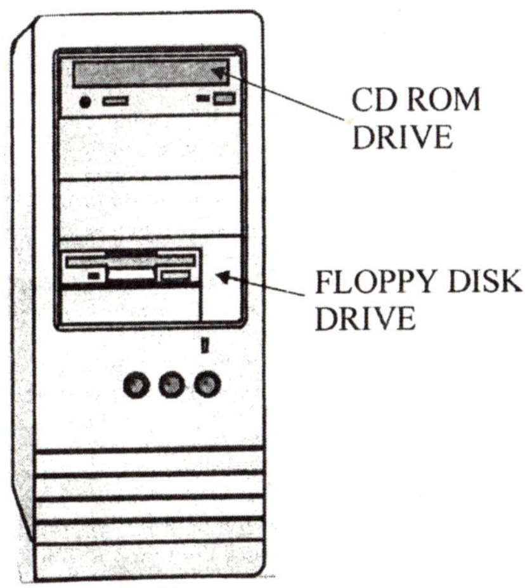

सी. पी. यू.

फ्लोपी-ड्राइव सी.पी.यू में स्थित होता है। एक कंप्यूटर से दूसरे कंप्यूटर तक सूचनाओं को ले जाने में फ्लोपी काफी मदद करती है। एक 3½" आकार की फ्लोपी दोनों तरफ 720 KB या 1.44 MB या डाटा स्टोर कर सकती है।

कंप्यूटर की स्मृति की भंडारण क्षमता को बाइट्स (Bytes) में मापा जाता है। एक बाइट एक करेक्टर (Character) स्टोर करती है। उदाहरण के रूप में STUDENT शब्द के भंडारण के लिए 7 बाइटस चाहिए क्योंकि इसमें सात Character हैं। किलोबाइट (KB), मेगबाइट (MB), गीगाबाइट (GB) टैराबाइट (TB) आदि स्मृति की भंडारण क्षमता मापती है।

1 KB = 1024 Bytes
1 MB = 1024 KB
1 GB = 1024 MB
1 TB = 1024 GB

फ्लोपी में भंडारित सूचनाओं को सुरक्षित रखने के लिए इस को कभी भी गर्म, ठंडे व नमी युक्त स्थान पर नहीं रखना चाहिए और न ही उन्हें मोड़ना चाहिए।

2. हार्ड डिस्क (Hard disk):-यह गोल, धातु की कठोर डिस्क होती है। हार्ड डिस्क सी.पी.यू. के अन्दर हार्ड डिस्क ड्राइव में होती है। जिस प्रकार फ्लोपी डिस्क पर

आँकड़े अथवा सूचनाएँ एकत्रित की जाती है उसी प्रकार हार्ड डिस्क पर भी सूचनाएँ एकत्र होती हैं। यह आकार में फ्लोपी से बड़ी होती है तथा इसकी भण्डारण क्षमता भी बहुत अधिक होती है। 3½" की हार्ड डिस्क की भंडारण क्षमता 500 MB होती है। परन्तु अब तो कंप्यूटर में 100 गीगाबाइट तक डाटा स्टोर किया जा सकता है।

चित्र 20.20 : हार्ड डिस्क
(Hard Disk)

फ्लोपी की तुलना में हार्ड डिस्क ज्यादा सुरक्षित और विश्वसनीय होती है। सी.पी.यू. के अन्दर होने के कारण गर्मी, नमी व धूल में इसके खराब होने की संभावना काफी कम होती है।

फ्लोपी डिस्क तथा हार्ड डिस्क मैग्नेटिक डिस्क कहलाती है।

3. ऑप्टीकल डिस्क (Optical Disk): ऑप्टीकल डिस्क की धारण क्षमता (Storage Capacity) मैग्नेटिक डिस्क की तुलना में काफी अधिक होती है। इन डिस्क पर सूचनाओं को पढने व लिखने के लिए लेजर किरणों का प्रयोग किया जाता है। कुछ मुख्य ऑप्टीकल डिस्क इस प्रकार हैं–

***(i)* सी.डी.रोम** (C.D. ROM)[Compact Disk-Read Only Memory]:–सी.डी.फ्लोपी की अपेक्षा अधिक विश्वसनीय होती है। इनकी भंडारण क्षमता अधिक होती है। एक सी.डी.रोम की धारण–क्षमता 700 फ्लोपी डिस्क के बराबर होती है। इसमें संग्रहित सूचनाओं को केवल पढ़ा जा सकता है। इस पर कुछ लिखा नहीं जा सकता क्योंकि सी.डी.रोम पर लिखने के लिए अत्यधिक तीव्र लेजर किरणों का प्रयोग किया जाता है। सी.डी.रोम पर रिकार्ड सूचनाओं को पढ़ने के लिए सी.डी.रोम ड्राइव की जरूरत होती है जो कंप्यूटर के सी.पी.यू. में होता है।

चित्र 20.21 : सी. डी. रोम

***(ii)* डिजिटल बरसेटाइल डिस्क** (Digital Versatile Disk, DVD)–DVD सी.डी. की तरह दिखाई देती है। इसकी धारण क्षमता सी.डी. की तुलना में 15 गुणा अधिक होती है। यह 17 GB तक डाटा स्टोर कर सकती है। इसमें दोनों तरफ सूचनाओं को भरा जा सकता है। इस डिस्क का प्रयोग सुनने, देखने और सूचनाओं को एकत्रित करने के लिए किया जाता है। इसे Digital Video Disk भी कहते हैं।

***(iii)* सी.डी.-आर डबल्यू** (CD-RW, Compact Disk-Read and Write): यह सी.डी. रोम से भिन्न है। एक विशेष ड्राइव, सी.डी-आर डबल्यू ड्राइव (CD-RW Drive) की सहायता से सूचनाओं को फ्लोपी और हार्ड-डिस्क की तरह पढ़ और लिख सकते हैं।

3. मेग्नेटो-ऑप्टीकल डिस्क (Magneto-optical Disks or MO Disks): यह डिस्क मैग्नेटिक तथा ऑप्टीकल दोनों प्रकार की डिस्क तकनीकी काम में लाती है। इसे

फ्लोपी की तरह एक जगह से दूसरी जगह ले जा सकते हैं। इस पर विद्यमान सूचनाओं को पढ़ा तथा लिखा जा सकता है। इनकी भंडारण क्षमता एक तरफ 2 GB तथा दोनों तरफ 4 GB होती है। गर्मी, धूल तथा नमी से ये डिस्क काफी सुरक्षित रहती है। इन डिस्क पर पहले से लिखे हुए डाटा पर हम लाखों बार दुबारा लिखने का कार्य कर सकते हैं।

शिक्षा में कम्प्यूटर का प्रयोग
(Utility of Computer in Education)

कंप्यूटर ने हमारी दैनिक परिस्थितियों में अभूतपूर्व परिवर्तन ला दिए हैं। आज के युग में कोई भी क्षेत्र ऐसा नहीं है जहाँ इसका प्रयोग न किया जाता हो। वैज्ञानिक अनुसंधान, उद्योग, व्यापार, सेना, संचार व्यवस्था, अंतरिक्ष क्षेत्र, चिकित्सा, शिक्षा, यहाँ तक कि कला एवं संस्कृति के क्षेत्र में भी कंप्यूटर का प्रयोग बढ़ता जा रहा है। पुस्तकों, पत्र-पत्रिकाओं आदि के प्रकाशन में भी कंप्यूटर का प्रयोग किया जाता है क्योंकि इससे प्रकाशन कार्य सहज और सरल हो गया है। इसकी सहायता से मौसम की पूरी जानकारी पहले से ही प्राप्त कर ली जाती है। ए.टी.एम. (ATM) कार्ड की सहायता से बैंक बन्द होने के बाद भी हम पैसा निकाल सकते हैं। यह सब कम्प्यूटर की ही देन है। वायुयान और मैट्रो रेलगाड़ी चलाने के लिए कंप्यूटर नियंत्रित स्वचालित चालक बना दिए गए हैं जो बिना पायलट की मदद से यान उड़ा सकते हैं और बिना ड्रावर की मदद के रेलगाड़ी चला सकते हैं। रेलवे आरक्षण में, सूचना का आदान-प्रदान करने में भी कंप्यूटर की उपयोगिता बढ़ती जा रही है।

आज शिक्षा के क्षेत्र में भी कंप्यूटर का प्रयोग बढ़ता जा रहा है। इसकी उपयोगिता को देखते हुए अनेक राज्यों में प्राथमिक स्तर से ही बच्चों को कंप्यूटर की शिक्षा दी जाती है ताकि आज के छात्र आगे चलकर इसका प्रयोग कर सकें। आइए, वर्तमान शिक्षा-प्रणाली में कंप्यूटरों के प्रयोग पर चर्चा करें :

1. आन लाईन शिक्षा (On Line Education): आज आन लाईन शिक्षा ने शिक्षा के क्षेत्र में क्रांति ला दी है। यह विद्यार्थियों में काफी लोकप्रिय हो रही है। घर बैठकर ही शिक्षा प्राप्त कर सकते हैं। इस प्रकार की शिक्षा के लिए विद्यार्थी को पढ़ने के लिए किसी संस्था में नहीं जाना पड़ता। कंप्यूटर की सहायता से विद्यार्थी अध्यापक या विशेषज्ञ के साथ सम्पर्क स्थापित कर सकता है। इसे टेली-कान्फ्रेसिंग (Tele-Conferencing) कहा जाता है। विद्यार्थियों के लिए विषय सामग्री सी.डी. (CD) के रूप में उपलब्ध होती है। जब विद्यार्थी की रुचि व इच्छा हो, तब वह कंप्यूटर में CD डालकर विषय-सामग्री का अध्ययन कर सकता है। यह तकनीक विद्यार्थियों को अपनी रुचि व गति के अनुसार सीखने का अवसर प्रदान करती है।

2. शोध कार्य (Research Work): कंप्यूटर का प्रयोग शोध-कार्यों में भी किया जाता है। प्रदत्तों के संकलन के पश्चात उनका विश्लेषण करने के लिए कंप्यूटर का प्रयोग

किया जाता है। इसके द्वारा प्राप्त परिणाम शुद्ध एवं विश्वसनीय होते हैं। जिस क्षेत्र में अनुसंधानकर्त्ता शोध कर रहा है, उससे सम्बन्धित सूचनाएँ एवं आँकड़े कंप्यूटर की सहायता से प्राप्त कर सकता है।

3. विद्यार्थियों के रिकार्ड रखना (Maintaining Records of the Students): पहले विद्यार्थियों के विभिन्न प्रकार के रिकार्ड रजिस्टरों एवं फाइलों में रखे जाते थे। अब विद्यार्थियों का सारा रिकार्ड कंप्यूटर में संग्रहित कर लिया जाता है। सभी छात्रों की फीस, फन्डस व अन्य रिकार्ड रखने में कंप्यूटर उपयोगी है। जरूरत पड़ने पर किसी भी विद्यार्थी के बारे में हर प्रकार की सूचना एक सेकिण्ड में प्राप्त की जा सकती है।

4. मूल्यांकन प्रक्रिया व परीक्षा-परिणामों को जानने में सहायक (Helpful in Knowing Examination Results and Evaluation Process): कंप्यूटर परीक्षाफल तैयार करने में भी सहायक है। भारत में भी विश्वविद्यालय तथा परीक्षा परिषदें परीक्षाफलों को तैयार करने में कंप्यूटर की सहायता लेती है। इसकी सहायता से लाखों बच्चों का परीक्षाफल दो या तीन दिन के अन्दर तैयार कर सकते हैं। हर विश्वविद्यालय एवं स्कूल शिक्षा बोर्ड की अपनी वैबसाइट होती है। तैयार किए गए परिणाम वेबसाइट में भर दिए जाते हैं। विद्यार्थी वेबसाइट खोलकर घर बैठे ही परीक्षा परिणाम देख सकते हैं। अंकतालिका भी प्राप्त की जा सकती है। इस प्रकार विद्यार्थियों के समय की बचत होती है।

5. पुस्तकालयों हेतु उपयोग (Uesful for Libraries): कंप्यूटर की सहायता से पुस्तकालय सम्बन्धी सभी कार्य आसानी से कर सकते हैं। पुस्तकालय में पुस्तक चयन, सूचीकरण, वर्गीकरण, पुस्तक आदान-प्रदान कार्य, पत्र-पत्रिकाओं का नियंत्रण आदि कार्य कम्प्यूटर द्वारा आसानी से कर सकते हैं।

6. इंटरनेट द्वारा पुस्तकालय सेवाएं (Library Service through Internet): इंटरनेट के द्वारा विद्यार्थी अपना सम्बन्ध विश्व के अन्य पुस्तकालयों के साथ जोड़ सकता है। इस प्रकार वे किसी भी क्षेत्र में नई-नई जानकारी प्राप्त कर सकते हैं।

7. शैक्षिक निर्देशन तथा परामर्श (Educational Guidance & Counselling): निर्देशन तथा परामर्श के लिए भी कंप्यूटर का प्रयोग किया जाता है। शैक्षिक निर्देशन के लिए छात्रों की कमजोरियों का निदान कर उनके उपचार के लिए अनुदेशन दिया जाता है। व्यावसायिक निर्देशन के लिए छात्र की क्षमताओं तथा योग्यताओं को कार्ड पर अंकित कर कंप्यूटर को दे दिया जाता है। कंप्यूटर उनकी क्षमताओं के आधार पर निर्देशन तथा परामर्श का कार्य करता है।

8. शिक्षकों के लिए उपयोगी (Useful for Teachers): शिक्षकों को अपने शिक्षण दायित्वों को निभाने हेतु कंप्यूटर विभिन्न प्रकार की सहायता प्रदान करता है। कंप्यूटर निर्देशित स्व अधिगम सामग्री द्वारा अध्यापक अपने शिक्षण कार्यों को बेहतर ढंग

से पूरा कर बालकों में ज्यादा-से-ज्यादा अधिगम कर सकता है। लोरेंस स्टोलुरो ने 1965 में ऐसे शिक्षण प्रतिमान का विकास किया जिसमें शिक्षक के स्थान पर अनुदेशन के प्रस्तुतीकरण के लिए कंप्यूटर का प्रयोग किया जाता है। कंप्यूटर द्वारा विषय-वस्तु का वास्तविक शिक्षण किया जाता है।

9. विकलांगों को शिक्षा (Education to Handicapped): गूंगे, बहरे, विकलांगों को शिक्षा देने के लिए कंप्यूटर का प्रयोग किया जा सकता है। यह विद्यार्थियों की गति एवं कार्यक्षमता के अनुसार काम करता है। यदि विद्यार्थियों को कोई पाठ समझ न आया हो तो उसकी कंप्यूटर पर कई बार पुनरावृत्ति की जा सकती है। यह विद्यार्थियों की आवश्यकताओं एवं रुचि के अनुसार अधिगम संसाधनों एवं सामग्री का निर्धारण करता है। कंप्यूटर विद्यार्थी एवं विषय-वस्तु की प्रत्यक्ष अन्त:क्रिया प्रस्तुत करता है। विकलांग बच्चों में ध्यान देने की क्षमता कम होती है, कंप्यूटर द्वारा छात्रों की विषय-वस्तु में रुचि पैदा की जा सकती है।

10. समस्या समाधान एवं रचनात्मकता (Problems Solving and Creativity): समस्या समाधान एवं रचनात्मक योग्यताओं के विकास के लिए कंप्यूटर का प्रयोग किया जा सकता है।

11. यथार्थवत अनुकरण अथवा अनुरूपण (Simulation): मेडीकल विज्ञान, जैवकीय विज्ञान, भाषा आदि विषयों में विद्यार्थियों की कार्य-कुशलता बढ़ाने के लिए कंप्यूटर द्वारा वास्तविक जीवन की यथार्थ-स्थितियों का अनुरूपण किया जाता है। कंप्यूटर के पर्दे पर यथार्थवत स्थितियाँ दिखाई जाती हैं जैसे मानव शरीर में रक्त प्रवाह प्रणाली, जीवन विज्ञान, गणित के मॉडल आदि। यह विद्यार्थियों को सीखने के लिए अभिप्रेरित करता है।

12. शिक्षण-अधिगम प्रक्रिया में सहायक (Helpful in Teaching & Learning): गणित, विज्ञान, भाषा आदि के लिए कंप्यूटर का प्रयोग सफलतापूर्वक किया जा चुका है। यह विद्यार्थियों के प्रारम्भिक ज्ञान के आधार पर अधिगम सामग्री का चयन करता है। यह विभिन्न विद्यार्थियों की सुविधा के लिए एक ही प्रकरण से सम्बन्धित अनुदेशनात्मक सामग्री को विभिन्न रूपों में संचित करता है।

13. ड्रिल एवं अभ्यास (Drill and Practice): कंप्यूटर का प्रयोग गणित, विज्ञान एवं भाषा आदि के शिक्षण में ड्रिल एवं अभ्यास के लिए किया जाता है। उपचारात्मक शिक्षण चाहने वाले विद्यार्थियों के लिए उपचारात्मक कार्यक्रम भी प्रस्तुत किया जाता है।

14. वास्तविक शिक्षण (Real Teaching): कंप्यूटर द्वारा विषय-वस्तु का वास्तविक शिक्षण किया जाता है। मौखिक व्याख्या प्रस्तुत करने के लिए श्रव्य टेप का प्रयोग किया जाता है और Cathode-ray tube के द्वारा आवश्यकतानुसार दृश्य प्रस्तुत किए जाते हैं।

कंप्यूटरों के प्रकार
(Types of Computers)

कंप्यूटरों को निम्नलिखित मापदण्डों के आधार पर वर्गीकृत किया जा सकता है-

1. कंप्यूटरों की कीमत व अन्य सुविधाएं (Cost and other Facilities of Computers)
2. कंप्यूटरों के निर्माण के सिद्धान्त (Making Principles of Computers)

1. कीमत एवं अन्य सुविधाओं के आधार पर (On the Basis of Cost and Other Facilities)

कंप्यूटरों को उनकी कार्यक्षमता, आकार तथा कीमत के आधार पर चार श्रेणियों में वर्गीकृत किया जाता है-

1. माइक्रो-कंप्यूटर (Micro-Computer)
2. मिनी-कंप्यूटर (Mini- Computer)
3. मेन-फ्रेम (Main-frame)
4. सुपर-कंप्यूटर (Super-Computer)

1. माइक्रो-कंप्यूटर (Micro Computers): ये छोटे आकार के तथा कम कीमत वाले कंप्यूटर होते हैं। ये माइक्रो-प्रोसेसर का प्रयोग करते हैं। इन्हें व्यक्तिगत कंप्यूटर, पी.सी. भी कहते हैं क्योंकि एक बार में एक ही व्यक्ति द्वारा प्रयोग में लाया जा सकता है। इनकी स्मृति 16 से 512 किलो बाइट (KB) होती है। इन्हें किसी भी व्यक्ति द्वारा बिना किसी विशेष प्रशिक्षण के अपने निजी प्रयोग हेतु काम में लाया जा सकता है, ये बहुत कम ऊर्जा का प्रयोग करते हैं। वातानुकूलन भी बहुत कम चाहिए। इनकी काम करने की गति कम होती है। ये स्थायी तथा विश्वसनीय होते हैं।

2. मिनी-कंप्यूटर (Mini-Computer): मिनी-कंप्यूटर माइक्रो की तुलना में बड़े आकार की होती है इनकी कीमत व कार्य करने की क्षमता अधिक होती है। इनमें अधिक भंडारण-क्षमता होती है। पहला मिनी-कंप्यूटर 1965 में लांच किया गया था। यह PDP-8 था। इनके द्वारा एक समय में एक से अधिक कार्य सम्पन्न किया जा सकता है।

मिनी-कंप्यूटरः उन विभागों में प्रयुक्त होते हैं जहाँ नेट-वर्किंग की आवश्यकता होती है जैसे--रेलवे आरक्षण प्रणाली। इनके लिए वातानुकूलन की आवश्कता नहीं होती। ये कमरे के तापमान पर ही कार्य कर सकते हैं।

3. मेन-फ्रेम कंप्यूटर (Main-Frame Computers): ये कंप्यूटर बहुत अधिक शक्तिशाली तथा तेज रफ्तार वाले होते हैं। इनकी भंडारण क्षमता अधिक होती है। यह 16 MB से 32 MB या इससे भी अधिक होती है। इन कंप्यूटरों का उपयोग बड़े उद्योगों, बैंकों और विश्वविद्यालयों में किया जाता है। जहाँ उन्हें भारी मात्रा में आँकड़े रखने होते हैं। ये एक समय में हजारों की संख्या में कंप्यूटरों को एक सर्वर के रूप में अपनी सेवाएं प्रदान

कर सकते हैं। इन्हें वाइड एरिया नेटवर्क (WAN) में अच्छी तरह काम में लाया जा सकता है। उदाहरण–IBM-4381, ICL38, CDC Cyber Series.

4. सुपर कंप्यूटर (Super Computer): सुपर–कंप्यूटर की कार्य करने की गति, शक्ति एवं क्षमता बहुत अधिक होती है। इन कंप्यूटरों में नैनो सैकंड (Nano-Seconds) अर्थात Billions of a Second स्तर का समय चक्र होता है। इनकी कीमत भी बहुत अधिक होती है। बहुत अधिक महँगे होने के कारण इन्हें आम व्यक्ति या संस्था द्वारा प्रयोग में नहीं लाया जाता। इनका प्रयोग राष्ट्रीय या अन्तर्राष्ट्रीय स्तर पर संगठित संस्था या कम्पनी द्वारा किया जाता है। एक सेकण्ड में करोड़ों तथा अरबों संगणनाएं कर सकते हैं। इनके द्वारा किया गया कार्य विश्वसनीय तथा वैध होता है। इनका प्रयोग अन्तरिक्ष विज्ञान, मौसम से सम्बन्धित भविष्यवाणी, वायो–मेडीकल, रक्षा–विज्ञान, चलचित्र निर्माण जैसे कार्यों एवं उपकरणों को संचालित करने के लिए किया जाता है। आजकल CRAY-1 नाम के सुपर माडल को सबसे अधिक शक्तिशाली माना जाता है।

सुपर कंप्यूटर की भंडारण क्षमता 52 MB से अधिक होती है। विश्व में केवल पाँच देश अमेरिका, इंग्लैंड, फ्रांस, जापान तथा भारत ही अभी तक सुपर–कंप्यूटर का निर्माण कर सके हैं। भारत के सुपर–कंप्यूटर का नाम परम–10,000 (Perm-10,000) है। यह देखने में एक फ्रिज के समान होता है। इसकी सहायता से चिकित्सक मानव शरीर के भीतरी अंगों की त्रिआयामी तस्वीरें खींचकर जटिल बीमारी का पता भी आसानी से लगा सकते हैं।

2. कंप्यूटरों के निर्माण के सिद्धान्त के आधार पर (On the Basis of Making Principles of Computer)

व्यवस्थित किए गए आंकडों के प्रकार के आधार पर कंप्यूटरों का निम्नलिखित तीन वर्गों में वर्गीकरण कर सकते हैं :

1. अंकीय कंप्यूटर (Digital Comptuer)
2. अनुरूप कंप्यूटर (Analog Computer)
3. संकर कंप्यूटर (Hybrid Computer)

1. अंकीय कंप्यूटर (Digital Computer): अंकीय या डिजिटल कंप्यूटर असतत या डिस्करीट आँकडों के मूल्यों (Discrete Data Value) के साथ क्रियाएं करते हैं अर्थात जिनमें गिनती होती है और तो बाइनरी (Bingary) रूप में एक और शून्य (1 and 0) शब्द में होती है। इनकी कार्य क्षमता बड़ी तीव्र होती है। ये सभी प्रकार की सूचनाओं, आकड़ों आदि को द्विआधारी पद्धति में बदलकर अपना कार्य करते हैं। ये एक सेकण्ड में लाखों, करोड़ों गणनाएँ एक साथ कर सकते हैं इनका कार्य पूर्णतः शुद्ध व सही होता है। इन कंप्यूटरों द्वारा गणित की क्रियाएँ बहुत शीघ्रता से सम्पन्न होती है। यह अदा (Input) लेते हैं और संख्याओं, अक्षरों और विशेष चरित्रों के रूप में प्रदा देते हैं। प्रदा का प्रदर्शन

छिद्रित कार्डों (Punched Cards) एवं टेपों पर चुंबकीय क्षेत्रों, जो कागजों पर छप जाते हैं द्वारा प्रदर्शित होते हैं। अंकीय कंप्यूटरों का प्रयोग व्यापारिक और वैज्ञानिक आँकड़ों की प्रोसेसिंग करने के लिए किया जाता है। ये आकार में छोटे होते हैं, इनका कार्य शत-प्रतिशत शुद्ध होता है। अंकीय कंप्यूटर भारी मात्रा में आँकड़ों का भंडारण कर सकते हैं।

2. अनुरूप कंप्यूटर (Analog Computer): अनुरूप या एनालोग कंप्यूटर उन आँकड़ों के साथ क्रिया करते हैं जिनमें भिन्नता (Variation) निरन्तर या सतत् रूप मे होती है और जो गणना करने की अपेक्षा मापन योग्य होते हैं जैसे–समय, लंबाई और भार इत्यादि। भौतिक प्रक्रिया को गणितीय समीकरण में परिवर्तित किया जाता है। इन समीकरणों को विद्युत संकेतों में परिवर्तित किया जाता है। फिर इन संकेतों पर क्रियाएँ की जाती हैं। इसके बाद परिणामों को गणित के रूप में डिकोड किया जाता है। इन कंप्यूटरों में की गई गणना 99% शुद्ध होती है, 10% अशुद्धता की संभावना बनी रहती है।

एक एनालोग कंप्यूटर में अदा को स्वीकार करने की योग्यता होती है जो समय और तीव्रता के साथ भिन्न होती रहती है तथा उन्हें प्रत्यक्ष रूप से, कंप्यूटर के भीतर ही विभिन्न क्रियाओं के लिए प्रयुक्त किया जाता है जो कंप्यूटिंग क्रियाएँ सम्पन्न करती है। यंत्र (System) से प्रदा ग्राफ के रूप में मिलती है जिसे अंकित करने वाले पेन से अंकित किया जाता है।

इन कंप्यूटरों का प्रयोग डाकघरों या मेलिंग रूप में किया जाता है क्योंकि ये किसी पैकेज के भार को डाक में होने वाले खर्च में बदल देते हैं। यह गणित के बहुत ही जटिल कार्यों को बड़ी तेजी के साथ संम्पन्न करता है। इनकी भंडारण क्षमता अपेक्षाकृत अधिक होती है।

3. संकर कंप्यूटर (Hypbrid Computers): एनालाग और डिजिटल कंप्यूटरों को मिलाकर नए कंप्यूटरों का विकास किया गया जिन्हें संकर या हाईब्रिड़ कंप्यूटर कहा जाता है। ये कंप्यूटर रोबोट, स्वचालित मशीन या उपकरणों में लगाए जाते हैं। ये स्वचालित मशीन को अपने अंदर भरे प्रोग्राम के अनुरूप नियन्त्रित करके रखते हैं। ये कंप्यूटर एक सहायक कंप्यूटर के रूप में कार्य करते है क्योंकि इन्हें किसी मुख्य मशीन या उपकरण के भीतर रखा जाता है। उदाहरण-रोबोट में इस कंप्यूटर को रखने पर उसके विशेष अंग को नियंत्रित तथा संचालित किया जाता है। संकर कंप्यूटर में एनालॉग कम्प्यूटर तापमान या रोगी के हृदय के उतार-चढ़ावों का मापन करता है। इन्हें फिर संख्याओं में परिवर्तित कर अंकीय भागों में सचित किया जाता है।

आज भारतवर्ष में शिक्षा के प्रत्येक स्तर पर कंप्यूटर का अत्यधिक प्रयोग किया जा रहा है क्योंकि यह उपकरण विद्यार्थी के ज्ञान का विस्तार करने, उसके ज्ञान का मूल्यांकन करने, दूसरे देशों से सम्पर्क स्थापित करने तथा विभिन्न कौशलों के विकास में सहायक होता है। विभिन्न सरकारें अपने-अपने राज्यों में कंप्यूटर शिक्षा पर बल दे रही हैं।

संदर्भ सूची
(Bibliography)

Adams, John Sir, *Modern Developments in Educational Practice.*

Anderson, D.F., *Practice Problems in Teaching Method.*

Barnard H.C., *An Introduction to Teaching.*

Bayles, *The Theory and Practice of Teaching.*

Baordman I.A., *Practical School Methods.*

Bloom B.S., Hashnj, J.T., and Madans, G.F., *Handbook on Formative and Summative Evaluation of Student Learning*

Cole, *The Method and Techniques of Teaching.*

Dewey, *How we think.*

Elijah, *The Principles and Techniques of Teaching in Elementary Schools.*

Espech, J.E. and William, B., *Developing Programmed Distructional Material.*

Gronlund N.E. and Linn R.L., *Measurement and Evaluation in Teaching* (6th Ed.)

Hughes and Hughes, *Learning and Teaching.*

Kennedy Alex, *The Teacher in the Making.*

Lindguist E.F., *Educational Measurement.*

Manzil, Emil, W., *Suggestions for the Use of New Type Tests in India.*

Ministry of Education, *Report of the University Education Commission.*

———, *Report of Secondary Education Commission.*

———, *Report of Indian Education Commission.*

———, *Report of National Policy of Education and Programme of Action.*

NCERT, *National Curriculum Framework*, 2000

———, *National Curriculum Framework*, 2005.

Packime, S., *Educational Teachnology.*

Rammers, H.H. and Cage, N.N., *Educational Measurement and Education.*

Ryburn, W.M., *The Creative Education.*

Sauier, W.H., *Theory and Practice in the Elementary Schools.*

Wheeler, *Creative Education and the Future.*

कथूरिया रामदेव पी., *सूक्ष्म अध्यापन*

रस्तोगी कृष्ण गोपाल, *शिक्षण में मापन एवं मूल्यांकन*